河合栄治郎 著作選集 第一巻

教育・教養論

河合栄治郎〔著〕

学生に与う

序

昭和六年に『大学生活の反省』を出版して以来、『第一学生生活』を経て「学生叢書」の編纂と執筆に至るまで、私が学生生活を題材とした文章はかなりの分量に及んだ。今にして考えれば私は自分の理想主義の哲学を基礎として、一方では時事問題に、他方では学生生活に適用していたのであった。そして、私の理想主義の内容を豊富にすると共に、適用しえない問題に逢着したならば、理想主義の再検討を試みようと思ったのである。今日までの所では、私は自分の哲学に不満を感じないのみか、いよいよ理想主義に対する確信が増しつつある。理想主義は高遠なる哲学である。しかし高遠なるが故にこそ、我々の日常生活の隅々にまで、浸透せしめなければならない、実に我々のあらゆる生活場面にまで、漏らす所なき指導の原理となりうること、ここに理想主義の哲学としての特質がなければならない。

昨年の暮に『金井延の生涯と学蹟』を刊行し、今年の正月から二月にかけて『社会思想史研究』の増訂を終えてから、三月下旬のある身辺の問題までに、約二十日の時日が余されていた。はじめ私はこれをかねてから依頼されていたミルの「自由論」の翻訳の為にさこうと思っていた。ところが当時の私の心境は、外国書の翻訳をするにたえなかった、何か漏らしたい感慨に満たされていたのである。たまたま日本評論社出版部の美作太郎君が私を来訪して、学生生活について書き下しの単行本を書くことを勧め、説得頗《すこぶ》る努められた。私はその熱心に動かされて、直ちに山間に引きこもり、二十日間毎日十七時間の労働を続けて、三月十六日に本書を擱筆《かくひつ》した。

学生生活についての私の文章は少なくないから、本書は前に発表したものと多少の重複がないではない。これは止むを得ないことである。しかし本書は決して既発表の文章の寄せ集めではない。全編一気呵成《いっきかせい》の書き下しである。原稿を完了してから、本書のような題材には、せめて半歳の時日があればと嘆息したけれども、私の身辺の事情はこれを許さなかった。もし当時手を染めなかったならば、何年の後になるかも測られなかったであろう。本書の取り扱った場面が広汎なだけに、私は自分の知識の貧弱なこと、視野の狭いことを、今更に恥じなければならなかった。しかし本書は私を刺激し鞭撻した。本書をある意味で改訂し、又ある意味で学術的にするには、予てから計画している「理想主義体系」の数巻にまたねばならない。

本書は二十数個の項目に分けてあるけれども、一貫した連絡の下に書かれたものであるから、読者は好む項目を拾い読みをせずに、巻頭から巻尾までを通読してほしい。項目はただ便宜の為につけたにすぎないので、前後の脈絡を逸するならば、著者の意図に反することとなろう。本書には必要止むをえない場合のほかは、参考文献をあげなかった。文献を列挙して読書を勧めるのは、私の素志であるにかかわらず、それを省略したのは「学生叢書」の外編として「教養文献解題」を別に計画しているからである。

美作太郎君は執筆を勧説したのみでなく、執筆中にも終始私を鼓舞激励した。本書が計画通りに完成しえたのは、同君の熱誠に負うところが多い、ここに厚く感謝する次第である。察するに本書の読者は『第一学生生活』以来「学生叢書」の連続した読者であろう。私は多数の見えざる読者に、深く感謝すると共に、心からその成長を祈らざるをえない。

昭和十五年五月十九日

河合榮治郎

目次

序……5
一　はしがき……13
二　社会における学生の地位……17
三　教育……24
四　学校……36
五　教養㈠……46
六　教養㈡……59
七　学問……75
八　哲学……90
九　科学……104

一〇　歴　史……118
一一　芸　術……132
一二　道　徳……145
一三　宗　教……164
一四　読むこと……171
一五　考えること、書くこと、語ること……180
一六　講義、試験……191
一七　日常生活……200
一八　修　養……208
一九　親子愛……224
二〇　師弟愛……233

二一　友　情……240
二二　恋　愛……247
二三　学　園……259
二四　同胞愛……266
二五　社　会……279
二六　職　業……288
二七　卒　業……296
『学生叢書』より　教師と学生……303
河合栄治郎選集「学生に与う」解説　湯　浅　博……329
解説『学生叢書』の役割と位置づけ　渡辺かよ子……339

一　はしがき

学生諸君、我々の祖国日本は今、非常な難局に立っている。この難局がいかなるものなるかは、諸君が新聞雑誌を瞥見《べっけん》してさえ、感知することができるであろう。まことにわが歴史あって以来の未曾有《みぞう》の難局である。この非常時局に際会した諸君は、いかに祖国に仕えるかについて、夙《つと》に覚悟を持っておられることと思う。もし祖国の危急が諸君を呼ぶならば、諸君は勇んで戦線に銃をとらねばならない。私はまだ戦争の起こらない以前にもしばしば、一旦緩急あらば、我々は財を捨て命をなげうたねばならないと書いたことがある。

だがもし祖国が諸君に書物とペンとをなげうつことを命じないとしたならば、諸君はいかに日常の生活を送るべきであろうか。

今、中年の働き盛りの私の友人が言ったことがある。我々の先輩で重要の地位にあるものを見ると、個々の才能については敬服すべきものを持っているが、すべて二つの重要な資格を欠いている、一つは小事に囚《とら》われないで大局を達観すること、いま一つは善しと信じたことを命を賭して実行すること、この二つである。そして第二の点は結局理想を持たない、命を賭するには値する理想を持たないということである。いずれを眺めても、この二つの資格を欠いているのを見ると、この難局に寂しい感じを持たざるをえないと。さらに彼は言葉を続けた、今でこそ自分もこうはいうものの、我々の先輩ぐらいの年になると、やがて同じことになるのではないか、どうすれば今の気持を持続することが出来るのであろうかと。又ある宴席に招かれた時の席上で、ある婦人が慨嘆したことがある、今の若い人達は今にも自分で天下を取るような大きな事を言う、そしていてその落ちつかない軽々しい挙動、突けば倒れるような弱々しさを見ると、これで日本はもつのでしょうか、私どもさえ心配になりますと。この二人の話は、一部に偏した観察であるかもしれない、そうあることを私は希望する、しかしこうした嘆声を発せしめるものが、今の我々の周囲にないと保証ができるであろうか。我々の祖国の難局は今が絶頂にあるのではない、日支事変がいかに片づこうとも、平和克復後の日支間に平坦な道のみが通ずるとは思われない。欧州大戦の結末はどうあろうとも、世界が拡張された軍備をひっさげて、極東に集中することだけは、疑う余地のない事実である。事変がいついかに終了しようとも、非常戦時の国内状態から平時の状態に復旧する過渡期には、いろいろの難問が輻湊《ふくそう》することは、これを予想するに難くはない。今よりも難局のさらに累増する将来に、我々国民は精神的準備を整えているであろうか。

人は私の精神的準備といったことに異議をさしはさむかもしれない。しかしすべては人に始まって人に終わる。自然を克服して物質力を動員するものも又、人にあり人の精神にある。大局を達観する洞察の明、大事を貫徹せずんば止まない執拗な意志、自己の持場を命を賭して守る誠実と真剣さ、小異を捨てて大同につく和衷共同の心、何よりも打てば響くがごとき情熱、これこそが今日の、否将来の、祖国の難局を克服しうる精神的条件でなければならない。

我々の祖先は、武士道の名において、自己の進退を律する規準を所有していた。彼らの眼は常に君公の上にあった、彼らは阿諛追従《あゆついしょう》を嫌って、面《おもて》を犯して直言する誠実をもっていた、彼らは自己の職分を果たしえなかった時に、腹を切って申し訳する責任心を心得ていた。我々の祖先の誇りとした武士道は、明治の時代にもまだ、政治家の中に、官史の中に、学者の中に働いていた。士魂商才といわれて、経済の中にさえ働いて、日本の資本主義を特異のものたらしめたのである。古《いにしえ》の武士道が今日の生活に、そのままに妥当するとは思われない、しかしあの中に今日においてもなお、保存してほしい輝かしいものが含まれている。日本精神の叫ばれる今日、あの武士道の精神は地に塗《まみ》れていはしないか。一言にしていえば、今日の日本には精神的の弛緩《しかん》がある。

学生諸君、私は祖国の精神的弛緩に直面して、何ものかに訴えずにはいられない本能を感じる、だが諸君に訴えずして何に訴えるものがあろう。諸君は青年である、若芽のような清新と純真とに富んでいる、また悪ずれのしない諸君には、私の孤衷《こちゅう》に聞くパトスがあろう。諸君は教育の途中にある、そして教育というものこそ、あの精神的弛緩を救う唯一のものである。人はあるいはいうかもしれない、今日の学生に期待するならば、それが祖国に役立つには、遠い将来をまたねばならないと。確かにそうである。しかし精神的再建は一朝にして成るものではない。早急に効果を期待するものは、精神的弛緩の何ものであるか、その治療がいかに困難であるかを知らざるものである。将来の日本は泡立つ浅瀬の中からは生まれない、物凄《すご》いほど静かに澄んだ深淵の底からのみ生まれてくる。それには長い歳月をまたねばならないのである。だが我々の祖国の為にこれはまつに値する。諸君が成育して日本を指導する時は、少なくとも今から三十年はかかるだろう。だがこれの使命は学生諸君を措《お》いて、他にこれを担《にな》うべきものが見出されない。

私がかくいえばとて、諸君から学生以上のものを期待するのではない。諸君が学生であるならば——真正の学生であるならば——それだけで、この重大な使命は担えるのである。何故ならば学生の受けつつある教育というものが、本来はこうした使命を果たさしむる任務を帯びているからである。諸君にして真に教育を受けるものであるならば、この使命は期せずして諸君に果たされうるのである。では教育とは何か、学生はどうあるべきか、これを私は次々に説こうと思う。

二　社会における学生の地位

私は先ず学生が社会において、いかなる地位を占めるか、その地位の特殊性はいずれにあるかについて、社会学的観察から始めようと思う。ここにいう学生とは、個々の学生を意味するのではなくて、個々の学生から構成される学生層ともいうべき、漠然たる集団を意味する。そしてここに学生とは、小学校、中学校の学生をも包含するのではなく、高等学校、専門学校、大学で学修しつつあるものをいい、以下私のいう学生とはもっぱらこれを指すのである。社会にはさまざまの人間の集団があり、従って学生の社会における地位という場合にも、家族、学園、国家等々の社会において、占める地位も考えられるけれども、これらについては以下のそれぞれの必要な所で触れることとして、ここではもっぱら国民という社会を意味することとする。

学生は社会において二つの点で、他の人々と異なる特殊性を持っている。その第一は彼らは現在生活の資を稼ぐことなしに、父兄からの仕送りによって生活していることである。国民の中で幼少者か老人でない限り、又自己の財産の所得で遊食しているのでない限り、他のものはすべて自己の額に汗して生活資料を獲得している。現に学生と同年輩の青年は、かつて小学校や中学校で机を並べていたものが、今はあるいは商店にあるいは工場にあるいは農場において労働し、自らの生活を支えているのみでなく、自己の家族をさえ支えているのである。しかるにここにいう学生は、多くは家庭の仕送りで、いかに生くべきかという自然的動物的の配慮から解放されている。こうした境遇にいられることは、学生自身が高等教育を受けるにふさわしい能力を備えていたことにもよろうが、一は学生の家庭が日々の生活を支えるほかに、その子弟をして遊学せしめうるだけの経済的余裕があるからである。しかも日本の学生の家庭は、貴族、大地主、大資本家、高級官吏であるよりは、むしろ中産階級に属するものが多いので、その家庭から子弟を遊学せしめるには、相当の苦心が払われているに違いない。こうした家庭の恩恵で生活の苦労をせずに、青春の数年を送りうることは、かの同年輩の労働者に比較して、まことに恵まれた境遇だといわざるをえないのである。

第二に、では学生はいわゆる有閑階級に数えられるかというに、そうではない。彼らは財産の所得で徒食している有閑人ではない、彼らは学園において学問を修得しつつあるのである。彼らの少数は父兄から財産を譲られたものもあろう、しかしその大部分はやがて学窓を出た後は、自己の労働によって生活の資を獲得せねばならない。この点においては彼らは小学や中学で別れた同窓の友人と異なる所がない。ただ後者は早く労働に従わねばならなかったから、自然的の労働すなわち肉体の労働《マニユアル・レーバー》によるに反し、彼らは高等の教育を受けえた為に、学窓で学修した智識や技術によって、すなわち精神労働《メンタル・レーバー》あるいは頭脳労働《ブレーン・レーバー》によって、生活手段を稼ぐことの差異がある。いずれにしても彼らはプロレタリアである。財産の所得で生活するのでなく、労働により生活するのであるから、まさに彼らはプロレタリアである。しかしその労働が精神的の労働である為に、彼らは精神的労働者と呼ばれ、あるいは背広《サツクコート》を着たプロレタリアと呼ばれ、又あるいは教養《ゲビルデテ》あるプロレタリアと呼ばれる。又別に智識階級《インテリゲンチユア》ともいわれる。要するに学生は閑衣閑食しているのではない。彼らはやがて精神労働者たるべく、今その労働手段たる智識や技術を修得しつつあるのであり、その前途に待たれているのは、官公吏、会社員、教師、著述家、芸術家、弁護士、技師、医師等々の職業である。やがて智識階級に入るのであるから、今でも広い意味では、学生をも智識階級に含めることがないではない。

以上のような観察は少しく経済学的に偏するかもしれない。しかしともかくこれが学生の側から見た、いわば主観的の立場から見た、社会における学生の地位である。ひるがえってこれを社会の方から見た、いわば客観的の立場から見て、学生の将来はどうかというに、彼らは智識の有無から区別すれば智識階級に属するのであり、所得の大小から見れば中産階級に属するのである。しかし同じ中産階級でも中農商工業に従事するいわゆる古き中産階級ではなくして、新しき中産階級である。中産階級の運命については、従来はマルクス主義者によって、はなはだ芳《かんば》しくない烙印を押されていた。資本主義の発達につれて、彼らは大資本家の圧迫に耐えかねて、やがて持てる僅少の資本を奪われ、プロレタリアに没落する。こうした社会はブルジョアーとプロレタリアとに二大別され、両者の階級対立が激化するというのである。現にわが国においても遠からざる過去に、自ら智識階級に属するマルクス主義者が、自らをやがて没落する階級に擬したことさえある。しかし中産階級の没落は、いわゆる古き中産階級には妥当しようとも、新しき中産階級には妥当しない。彼らは資本主義の発達につれてただに減少しないのみか、かえって急速に増加しつつあった。否、古き中産階級についてさえ、その没落の速度に関しては、考えられたほど急速ではなかった。そして急速に増大すると予期されたプロレタリアは、たゞに増加しないのみならず、かえって減少しつつあるという事実さえ現れてきたのである。こうした社会階級の変遷についての予測の誤りが、マルクス主義の革命理論の破綻の重要な一因であったことは、とうてい見のがすことはできないのである。

新しき中産階級は減少しないのみならず、かえってその数量を増加した、そしてまだ残存する古き中産階級と共に、ブルジョアーでもなくプロレタリアでもない中間層として、二者の間に介在して、槓桿《こうかん》を左右する重要な役割を占めている。その数はイタリアにおいて五〇パーセント、ドイツにおいて四三パーセントといわれ、日本においてもほぼ同様であろう。しかし学生の将来社会層たる、新しき中産階級の強味は、決して単にその数量にあるのではない、実にそれが智識階級たることの性質にあるのである。これを述べることが、社会における学生の地位を明らかにすることでなければならない、そしてここで私は経済学的、社会学的観察に、別れを告げなければならないのである。

社会は文化の伝統を継承して、これを後代に伝えるものを必要とする。ここに文化というのは後に説明する機会があろうけれども、要するに精神の自然への克服の所産であって、科学・哲学・宗教・芸術・道徳・法律・政治・経済等々の総合である。過去より伝承したこれらの文化を、現代に理解させ消化させるのが教育の目的であり、小学から中学に至る教育もこれを目的とするのであるが、こうした初等教育、中等教育ではわずかに初歩的の程度にとどまるので、とうてい不充分たるを免れない。そこで教育の目的を完成せしめる為には、さらに高等の教育を必要とする、もとよりそれだけで教育の目的が達せられるのではないが、少なくともその基礎だけを置くことができるだろう。社会はただに文化を消化理解して過去の文化を相続するだけで満足することはできない、そこで継承した文化をさらに発展させ、新たなる文化を創造させなければならない。社会が高等教育にまつ所はかくのごとき文化の発展と創造とである。一言にしていえば、社会の必要とするものは、過去の文化を理解消化し、さらにこれを発展創造する主体たる人間を育成することである。学生は現に高等教育を修めつつあるものであるから、学生または卒業生は、以上の使命を社会から托されて、文化を後代に承継せしめる任務を負担しているのである。

ここに文化の発展創造というからとて、この任務がいわゆる学者とか芸術家とかという、特殊の職業についているもののみの使命だと誤解してはならない。一般の智識階級たとえば会社員とか官公吏とか技師であっても、それぞれ特殊の持場を担任しながら、科学や哲学や芸術に関心も興味も持ちうるものであり、又持たなければならないのである。もしそうでないならば、学者や芸術家がその創作を発表した場合にも、それを理解し評価してくれる対象を持たないわけであり、それでは学問も芸術も発展創造する刺激がなくなることとなる。現に読者と称し聴衆と称されるものがあって、学問や芸術の水準が維持され発展しているのである。一般智識階級は学問や芸術についても、かくのごとく没交渉でないが、いわんや各々の持場において政治・経済・財政・技術等々の文化を維持し発展させているのである。もしも経済・財政・技術等の領域に、高等教育を受けたものがいないならば、これらの過去の文化を相続しえないのみならず、将来へと承継せしめるものもないだろう。ただにそれのみではない、これらのいわゆる実務についているものでも、その本来の職務の余暇をもって、学問や芸術の創造発展をもなしえないではない。東インド商会の簿記台に座しながら、チャールス・ラムは Essay of Elia を書いたし、同じ商会の書記を三十五年間務めたジョン・スチュアート・ミルは、英国一流の哲学者・政治学者・経済学者として、あれだけの著作をなしえたのであり、ジョン・モーレーは数十年間いかなる繁忙なる俗務にあっても、一日一時間の読書と執筆を欠かさないことにして、生涯に等身の著述をすることができた。こうした例を顧みれば、一般智識階級は自分自身においても、学問や芸術の創造と無縁ではないのである。

要するに社会は、文化の相続と創造とを必要とする、これなくして社会の維持もできないし、いわんや社会の進歩もできないからである。所で初等・中等の教育だけでは、この任務を負担するに足らないとすれば、社会は一群の成員をして、さらに高等の教育を修めさせねばならない。彼らと同年輩の青年が、現に労働に従事して社会の生産力を増しつつあり、さらにその方面の労働人口を増加することは、それだけ生産力を加えることにはなるが、それでは文化の維持と発展とが望まれない。ここにおいて一群の青年を労働から解放し、いかに生きるかの自然的生活の配慮から脱却せしめて、専心教育に没頭することにさせなければならない。これが学生が父兄の仕送りによって、学窓に勉強をなしうる社会的理由である。もとより仕送りをなしつつある父兄が、個々的にこうしたことを意識しているというのではない。又社会という集団が意識して、こうした任務を個々の学生に課しているのでもない。しかし何人が意識しようがしまいが、これが社会の学生に対する期待であって、学生のこれに報《むく》ゆべき任務である。

これを他の例に徴すれば、ここに社会の生産に従事している企業家が、その生産額の中から機械や工場の減価消却の費用を控除して、残る所を資本家、地主、労働者及び自身に、それぞれ利子、地代、賃銀、利潤の形式で所得を分配し、そしてこれらの分配を受けたものが、ことごとく現在の生活の為に消費して余す所がないとしたならば、社会の生産力はただ現在額を維持するにとどまり、発展の余地がないこととなる。もし人口が増加したり、新たなる欲望が発生した場合に、これに対応しえないで、逆に現在の生産額を相対的に維持することができず、減少する結果となるわけである。もしこの場合に利子、利潤、地代、賃銀が貯蓄されて、これが金融資本として投資に役立つならば、初めてそれが将来の生産拡張に使用され、生産力を増進することができるのである。あたかもこれと同じように、社会の全成員が、単に初等、中等の教育にとどまるならば、過去の文化の水準を維持しえないのみならず、かえって水準の低落をきたすかもしれない。これに反して少数の成員に高等の教育を修めさせることが、将来の文化の発展創造に役立つことができるのである。

学生を学窓に送る父兄が、何を教育から期待するかは、父兄の人々によって異なるだろう。又社会が学生に課した高等教育から何を期待するかも、時代によって違うであろう。父兄の期待にも社会の期待にも、それぞれの批判が許されねばならないが、その期待の内容はどうあろうとも、学生は父兄と社会との期待に反して、これを裏切ることがあってはならないはずである。それではこの期待が何であらねばならないか、教育というものの真正の本質は何にあるべきか、これが我々の次の問題でなければならない。

三　教　育

学生は高等教育を受けつつあるものであるが、いわゆる教育とは何を意味するのであろうか。教育の中に二つが区別される、一は一般的教育で他は特殊的教育である。しかし前者と後者とは対等に並列するのでもなければ、又いずれを選《えら》みいずれを捨ててもよいというものではない。一般的教育は必然不可欠の根本条件であって、これなくしては特殊的教育も、存在の意義を持たないものである。この二つを遊離せしめて、特殊的教育のみをとるか、あるいは特殊的教育と一般教育とを漫然として並立し、二つの間に何らの連関をもつけないことが、現代教育の根本的欠陥である。

一般教育とは、フィヒテのいうがごとくに、人間自身を形成すること（die Menschen selbst zu bilden）、又人間を彼自身たらしめること（die Menschen sich selbst zu machen）であり、又パウル・ナトルプのいうがごとくに、人格を陶冶《とうや》することである。陶冶とは「個人の完全な形成」を意味し、「陶冶するとは形成すること、あたかも混沌から構成することである。一つの事物をその本来の完全、すなわちそれがあらねばならぬ姿に持ちきたらすことである。」陶冶するとは、人間各個人を完成することであり、現実の人間の完成されたものが人格であるから、「人格の陶冶」とは重複の感がないではないが、一層明確にする為に二語を結合したのであろう。人格とはいかなるものか、陶冶とはいかなることか、については後に詳しく触れる機会があるとして、ただ一言せねばならないのは、人格を構成する要素として三つのものが考えられることである。その三つとは学問、道徳、芸術である、そしてこの各々の理想が、真、善、美であるから、人格の陶冶とは真と善と美との三者の調和ともいうことができる。これら三つの要素は現に人間各自に本来具有されているもので、そのすべてを「引き出す」ならば、人間を彼自身たらしめることになる。あたかも教育という日本語に相当する英語の educate ドイツ語の erziehen が、いずれも「引き出す」ことを意味しているので、教育とは人間を彼自身たらしめること、あるいは人格の陶冶、と定義することは、語源的にも正当だといわれるのである。

特殊的教育とは一般教育を前提として、人格の構成要素たる学問、道徳、芸術等を教授し修得せしめることをいうので、その目的は人格の各要素をとらえて、これを開発することにより、人格の陶冶に参与するにほかならない。特殊的教育の目的がこれのみでないことは後に述べるが、これがその主要たる目的である。美術学校、音楽学校等は芸術を対象とした特殊的教育を目的とするが、他の一般の学校は主として学問を対象とし、これに道徳を附属せしめる特殊的教育を目的とするので、したがって現に学生の大部分が受けつつある教育は、学問を主題とした特殊的教育である。特殊的教育の対象たる学問は、人格の要素の一つであり、各人における学問的成長が、その人格の陶冶に与《あずか》るのであるから、学問と人格とは部分と全体との関係にあり、特殊的教育と一般教育とは、枝葉と根本との関係にある。しかるに両者のこうした有機的連関を看過して、学問の教育をそれ自体独立の目的を持った教育とするものがあり、あるいは学問と人格の陶冶との順位を忘却して、漫然として両者を並列するものがある。

たとえば大学令第一条は大学の目的を規定して、次のごとくに書いている、「大学ハ国家ニ須要ナル学術ノ理論及応用ヲ教授シ、並其ノ薀奥ヲ攻究スルヲ以テ目的トシ兼テ人格ノ陶冶及国家思想ノ涵養ニ留意スベキモノトス」と。これによれば大学の主要目的は学術の研究と教授とにあり、その従属目的が人格の陶冶と国家思想の涵養とされ、学術（学問と同じ）と人格の陶冶とは、全く関係のない別個のものとして並列されている。のみならず、大学の目的の順位からいえば、学問と人格の陶冶とは主従の関係におかれているのである。しかし人格の陶冶という用語の一般の解釈からいえば、人格の要素として学問が抱擁されているので、人格の陶冶の一方法として学問の研究教授がおかれねばならない。学問と人格の陶冶とは、漫然として並立さるべきものでなく、二者の間には密接な連関があり、しかも全部と一部との関係にあるのである。もし学問と人格とを遊離して考えるならば、学問は人格に帰属せずして、何処《いずこ》にその主体を求めるのであろうか。この条項の制定された当時の事情を聞いてみると、初めは学術云々の句だけがあったが、後に「兼テ」以下の文句が挿入されたので、これを挿入するに際しては、深く用語を詮索したのではなくて、漠然として人格の陶冶なる語句を使用したものとみえる。そしてその意図するところは、学問において優秀な成績を現わしても、人格は必ずしもこれを伴わず、いわゆる劣等なる人格もあるので、学問と並記して人格云々を挿入したのであろう。してみると、ここでの人格の陶冶とは、道徳的要素が考慮におかれているので、学問を修得したものが、詐欺をしたり賄賂を取ったり遊蕩をしてはいけないというのであろう。しかしこれは人格の陶冶の一般的解釈に反することであり、なるほど俗人の間では、下劣なる人格とか立派な人格とかの言葉が、主として道徳的の意味に用いられていようけれども、これとて深く追究すれば、必ずしも道徳的意味のみではない、いわんや俗間の使用例を採用したとしても、これを「人格の陶冶」という学問的用語で表現した場合には、当然道徳的要素だけではなくならなければならないはずである。大学令第一条に現われた教育政策は、まさに支離滅裂の感があって、いかに教育の意義が当局者の間においてすら、正解されていないかを暴露するにとどまるは、まことに遺憾である。

だがこの条項の我々に与える興味は、ただにこれにとどまらない。もし「人格の陶冶」が道徳的意味を持つものだと解釈すれば、学問的教育と道徳的教育とが並立したことになって、一応の辻褄《つじつま》をつけることはできる、しかしこれでは学問と道徳とは相互に無関係の地位におかれて、何ものにも統一されることにならない。私のいう一般的教育が全く看過され無視されたことになってくる。のみならず道徳的教育を挿入した動機から推察すると、学問と道徳とはただに並立するのみでなく、対立していることになる、何故なれば学問を修業しても、道徳の向上は期待できないというのであるから、両者の間には対立と背離とが考えられているわけである。そうした一般的教育からの特殊的教育の遊離、学問と道徳との対立背離、これが現実のわが国における実状である。ではいかにしてこうした実状が将来されたか、これを述べることは、日本において人々が教育に対して持つ現今の観念を理解するに役立つであろう。

徳川幕府の末期に洋学が輸入されるまで、我々の祖先にとって、笈《きゆう》を負うて学問するとは、修身斉家治国平天下を教えられることであって、学問と道徳とは二にして一なるかのごとくに考えられていた。これは当時まだ科学が存在しないで、客観に対する知識は問題とならず、学問の書としては四書五経しかなかったからである。かつてドイツから日本に交換教授として来朝されたシュプランガー教授は、その著『文化哲学の諸問題』の中で、はなはだ面白い観察を下《くだ》している。それによると、西洋の学問の特徴は研究（Forschung）にあり、東洋の学問のそれは叡智（Weisheit）にあった。西洋の学問は客観に対する知識すなわち科学に偏して、主観を確立することを軽視した。しかるに東洋ことに日本では昔から学問するとは教えを受けることであり、この教えとは人間彼自身を陶冶することであった。我々西洋の人々は、東洋から日本から、学問に対するこの態度を学ばねばならないと。氏の観察は明治維新以来の日本については正当を欠いている。現在の日本は氏が指示した西洋そのままである。しかし氏の言葉は維新以前の洋学に接しない時の日本については正当である。当時の日本には、人格の陶冶という観念は見出されなかったが、学問と道徳との対立を背離とは存在しなかったのである。

では洋学輸入後の日本はいかに変化したか。洋学興隆の先駆者といわれた新井白石は、洋学について興味ある観察を下している。彼がローマの布教師シドチと会談した時のことを書いた「西洋紀聞」（正徳五年、西暦一七一五年）の中に、次のごとき一節がある。

凡そ其人博覧強記にして、彼方多学の人と聞えて、天文地理の事に至ては、企及ぶべしとも覚えず、また謹懿にして、よく小善にも服する所ありき。其教法を説くに至ては、一言の道にちかき所もあらず。智愚たちまち、地を易へて、二人の言を聞くに似たり。こゝに知りぬ、彼方の学のごときは、ただ其形と器とに精しき事を、所謂形而下なるもののみを知りて、形而上なるものは、いまだあづかり聞かず………（岩波文庫版、二二三―二二四頁）。

この一節は三個のことを語っている、第一は西洋の文化を二分して、形而上的のものと形而下的のものとし、西洋の学とは形而下的なるものとして、宗教、哲学、道徳等々の形而上的なるものから切断したこと、第二に形而下的なる学は企て及ぶべからずとして、これを高く評価したこと、第三に形而上的なるものはとるに足らずとして貶《けな》したことである。白石のこの態度はいろいろの点で、洋学の輸入に影響しているが、一は洋学を高く評価することにより、その研究を鼓吹したこと、二はキリシタン宗教と洋学とを切断して、洋学の輸入を可能にしたことであるが、最後に注意すべきは、西洋の形而上的なるものと形而下的なるものとを分離し、形而上的なるものを低く評価した為に、爾来《じらい》西洋の形而上的なるものを軽視無視する傾向を馴致《じゅんち》したることである。そこで西洋から輸入されたのは、洋学すなわち科学であって、形而上的なるものは捨てて、これに代うるに東洋古来の儒教道徳をもってした。佐久間象山は「東洋道徳西洋芸、匡廓相依完圏模」といい、横井小楠も又「明㆓堯舜孔子之道㆒、達㆓西洋器械之術㆒」といい、西洋の科学と東洋の道徳とをあわせて全《まつた》きものと考えたから、洋学の輸入された後も、維新以前にはまだ学問と道徳とは、対立し背離するに至らなかったのである。

維新前の洋学輸入は、杉田玄白の「蘭学事始」に見らるるごとく、非常な苦心を必要としたが、維新後に明治政府が文明開化の名のもとに、西洋の文物を輸入することを奨励したので、洋学は堤を切った河水のごとくに国内に氾濫した。ところが一つは白石以来西洋の形而上的なものを軽視したことと、さらに重要なことは、まずもって当時の日本は有形的文化を輸入するに急であった為に、輸入された洋学とはすなわち科学にほかならなかった。あたかも明治維新（西暦一八六八年）の前後に、西洋を支配していた学界の思潮は、一言にしていえば自然主義であって、認識論において経験主義、人間観において快楽主義、道徳において功利主義、社会哲学において個人主義、社会思想において自由主義をとり、又我々のなしうることは、現象相互の因果関係を知るのみであるという実証主義であった。この思潮は西洋において封建思想に対立して発生したものである、あたかも明治の初期に日本の必要としたのも、封建主義に反対する思潮であったから、西洋に支配的であった思潮は、そのままに日本にも適合していたのであった。なるほど当時の西洋の学界には科学のみならず哲学もあった、しかしその哲学もいわゆる科学的哲学と称されるものであって、科学と哲学とはいわば一体をなしていた。単純にして平易であったこの思潮は、当時の日本には理解しやすかったであろう、このころにもしカントの哲学などが輸入されたとしても、おそらくとうてい理解も消化もできなかったに相違ない。かくして当時の日本にとって代表的な西洋学者は、ルソー、ヴォルテール、モンテスキュー、ベンサム、ミル、スペンサー、ダーウィン、ヘッケル等であった。ルソーがカントへの橋梁であったことなどは、当時の人々に理解されるはずはなかった。

すでに西洋形而上学の軽視があり、自然科学・社会科学の輸入が急務であったならば、日本における洋学は科学に圧倒されていたのは当然であった。そしてそれが又当時の西洋においてすらちょうどそうであった。科学万能の当時の日本では、かつて科学と並列されていた東洋道徳も又駆逐されて、西洋の器械之術と並ぶべき堯舜孔子の道は影をひそめたのである。なるほど西洋に哲学があったとしても、その哲学は人格陶冶も認めなければ、真正の道徳も認めない哲学であった。我々の知りうるのは現象間の因果関係のみだという実証主義からは、人格などは問題にされないし、人間は快楽苦痛によってのみ動くという快楽主義と、快楽の増進が善だという功利主義には、道徳の本義のいれられる余地がなかった。かくして人格の陶冶という観念は思いもよらず、一般的教育は考えられもしなかったし、学問とは科学のみで哲学は無視され、学問と道徳とは無縁の衆生としておかれたのであった。

これに加えて注意すべきことは、当時の日本が学問に対して、いかなる価値づけをしていたかということである。これについて洋学輸入の大元たる福沢諭吉氏は、「学問のすゝめ初編」（明治五年）に次のごとくにいっている（『福沢撰集』岩波文庫版、七二―七三頁）。

学問とは唯むづかしき字を知り解し難き古文を読み和歌を楽み詩を作るなど世上に実のなき文学を云ふにあらずこれ等の文学も自ら人の心を悦ばしめ随分調法なるものなれども古来世間の儒者学者などの申すやうさまで貴ぶべきものにあらず古来漢学者に世帯上手なる者もなく和歌をよくして商売に巧者なる町人も稀なり之がため心ある町人百姓は其子の学問に出精するを見てやがて身代を持崩すならんとて親心に心配する者あり無理ならぬことなり畢竟其学問の実に遠くして日用の間に合はぬ証拠なりされば今斯る実なき学問は先づ次にして専ら勤むべきは人間普通日用に近き実学なり云々。

これと類似のことを田口卯吉氏は「日本開化之性質」（明治十八年）の一節にいう（『鼎軒田口卯吉全集』第二巻一三五頁）。

日本に於て従来学問と称せしものは……以て閑日を消すの具となすべし、吾人に利益ありと云ふ能はざるなり。……諸侯及び其大夫の如きは全く人民の所産を衣食して、而して別に為す所なきものなれば、多く学問するを欲せざるなり。而して偶ま学問を嗜しむものありと雖、是れ亦た之によりて以て産業を起さんと欲するにあらずして、全く消日の一戯具に供するに過ぎず故に鉱山、器械、建設等等の実学は彼等の学ばんと欲する所にあらずして、以上の如き学問文章の行はれたるも理なきにあらざるを知るべし。

要するに和学漢学は実学ではないが、洋学は実学だというのであるが、実学とは何を意味するのかといえば、結局効用があるということであろう。何に効用があるかというならば、わが国家の為と国民各個人の幸福を増進する為の効用ということに帰着する。この考え方は、あらゆることを効用をもって評価する西洋の功利主義の立場と合致していたのであった。以上の文章を書いた福沢、田口二氏のごときは、立派な武士精神の所有者ではあったが、この文章で実学を鼓吹された人々は、効用をもって学問を評価することを学んだであろう。学問が人格陶冶の要素などとは思いもよらなかった。さらに洋学すなち実学を学修した新智識は、国家の為に実学の効用を発揮した為に、この貢献に報ゆるに国家は立身出世をもってした。かくしていつしか学問は学生の父兄にとって、立身出世の用具と化し、学生それ自身も又しらずしらずの間にこの考え方に馴致《じゆんち》されてきた。

以上に述べたことから、明治初期以来教育と学問とがいかに考えられてきたかがわかったと思う、すなわち、教育＝学問＝科学＝実学＝立身出世の用具　という一連の連鎖が成立したのである。こうして教育の根本義たる「人格の陶冶」は無視され看過された、したがって教育とは学問の特殊的教育のみを意味して、学問と人格の陶冶との連関は顧《かえり》みられないで、学問と人格の陶冶とは相互に没交渉におかれているのみか、両者はかえって対立の立場にさえおかれている。学問の中でも科学のみが重要視されて、哲学は軽視され、しかも科学はそれが実用の学だということで評価され、やがて立身出世の用具として、各個人に歓迎された。この過程を辿《たど》って、教育は実用でもって評価され、立身出世の手段と考えられるようになった。

明治初期に輸入された西洋の思潮は、西洋自体においても消長があり、したがって日本に輸入された西洋の思潮も、その後においては異なるものに代えられた。しかし哲学界において教育学界において、いかに思潮が変わろうとも、政府の教育政策には変化がなく、教育に対する社会の期待にも、教育を受ける学生自身の期待にも変化が見られずして、ほぼ昭和年代の今日に至るまで伝承されてきた。幾度か教育制度の改革が議に上り、教育の意義が審議されたけれども、要するに従来の範疇を出ることなく、ある条項を挿入したり削除したりして、要するに寄木細工を試みつつあるにすぎないのである。何故なれば、従来の教育を受けてきた人々に、従来と変わった教育の意義が、脳裏に浮かぼうはずがないからである。

あるいはわが国の教育に対する態度には、さらに遠い淵源があるかもしれない。根本的には漢学がわが国の教育を毒したもののごとくである。漢学が一千年の久しきに亙《わた》って、我々の祖先を教育したのであるが、漢学は文学と文章が難解な為に、これを学習することだけで精力が徒費されて、内容の理解にまで至ることが困難であった。よし理解しえたとしても、その思想は支那特有の家族制度や国家組織を基礎としたもので、事情を異にする日本には、そのままに妥当しないのである。それをあたかもそのまま信奉するかのごとくに思っていて、その生活の実際はこれと反対であったことが、教育を生活の真髄にまで浸透させない伝統を形成したのである。しかも儒教は聖人の教えとして批判を許さぬ経典であったから、批判的精神の養成を阻止して、書物を暗誦すればよいという慣習をこしらえたのではないか。もしこれが全部的に真実であるならば、シュプランガー*教授のいうがごとくに、洋学以前でさえ日本では叡智を求めてはいなかったので、やはり単なる智識を求めていたということになろう。してみると、わが教育の欠陥は由来の久しいものがある。ひるがえって思うに、一千年の長きにわたって、こうした教育の伝統に耐えて、革新打破の要求がおこらなかったのは、なぜであろうか。ここまでくると最も核心的な問題に逢着するが、結局我々はかつて個人人格に目覚めたことがなかったのではないか、これが我々の根本的な欠陥である。たとえこの欠陥の病源は遠いとしても、早晩、否、すみやかに治療されねばならない。

ここにおいて今日の学生は、自己の受けつつある教育について、従来の謬見《びゅうけん》から脱却しなければならない。たとえ社会が何と期待しようとも、父兄が何を意図しようとも、真正の教育観念を把握すること、それが自己に期待する社会と父兄とに、報ゆる所以《ゆえん》であることを考えて、毫《ごう》も躊躇すべきではないのである。真正の教育観念とは――再び繰り返そうならば――一般的教育としては人格の陶冶であり、特殊的教育としては学問、道徳、芸術の修得であり、しかも彼の人格の陶冶とこの学問、道徳、芸術とは、全体と部分との関係に立ち、部分相互は人格の陶冶を全部とすることによって、不可分の有機的連関を保持するのである。人あるいはかかる教育観念の中に、祖国とか国民とかは、いかなる地位を占めるかと問うかもしれない。私をしてこれに答えしめるならば、それらは道徳の教育を通して、人格の陶冶の中に立派に地位を占めているのであると。これについては本書の進行につれて、徐々として明白となるであろう。

四　学校

教育には教育する主体と、教育される客体とがある。教育される客体は必ずしも学生のみではなく、学窓に入らないものも、学窓を出たものも、常に永久に教育されねばならないのであるが、今本書では対象を学生としているから、しばらく教育の客体を学生だけとしておこう。教育する主体としてただちに連想されるのは教育者であるが、教育者のみが教育の主体ではない。まず浮かんでくるのは社会である。我々は生まれてすぐ家族という社会の一員となり、そこで父母兄弟雇人などからそれぞれ一種の教育を受けるし、ただに現存している人々からのみでなく、その家族に伝統として伝わる家風というものからも教育される。やがて学齢に達して学校に入学する、学校も又一つの社会である。入学前からも近隣の子供と遊ぶであろうし、入学後も卒業後も、生育した地方を中心としていろいろの接触がある。東京人とか関西人とか東北人とか九州人とか、何かの特徴が見出されるほど、地方からの影響は大きい。交通の自由になった今日では、こうしたいわゆる地方色《ローカル・カラー》は徐々として消失してゆきつつはあるが、それでも国訛《くになまり》や気質などの特徴が、全然なくなることはあるまい。さらに社会として最も著しいのは国民であり、この中から我々はほとんど決定的の教育を受ける。外国国民と比較してみると、いかに国民性格の鮮かなものであるかが気づかれる。人類世界も又一つの社会であり、国民を限界としない影響がここからくることも否定できない。我々はともすれば社会からの教育を看過しがちであるが、少しく退いて考えてみると、社会は実に大きな教育の主体である。

教育の主体としてさらに文化財をあげることができる。書籍、絵画、楽譜、彫刻、建築等々はいずれも文化の結晶であるが、その中でも書籍がいかに多く学生にとって必要であるかは、後にくわしく述べることとしよう。こうした文化財を供与する為に、博物館、科学館、美術館、図書館等の設備があり、又講演会、音楽会、展覧会等の時々の催しがあり、さらにラジオ、映画等はそれ自身が文化財であるが、これによって他の文化財を享有せしめることができる。

こうしてあげてみると、教育の主体は単に教育者のみではないが、しかし何といっても教育の主体中の主体ともいうべきは、教育者でなければならない。教育者は人であり人格性の所有者であるから、彼は意識的に教育を行なうことができる。しかも彼は教育をもって生涯の任務とする職業人であるから、彼から継続的に教育を期待することができる。意識的であり継続的であるから、彼は能動的に積極的に教育することができる。社会や文化財の教育は、学生にとっては受動的であって、学生の知らざる間に教育するか、あるいは学生の取るに任せているかであるが、教育者の教育は進んで学生に迫ってきて、学生をしてこれを受けしめずにおかない。したがって教育者の教育によって、社会からの教育も文化財の教育も、指導され左右されてくる。

ここに教育者というのは、必ずしも学校の教育者のみではない、いわゆる社会教育者として、講演や書籍を通して教育する人々も含まれるし、又個人教師《チューター》として特定の員数の学生を対象とした教師も含まれる。わが国では入学試験の準備の為か、あるいは富裕な家庭で子供の成績を補う為かに、個人教師につかせることはあるけれども、一般には個人教師制度《チュートリアル・システム》は活用されていないが、私は今少し利用されてしかるべきだと思う。教育者の中で学校の教師が代表的に考えられ、教育を受けようとするものが学校に入るのが当然と考えるのは、何故かというに、学校は教育をその特殊目的とした永続的の機関であり、したがって教育を組織的に行なうことができるからであり、又単に一人の教師でなく数多《あまた》の教師を抱擁し、それぞれの専門を特色としてバラエティーを発揮しうるからであり、さらに人的設備のみならず物的設備を完備しているからである。ことに研究室、実験室等が備えられていることは、自然科学の学生に対しては決定的に必要であろう。最後に学校には教師を上位におき学生を下位におく立体的関係があるのみでなく、下位にある学生相互は平面的の関係にある。学校は教師と学生、学生相互、という縦横の人的関係を持つ社会であるから、学生は社会から受ける教育をここであわせ受けることができる、これが個人教師につく学生の持つことのできない特色であって、人は学校のこの点の影響を軽視してはならないと思う。

　社会は秩序を維持する為に、成員の則《のつと》るべき規範を設けているが、学校のごとくに多数の学生を集めて、一つの共同目的を遂行しようとする場合には、ことに厳格なる規則を必要とする。たとえば朝は何時から授業を始めて何時に終わるとか、学生の好き嫌いを問わず一定の学課を習わせるとか、宿題を与えて期日までに提出させるとか、試験を行なって勉強を強制するとか、こうした規則の実行が、ある場合に弊害を醸すことはありうるけれども、ひるがえって学窓を終わった後とか、学校を怠けて自宅で勉強しようとする場合などと比較してみると、学校の規則強行が学生を一定の枠の中に入れて、それから離れた無軌道な放逸をさせない長所がある。学校生活を送らない独学生に、自由で伸び伸びした長所があるとしても、又反面にたがの弛《ゆる》んだ杜漏《ずろう》な所があることも見《み》のがせない。又学校には互いに異なる個性のものが集まるから、学生はこれによって自己の個性を見出すことができる。なぜならば個別は他との比較によってのみ意識しうるものだからである。すでに個性を発見するならば、他の個性との接触で互いに補完することができる。この補完が理想的に行なわれる場合が友情であるが、そこまで進まないとしても補完は行なわれるし、一人でなしえないことが集団であるが故になしうることも、補完の一つの例と認めることができる。華族や富豪の子弟を、学習院というような特殊な学校に入れるのは、あまりに異なる級友からの影響を避けるつもりであろうけれども、相当の年齢に達した学生は、進んで異なる階級の出身者と接触することが必要である。英国の貴族が民衆を扱う呼吸は、オックスフォードやケンブリッジの大学で、平民の学生と交際することから学ばれるのだということである。さらに集団が醸し出す雰囲気が、我々の知らない内に我々を動かす力は偉いもので、下宿屋でブラブラしていた学生は、級友が夢中でペンを動かしている教室に入った時、仲間が大部の書物に読み耽っている図書館を覗《のぞ》いた時など、自己を緊張させ好学の心を鼓舞されるに違いない。家庭に家風があるように学校にも校風がある。卓越した創立者や優《すぐ》れた校長の人格なり思想なりが、凝集して一定の雰囲気を結成するのであるが、学生はこれから感化を受けることも多い。すべてこれらの点において学校のよさは他律のよさである。これが独学生や個人教師につく学生の味わいえない持味である。

たとえこうしたよさが学校にあるにしても、これは社会からの教育であって、学校を学校たらしめる核心的の教育ではない。学校の教育は教師による教育でなければならない。教師の側から見れば学校における職分は必ずしも教育のみではない。教師は自己の専門学科について研究を継続せねばならない、ここでは彼は教師ではなくて、学者であり、研究者である。又学校を維持するが為に必要な行政事務がある。これを主催するのは総長とか校長であるにしても、これを助くるに職員会議なり教授会がある。教師はかかる会議体の一員として自己の学校に関する愛と関心とを発揮せねばならない、ここでは彼は教師ではなくて学校行政者である。しかし学校の教師を教師たらしめるのは、いうまでもなく教育的任務である。この任務は主として講義の形式で行なわれ、まれに演習、実習、研究会等で行なわれるが、教師が一般学生の前に教師として現れるのは、教室の講義においてである。

講義による教育は二つに区別することができる、一は一般的教育であり他は特殊的教育である。ところが一般教育すなわち学生の人格を陶冶することが、今日の学校の何の講義でなされているであろうか。なるほど修身の講義は行なわれているかもしれない、しかし修身とは道徳についての実践的綱目を述べているだけである、それは道徳的の範囲に限られ、しかも徳目（virtues）をあげるにとどまる。又あるいは倫理学の講義があるかもしれない。しかしこれとて単に道徳に限定されているばかりでなく、道徳の抽象的議論をするにとどまって、道徳の範囲においてすら実践道徳との関連がつけられていない。それのみか個人と社会との連関も又欠けている。しかし人格の陶冶とは決してただ道徳に関するばかりでなく、学問も芸術も道徳も、すべてを総合した主体たる人格の形成である。これが中学で教えられないし、高等学校でも大学でも触れられていないのである。人はあるいはこうしたことは講義でなされるのではない、教師と学生との人格的接触でなされるというかもしれない。しかしここでも人格の陶冶ということを、道徳的にのみ解釈しているのであろう。人格の陶冶ということは、断片的に教師の片言節句《へんげんせつく》で語られるほど、簡単な事柄ではないのである。

わが国の学校で一般的教育が高閣《こうかく》に束《つか》ねられている結果、人格の陶冶などを無視する思想、たとえばマルキシズムのごときものが流行した場合に、学校にはこれを批判し、反駁する講義すら存在しないし、又これを批判するほどの準備もなされていない。かつてマルキシズムがあれほど日本の学生界を風靡《ふうび》したことは、いろいろの点でわが国の教育の欠陥を暴露しているが、もし学校で人格の陶冶について、平生から教育がなされているならば、人格の存在を無視し、陶冶の余地を認めない必然論のごときは、ただちに反駁もし撲滅もできたであろう。思想の力をもって撲滅ができないで、権力をもって学生を追放するのでなければ防守しえなかったことは、我々の学校に一般的教育の行なわれていない好個の立証である。教育が行なわれていないのは、実は教育する人がないからである。今日の教師の中で何ほどの人が、自らの人格の陶冶を思い浮かべたものがあろうか。この教師から、一般的教育を求めるのは、木に縁《よ》って魚を求むるがごとくである。教育をなすという学校で、事実は教育の核心が欠けている、世にこれほど奇怪なことはありえないのである。

転じて特殊的教育を見ると、音楽学校や美術学校のように芸術の特殊的教育をするのはあるが、大部分の学校は学問の特殊的教育を目的としている。そこではせめて一般的教育の欠陥を補うだけに、特殊的教育がなされているだろうか。高等学校では文科と理科とが分かたれ、大学では法、文、経、理、工、医、農等に分かれ、専門学校は初めから学校の種類が商業、工業、農業、園芸、医学、物理等に分かれて、それぞれの学問の分野に応じて、たくさんの学科目が設けられている。* ところがその科目なるものが漫然として、これもあれも必要だというので羅列されたので、その相互の間に連関もなければ統一もない。無くてならない科目が欠けているかと思えば、無くてもよい科目が入れられており、さまで必要でない科目が余りに微細に分かれている。これは何故かといえば、特殊的教育の意義と価値が、初めから明白に把握されていないからである。

だが科目の編成のごときは形式的の事だとしてもよい、それぞれの科目を担任する教師の能力如《い》何《かん》では、みごとに欠陥を補うことができるからである。ところが学問の教師は、学者であると共に教師でなければならないのに、今日の多くの教師は、研究者ではあるが学者ではない。研究所の研究員や独学の研修者は、自己の好む問題や他から命ぜられた題目について、既存の学界の水準を維持し発展させればそれでよかろう、彼は必ずしも学問の全体系の展望を持たなくともすみうる。専門が細かに分化すればするほど、各項目の研究に能率をあげるに一層便利であろう。しかし学者は研究者ではない、彼も又研究者と同じく、専門学科の特定の題目を研究せねばならないが、学者たることの特徴は、学問の全体系における自己の専門の地位を明らかにし、隣接した専門との連関をあざやかに意識していることにある。それをするには彼は学問の価値である真理を熟視して、真理に至る道程の分化を理解しなければならない、かくて専門学科の統一と、この統一を通じて相互の有機的連関が把握される。さらに彼は学問を越えて、人格の陶冶における学問の意義を理解しなければならない。ところが今日の学者の多くは、専門学科を知るが学問を知らないのである。

教師は単に学者であってはならない。学者は研究室に立て籠《こ》もって研究にいそしめば足りるが、学校で学問を教育するものは、学者であると共に教育者でなければならない。彼は不定の読者を前に研究の成果を発表するのでなく、特定の学生に直面して生きたる人間に接触するのである。彼は講義を研究報告と混同して、自己の好む題目に細微な説明をするのでなく、自己の担任した学科の全貌を要領よく展開せねばならない。彼は学問の成果を紹介して、これを機械的に詰め込むのではない、その成果に到達した方法を教えて、未来に無限の成果を生むべき創造的能力を涵養《かんよう》しなければならない。又彼は自己の研究が奉仕する真理に対し、いかに彼が誠実であり真剣であるかによって、学生の真理への尊敬と愛とを喚起せねばならない。さらに彼は言語による表現の能力を持たねばならない、短きに過ぎず冗長に失せずに思う所を的確に、いわんとする所を簡潔に発表しうることは、学者としては必要でなかろうとも、教師としては絶対に必要である。最後にしかし最も大切なことは、彼が自己の専門の全学問における地位と、他の専門学科との連関を、さらに一歩進めては、学問の人格における意義と価値とを、学生に対して明白に説かねばならない。今日の学生において、いかに人格と学問とが遊離し、各学科相互が支離滅裂に詰め込まれていることか、思い半ばに過ぐるものがある。

一般的教育が欠けていて、特殊的教育が十分でないとすれば、今日の学校のどこに教育が行なわれていようか。人を教うる師は、何処に何をしているのであろう。重要なことはわが国の学校で、教育の独自的価値を看過して、教育を智識に隷属させたことである。研究者と学者と教育者との区別を忘却して、教師を詮衡《せんこう》するに研究の能力だけを条件として、学者としての能力、教育者としての能力を、軽視し無視したのであった。だが教師は何よりも教育者でなければならない。彼は自らが苦しみ悩んで人生を生きたものでなければならない。彼は人生を生きるが為に、学問と真理との価値を体験したものでなければならない。彼はかつての自らと同じく人生の門出に立つ学生に、同情と愛とを抱くものでなければならない。教師！　人生の分岐点に立つ若人に、潜《ひそ》める心霊に点火して、これを人生の戦いに駆《か》ること、世にこれほど神聖な職業があろうか、これこそ聖職と呼ばれねばならない。しかるにこの名に値する教師は、今や何処に姿を隠しているのであろうか。今日の教師はただ一介のサラリーマンと化した。もとより教師も生きねばならないから、生活資料を欲することは当然である。しかし俸給を受け取りながらも、教師と軍人とはかつては月給取りとは思われなかった。軍人は一旦緩急のあった場合に、生命を犠牲とする覚悟を持つから、又教師は人の子を教える聖職にあるから、社会は尊敬をもってこれを見たのである。ところが今日の教師は生活の為に教育をする、彼は教育を生活手段とする点において、簿記に記入し金銭の計算をする一介の月給取りと異なるところがなくなった。およそ今日ほど教師道の廃《すた》れた時はない。学校の教育と学問とが危機に瀕する時に晏如《あんじょ》として袖手《しゅうしゅ》傍観していられる教師、辞表を出したり引っ込めたりする教師、学生の師表として我が如《ごと》くなれといいうる自信と矜持《きょうじ》とを失った教師、これで日本の教育があるのだろうか、これこそ寒心すべき重大事である。

　私の言葉は、今日の学校と教師とに対して、苛烈に失するかもしれない。私は少数の卓抜な教師のあることを否定するのでもなく、又今日の学校から学ぶべきものがないというのでもない。私は後に今一度学校の問題に立ち返るつもりであるが、以上に述べたことは今日の学校に当たっていないと、誰が明言しうるだろうか。学校から一般的教育も特殊的教育も期待しえないとすれば、学生は何処《いずこ》に教育を求めたらよいか。答えていう、自己により自己を教育するのほかはないと、これが教養ということである。

五　教　養　㈠

私は今まで社会における学生の地位を語って、学生とは高等の教育を受けつつあるものだといい、次いで教育の本質を人格の陶冶におき、現今の学校が教育を目的としながら学生に教育を授けてはいないと書いた。すべてこの中に一つのことが前提されている、それは人格の陶冶とは何かということである。ここで私はようやく人格について語るの時にきた。自己が自己の人格を陶冶することがすなわち教養であるが、我々の周囲では往々にして、教養を専門以外の学問の書を読むことや、美術品を見たり音楽を聞いたりして、あれこれをつまみ食いすることと解釈しがちである。しかしこうしたことは、教養の本義が確立され、後において教養の為になされることではあるが、そのこと自体が教養ということではない。教養とは有閑人の安易な閑事業ではない、それこそ雄々しいが、しかし惨《いた》ましい人生の戦いである。

人は生まれてすぐ家族の中に育てられ、父母兄弟や雇人から教えられ、更に小学や中学で先生から教えられる。この教えの中で大切なのは、子供の行いに対する命令である。勤勉であれ正直であれとか、盗んではいけない、人を傷つけてはいけないとか、と教えられて、子供は「何故《なぜ》」と問うことなしに、教えをそのままに受けいれてこれに従おうとする。こうした命令は、あるいは道徳的命令であり、あるいは又法律的命令である。まだ自らのうちから命令の湧き出づる術《すべ》もない少年時代に、疑うことなく異議を挿《さしはさ》むことなく、無条件的にこれらの命令に従うことによって、少年の生活に乱れのないように枠《わく》がこしらえられることになる。もしこの時代にかかる命令がなかったなら、放逸無軌道な生活に陥って収拾がつかなくなろう。この点で私は子供の時に我がままを許して、青年になってからにわかに束縛を加えることには反対で、かえって逆に幼少年の時にこそ、強制を加えて訓練することが必要である、そして青年になってから強制をゆるめることこそ賢明であると考える。幼少年に加えられる羈束《きそく》は以上のような意義があるとしても、これらの命令は要するに他から与えられた命令で、自らのうちより湧き出たものではない、そのゆえに他律であって自律ではない。大多数の青年は今でも、幼少年の時代そのままに、他律に甘んじて毫《ごう》も怪しむことがない、否、他律であることすら気がつかずにいるのである。他律に甘んじるからとて、他律の命令を厳格に遵《じゅん》守《しゅ》するというのではない。与えられた命令に従いえない要求が、内より燃えてくるに従って、しかるべく命令にそむいて、しかし大体は命令に服従する姿でもって、一生を終えて墓場に入るのである。これがこの世の人の大部分の実相である。この大部分とは必ずしも高等の教育を受けないものだけではない、高等学校や専門学校に学修した人々についても、その大部分がこれと異なることはない。この点において現代の教育の有無は、人間を区別する標準にはならないのである。

ところがここにきわめて少数の青年がある。人が歩いて来た道にふと立ち止まって、この道でよかったかと振り返って見ると同じように、今まで怪しむことなく疑うことなく従ってきた命令に対して、「何故か」(why, warum) という問いを発する。これこそ人生における最も重要な転機であって、この問いこそ世にも貴重な問いである。今までの彼はただ一つの彼であった、だがこの問いの出された時に、彼は二つとなった、今までの彼が一つの彼であって、それを見つめる彼がいま一つの彼である。二つの彼はまだ画然とした対立ではない、何故なれば一つの彼に疑いを挿《さしはさ》んだだけで、これに肯定も否定もしていないからである。しかしそれでも彼は分化して二つとなった。

どうしてあの問いが出されるようになったかは、いろいろの事情があって必ずしも一様ではあるまい。今までは他律の命令に服従してこられたが、彼の欲望が延びてきた為に、この命令に従いえなくなったこともあろう。たとえば勤勉であった青年が、今までのごとくに勤勉でありえなくなった時、純潔であれという教えに服してきたのが、ともすれば従いえない悩みがうちに現われた時、彼は今一度あの命令を考え直して、従わなくてもよいものかどうかを検《しら》べてみたいということもあろう。あるいはどうかしてあくまで従いたいが、その為にはあの命令をもっともっと強めなくてはならないという心持もあろう。この問いが何故に多くは青年の時にくるか、壮年の時か老年の時かにくることが少ないのか、私には充分の説明がつきかねる。しかし幼少年の時にはまだこの問いを発するには幼稚に過ぎるが、青年すなわち二十歳前後に初めて、智慧がついてきたのかもしれない。あるいは青春してみると幼少年時代に覚えたあらゆることが、結晶してこれを生んだともいえる。あるいは青春の時期の肉体の変化が、これに与《あずか》るかもしれない。又あるいは先輩の言葉や先人の書物が、彼をここにおいたのかもしれない。そしてひとたび青年時代にこの転機を逸したものは、怱忙《そうぼう》な人生の俗務が又とこんな問いを出させる余裕を与えないのだろう。かくしてこの転機に到達する為に必要な条件は、青年ということと余裕ということとである。単に青年であっても余裕がなければ、この体験には見舞われない。ここで我々は初めてわかった、生きるが為の動物的配慮から解放されて、父兄からの仕送りで静かに読み考える閑暇の与える大きな意義を。したがって多くは青年学生にのみこの転機がくる。学生の幸福思うべしである

だが幸福だということは、必ずしも安易だということではない。疑いを挿《さしはさ》むに至った学生の前途は、決して坦々たる大道ではない。怪しむことなしに他律の命令に従いえた昔こそ、かえって平和であったかもしれない。今や無条件的に服従しえなくなった彼には、かつての命令の拘束力だけは減じて、新たなる規範はまだ現われるに至らないから、解けやらぬ疑問の不快に耐えかねて、あるいは酒色の巷《ちまた》に身を入れるかもしれない。だが彼にかつての命令の羈束《きそく》は衰えたとしても、まだそれが全的に否定されたのではないから、命令にそむいたという意識が、さらに彼を不快にする、この不快を漏らすが為に、彼はさらに由なき快楽《けらく》を追おうとする。耽溺《たんでき》に耽溺を重ねて、精神と肉体とを消耗して、ついに廃人となるかもしれない、これが懐疑に伴う危険である。しかしもし彼に閃《ひら》めくものを捕える精神の力が余されているならば、彼は再び立ち上がって、この危険を脱《ぬ》け切るであろう。

以前の命令に疑いを挿んで、新たな命令を捕えない懊悩《おうのう》は、往々にしてこれとは別の道に駆り立てることがある。それは以前の命令を全的に否定して、およそこれと対蹠的なものを肯定することである。この否定と肯定とは、積極的に新たなるものを求めえた後の肯定と否定ではない。ただ単に以前のものを否定せんが為に否定したので、肯定は否定されたものの否定を求めたにすぎないからである。そして以前の命令を全的に否定することは、過去を抹殺することであり、人間を、自己

を、否定することである。これができるはずがないから、かつての命令を否定しながら、無意識のうちにそれを受け入れて怪しまない。かくて彼に矛盾と撞着とがつきまとう。これも又懐疑時代の危険である。アテネにおけるソフィストの思想、十七、八世紀の自然主義、マルクス、エンゲルスの唯物弁証法はかかる心理の所産たる部分が多い。

では懐疑の危険に陥らずに、懐疑から脱けきる青年は、どうするであろうか。彼は今までの彼をあくまでも見つめ続ける、その時に見る彼と見られる彼との対立が、いよいよあざやかになる。二つの自我がこうして対面した時に、人は彼が自覚の時にきたという。あるいは自己に目覚めたとも、自己を意識したとも、いう。青年における自覚の重要性は、いかに高く評価するも高きに過ぎることはない、又彼が彼自身にきたともいう。彼の前に初めて人生が現われたからである。さらにその後の彼はどうなろうか。ここに彼の前に三つの道がある、第一は今までの命令をそのままに肯定することである。しかし彼は既に疑問を抱いたのである、疑わせたものはそのままでは持続することはできない。第二はかつての命令を全的に否定することである。これこそ懐疑自体の所産であって、懐疑を脱《ぬ》けきる道ではない。ここに第三の道がある。以上の三つの道を前にして、苦しみ考えながら、遂に第三の道をとった人が、思想史上に幾人かあったが、その最初のものはアテネの巨人ソクラテスであった。彼は従前の命令を全的に肯定する老人と、これを全的に否定する青年ソフィストとを前にして、いずれにも反対して第三の道をとった。それは今までの彼を見つめながら、彼が従ってきた各個の命令の奥に潜《ひそ》めるものをつかむことであった、それが特殊を裏打ちする普遍というものであった、そしてこの普遍が「人格」であった。人生の問題に直面して、いずれの道をとるかに現われた彼の態度は、今でもなお消えない教訓を我々に与える。紀元前五世紀のアテネに現われた問題とその解答には、二千数百年前と思われないほど現代的の響きがある。特殊に潜む普遍を見出した青年のゆくえを、我々は今少したどらねばならない。彼は普遍に到達してから、再び特殊に立ち返ってこれを批判する、そして否定と肯定との二つながらが現われる。かくて彼は一面においてかつての命令を堅持する保守派であり、他面においてこれを革新する改革派である。しかしいずれの場合でも、彼にはもはや他律はない、すべてが自律である。だがこの結論がどうして達せられるか、本書の全部がこれに対する答えであるから、我々はおもむろに説明を進めねばならない。ここで我々を再び自覚の時に戻らしめよう。

私の前に山があり木があり草があり流れがある、これらのものがあるという時に、見られるものと見るものとがあるわけである。見られるものを客観といい、見るものを主観又は自我という。私の視点を移して、私の身体を眺める時に、これも又一つの客観である、ただこの客観は「私の」身体といわれるほど私と近接してはいるが、依然として客観たることに変わりはない。ところがここに客観に対立して主観があるという時に、見る主観を見る又別の主観があるわけである。見られる主観もここでは既《すで》に客観である。さらに一つの主観が他の主観を見ているなと思う時に、見る主観は又すでに客観となる。前の山や流れを外的客観というに対して、この客観を内的客観又は内的世界という。主観はここに二つに分かれたので、これを自我の分化という。あの自覚というのは、自我が分化して、一つの自我が他の自我を意識したことをいうのである。

山や木や草は意識を持たない。動物は外的客観を意識することはできるらしい、そしてそれに対応して行動をとることができる。魚は餌を求めて泳ぎ、鳥は銃声を聞いて逃げる、しかし人間以外の動物は、外的客観を意識することはできるが、内的客観を意識することはできない。自己を意識することのできるのは、ただ人間のみである。人間が万物の霊長といわれるのはこの故である。自覚が我々にとって大切だというのは、人間が人間になったということを意味するからである。

見られた主観すなわち内的世界はあの外的世界とともに、見る主観に対立して、世界の全体を構成する。我々は外的世界の広大無辺なることを知ってはいるが、内的世界も又それに劣らないことを往々に忘れがちである。ここに沃野千里遠く天涯に連なる広大無辺の世界がある。あの外的世界のみを知って、この内的世界を知らざるものに、世界はいかに狭いものであろう。内的世界は統一体をなした自我の世界である、ここに自我は思うさま跳躍躍動している。我々が武器をとって戦う場合も、ペンを持って書物を書く場合も、絵筆をとってカンバスに向かっている場合でも、その一つ一つの場合に全自我は己れを躍動せしめている。ところで静かにこの自我の活動を観察すると、およそ三つの種類に区別することができる。前の例でいえば、武器をとって戦っているのは、道徳的の活動であり、書物を書いているのは、知識（学問）的の活動であり、絵筆をとってカンバスに向かっているのは、芸術的の活動である。こう分類してみたからといって、自我はそれぞれの三つに分裂しているのではない。その一つ一つに全自我は己れを担《にな》って躍動しているのである。道徳的行為の一例として、盗みをした場合に、人が処罰をされ、他人を救助した場合に表彰されるのは、全自我が処罰又は表彰の対象となるので、その行為に躍動したのは全自我であったからである。未成年者や精神に障害のある人が処罰を加減されるのは、この自我の躍動の仕方に初めから欠陥があるからである。

知識的、道徳的、芸術的の三つの活動は、どこで区別されるかというに、さらによりくわしいことは、それぞれの項目に譲るとして、ここで簡単にいうとすれば、知識的活動とは客観に対する意識を体系にまで包摂する作用をいうので、これを智識といわないで知識というのは、智識とは個々の智識を指し、智識を生ずる認識の作用を指す場合に知識というのである。知識的活動はすでに存在を有する客観を把握するのであるが、未《いま》だ存在を保有せざる観念に、それを客観にまで実現する活動が道徳的活動と芸術的活動である。道徳的の活動は、たとえば他人を救助するという観念が、観念としてある場合にはまだ客観となるまでに実現しないわけであるが、それを救助という行為に現わした時に客観にまで実現したことになる。したがってここにいう道徳的とはいわゆる善なることのみを意味するのでなく、いわゆる悪なるものも又包含されるので、一般倫理学者のいわゆる行為となって現わるべきものをいうのである。道徳的活動によって実現される客観が、現実の世界であるに反して、芸術的活動によって実現される客観は想像の世界である。たとえば美術、音楽、文学等において、まだ存在を保有せざる観念を実現するのは、現実の世界においてではない、たとえば絵画や彫刻に現われた人間は、現実の人間ではないし、小説に現われた出来事も現実の出来事ではない。ただし想像の世界に実現されたものは、かかるものとして、又一つの現実になることは、音譜や彫刻、絵画、建築、小説等が文化財として、現実に存在することを見てもわかる。未だ存在せざるものを客観にまで実現する点で、道徳的活動と芸術的活動は似て、現実の世界に実現しない点で、芸術的活動は知識的活動と似ている。

この三つの活動を可能ならしめる原動力を、我々は「理性」(reason, Vernunft) といい、特に知識の場合に現われた理性は「悟性」(understanding, Verstand) と呼ばれる。しかし理性と悟性とは異なるものではなくて、悟性は理性がある場合に現われた時の名称たるにすぎない。理性はただ一つしかないので、それが異なる場面に応じて、異なる活動を演ずるにとどまる。よく俗語として「あの人は理性が勝ってる」とか、啓蒙時代は理性万能の時代とかいうが、この場合の理性とはむしろ悟性とか理知とかいわれる理性であって、理性がこれだけで尽されていると思うのは、理性の他の活動を看過しているのである。

理性は三つの活動を可能ならしめるのみならず、これらの活動の各々について、それぞれ理想を賦与《ふよ》する。知識的活動の理想は真であり、道徳的活動のそれは善、芸術的活動のそれは美である。理性はこれらの理想を産出して、それぞれの活動をして理想に向かわしめるべく鞭撻《べんたつ》する。理想は又価値ともいわれて、これによって各々の活動を判断する究極の規準である。現に存在する活動を理想と対立せしめて、前者を現実、事実、存在と呼び、後者を規範、当為と呼ぶことがある。ところがここに「理想なるものはないのだ」というものがある。その人はこの命題において「理想なるものはない」という判断をしている。ところで判断なる作用は一般概念によって特殊事実を肯定又は否定することであるから、判断はすでに一般概念を予想し前提としている、そしてこの場合の一般概念は真すなわち理想であるから、論者は理想を否定しながら理想を前提としているので、これ明らかに自己矛盾である。さらに彼はこの命題を主張する時に、相手方の承認を要請している。相手方が承認すると否とはどうでもよければ、主張は無意味だからである。相手方の承認を要請するとは、相手方の承認の義務を予想していることである、そして義務とは理想を前提としているから、ここでも又自己矛盾を犯したことになる。かくして我々は理想の存在を許容しなければならない。

自我の活動は三つに分類して観察されたけれども、現実の自我はただ一つである。理性もそれぞれの場面に異なる姿を現わしたけれども、理性そのものはただ一つである。ところで各々の活動において現実と理想とが対立していたように、ここに現実の自我に対立して理想の自我がありうる。それぞれの活動に対して理想を産出した理性は、ここでも、又自我の理想を産出する。この場面に現われた理性を人格性と称し、理性の産んだ自我の理想が「人格」(personality, Persönlichkeit)と呼ばれる。したがって人格は真善美の調和した主体である。ここでは人格を「あるべき自我」「理想の自我」と規定したから、現実の我々の自我は人格ではないわけである、しかし人格の洋語は元来はラテン語のペルソナ(persona)から由来し、ペルソナとは初めは芝居の舞台で役者に使用される面を意味していたのが、ついで面を使用する役者を意味することとなり、やがて一般の人にまで拡張されることになった。我々が普通に「人格と人格との接触」とか「下等な人格」、「あれは人格者」だとか「友とは人格と人格の結合だ」などという場合にも、人格を現実の人間に使用しているし、洋語の語源にも適当するようである。しかし正確には人格とは理想の自我と規定さるべきで、ただ我々は人格となりうる可能性の主体だという意味で、現実の我々を人格と呼ぶことが許されるのであろう。私も又本書の中で人格をその意味に使用することもないではない。

人格とは真、善、美を調和し統一した主体であるから、これが最高の価値、理想である。あるいはこれを最高善（the highest good, das höchste Gute, summum bonum）という。前述したように現実の人間も、それが人格となりうる可能性の主体だという意味で、人間以外のものと比較してこれを最高価値ということもあり、又人格たらんとすることを最高善ということもある。人格は最高の価値、理想であるから、これが我々の目的であって、あらゆる他のものは手段であり、これを物件（Sache）という、したがって富も地位も我々の身体も又、物件であって決して目的ではない。それでは真、善、美はどうかというに、これは人格を構成する要素であるから、人格以外のものではない、これと人格との関係は、一部と全部との関係である。人格たらんとする現実の自我を構成する知識（学問）的、道徳的、芸術的活動も又、人格と対立するものではない、やがてならんとする人格の一部である。したがってこれらは物件ではない。

人はあるいはいうかもしれない、人格が最高価値だとは、いかにして証明することができるかと。我々は科学者が実験によってこれを証明するがごとき意味では証明することはできない、何故ならば今我々が論ずる人格とはおよそ証明ということを成り立たしめる根本要件であるから、これを対象として科学におけるがごとき証明を試みうるものではないからである。ただ何故に他のものが最高価値でないかということは説明しうる。たとえば利益とか地位とかが最高価値だというものがあれば、第一に利益にしても地位にしても、それを認識するに際して、我々の理性の活動を条件としている、あるものを条件とするならば、それは最高価値ではない。何故なれば最高価値とは無条件的のものだからである。さらにこれらのものが最高価値だということは、一つの価値批判であるが、この批判は何によって可能なるかといえば、これも又理性の活動を条件とする。ここで再び無条件的ではなくなるのである。ただ人格は理性すなわち人格性の主体であるから、人格が理性に依存すればとて、これは自己依存であるから、人格の無条件性を妨げることにはならない。これが最高価値を人格以外に求めることが、常に失敗する所以《ゆえん》である。

我々の祖先はかつては武器や装飾品を最高価値と思っていた、やがてこれらのものは最高価値ではなくて、それの為の条件であり、別に最高価値があることを気づいた。ついで最高価値は我々の身体に求められ、容貌の美しさとか肉体の強さとかを、それだと思った。現在でも女性の中にはこの種の考え方をしているものがないではない。やがてこれからも去って、勇気とか節制とか正義とか敬虔とかに、最高価値がおかれるようになった。ここで最高価値は外的世界から移って、内的世界に求められることとなったわけである。けれどもこれらは徳（virtues）といわれるもので、それら相互の間に矛盾も抵触もありうる。そこでこれらの諸徳の背後にこそ、最高価値があるのではないかと求めるものが現われた。それがアテネにおけるソクラテスであった。彼は人々が今まで最高価値だと思っていたものが、何かに所有されているもので、これを所有するものがなければならないし、あの諸徳も何かの現われたもので、それに現われる何かがなければならないと疑いもし考えもした。そしてそれを「己れ自ら」に求めた。「己れ自ら」のものでもなければ、「己れ自ら」が現われたのでもない。「己れ自ら」こそが最高価値であると知った。これを彼は「魂《プシュケ》」と名づけたが、それが我々のいう人格にほかならないのである。もちろん彼は「魂」を見出したとしても、それは主として道徳的活動の主体としての魂であって、今日我々のいう人格というには、場面が限局されてはいたが、最高価値を求め求めて遍歴して、ついに「魂」にすなわち「人格」に突き当たったのはソクラテスその人であった。

その後において「人格」の運命にも幾多の変遷があった。ある時代にはその存在が抹殺されたこともあった。再び人格を見出したのは、近世当初の文芸復興であった。人はこれを称して「人間の発見」(Entdeckung des Menschen)という。しかし発見された人間は、決して人間の完全なる相ではなかった。その後においてある時は人間の芸術的一面を、又ある時は道徳的一面を、さらに知識的の一面のみを眺めて、それが人間の全き姿だと思い、それぞれの面のみを強調した。こうした時代の後に、ややもすれば見失われがちな「人格」を、確然たる意識にまでもたらして、知識・道徳・芸術のそれぞれの限界を明らかにして、それぞれが人間の一側面にすぎずして、全人間が各々の側面で尽されないことを、確立したのはカントであった。カントは『純粋理性批判』で知識的活動を、『実践理性批判』で道徳的活動を、『判断力批判』で芸術的活動を取り扱った。彼が「人格」という観念を持ち出したのは、『実践理性批判』においてであって、彼において人格はなお道徳的の面に限局されている嫌いはあった。しかし彼ほど人格の最高価値たることを力説し、彼ほど知識・道徳・芸術の各々の存在価値を認めて、やがてそれらの統一総合される主体にまで道を開いたものはない。前においてソクラテス、後においてカント、「人格」の観念はこの二者に負うところが大である。

六　教　　養　(二)

現実の自我と対立して、理想の自我すなわち人格が与えられたならば、現実の自我は理想の自我たらねばならない、たるべく努力せねばならない。これが「教養」(culture, Bildung) ということである。教養とはあれかこれかと智識や芸術品を漁《あさ》ることではない、智識や芸術の主体たる人間をいかにするかということである。従来用いられた教養がややもすれば誤解されやすいので、これを育成といおうとした人もある。しかし教養という言葉はすでに慣用されて久しいから、新語を使用するよりも、教養の本質を究明するに努めた方が好ましい。英語の culture とは耕作することを意味して、現実の自我を耕作して人格たらしめることであり、ドイツ語の Bildung は形成・構成を意味するので、人格までに形成・構成することである。ウィルヘルム・フォン・フムボルト*はいう「人間の目的、すなわち漠然たる刹那の欲望によるに非ずして、永遠不易の理性の命ずる目的は、各人の能力をして完全無欠の一体として、最も高度にして又最も円満なる発達をなさしめるにある」と。この言葉を引用したジョン・スチュアート・ミルは「自由論」の中でいう「およそ人の作れる物の内、これを完成し美化せんが為にこそ人生が費やされるべき物の内、その重要さにおいて最初にきたるべきものは、確かに人間彼自身である」と。さきに引用したフィヒテやナトルプが教育を定義した言葉は、これを他動詞から自動詞に変えるなら、そのままに教養の定義となる、すなわち「人間を彼自身たらしむこと」であり、「人格を陶冶すること」である。グリーンはこれを「自我を実現する」といい、又「人格又は自我の成長」といった。

教育には主体と客体とがあって、主体を教師とすれば客体は学生であって、主体と客体とは同一ではない。ところが教養においては主体も客体も共に自我である、自我が自我を客体として、理想の自我たらしめるのである、ここに自我をめぐる三重奏がある。それは「ある」（存在）のでもなく、又「する」（行為）のでもなく、「なる」のである。「ある」との知識は自我と客観との関係であり、「する」とは自我による客観の創造であるが、「なる」のは自我が自我と「なる」のであって、外的客観に対立する主観それ自体の変化である。したがってこの変化は自我のみのなしうることで、他のものが代理することを許さない。教育の主体たる教師は、教養を喚起し刺激し鞭撻することはできるが、教養自体をすることはできない。これソクラテスが教師の任務を助産婦的《マイユウチック》といったわけで、彼はなきものを如何ともすることはできない。ただすでに与えられている胎児を引き出すことをするにすぎないからである。自己のみのなしうる任務であって、しかも自己のみでなさんとする能力を持つこと、これこそ人間が万物の霊長といわれる理由である。人は自覚において万物の霊長といわれたが、ここへきて自覚が自我の成長の出発点であることがわかった。

教養についてまず注意すべきことは、学問と道徳と芸術とのすべてが、教養にとって大切だということである。これらの一面のみをもって全自我だとしたことが誤りであることは前に述べたが、これらの三者はいずれも人格を陶冶する要素であって、人格という最高価値を目的として、これによって相互に有機的連関が保たるべきである。学問や芸術を人格の陶冶から遊離して取り扱うことが、わが国の教育の欠点であることは前に書いたが、その結果として学問や芸術が自我に反応して、全自我を成長させることにならないで、学問や芸術家が単にそれぞれの職業人として、奇形なる発達をなしていることは、我々の周囲に多くの例を見る通りである。反対に全自我の成長のないことが、いかに学問や芸術を力の弱いものたらしめていることか。これ皆これらの活動がそれぞれ分裂していると共に、人格の陶冶という一点に凝集され結成されていないからである。

次に警戒すべきは、物件として人格成長の手段たるべきものを、逆にこれを最高価値とすることにより、人格成長を無意義にすることである。今でもまだ富や地位や身体を最高価値とするものがある。最高価値とは何だと問われた時には何と答えようとも、生活の実際において暗々裡《り》に物件を神聖化しているものが多い。いわんやこうした欲求に理論的根拠を供与するさまざまの学説がある、たとえば功利主義、物質主義、唯物論等々がそれである。これなくばひそかに後《うしろ》めたい感じがして躊躇《ちゅうちょ》するものが、一応もっともらしく見えるこれらの学説を知るや、あるいは正直にこれに動かされ、あるいは狡猾《こうかつ》にこれを利用して、これらの学説を跳梁《ちょうりょう》せしめるのである。だがこうした学説は要するに人間に力強く潜《ひそ》める利己心を正当化する為に、良心につぶしを食わせる理論的用具たるにすぎない、人はこれを「自己詭弁《きべん》」(self-sophistication)の学説という。ことに危険なのは、かかる自己詭弁の学説は、結局我々の内心の要求を圧伏しえないが為に、自我の分裂を持ちきたし、分裂からくる弱さが、人格の成長を阻止することである。我々はこの一例をかつてのマルクス主義者に実験することができるだろう。

自己詭弁の学説の一つとして、あの必然論というものがある。我々は必然に決定されているので、我々には自由がない。したがって自我の成長の余地もないのだと。ここでは必然ということが、我々の努力を鈍らす用具となっている。しかしここに認識論の議論をするまでもなく、必然とは我々を原因結果の系列の中において、如何ともすべからざる原因が、我々を結果として決定するというのであるが、原因といい結果という概念も人間の作ったものであり、原因あれば結果ありという因果律も、外界に存在しているのではなくて、我々が作ったものであり、ある現象と現象との間にこの因果律を適用して、一を原因といい他を結果というのも、又我々による。必然の関係は自我の作れるものであるがゆえに、これを作れる自我は、必然の中にはおかれない、ゆえに必然であることは自我の自由と矛盾することでないのみか、自由なる自我あればこそ必然という認識が可能となるのである。自我が必然に決定されるという学説こそ、因果を転倒した学説である。少なくとも自己の怠慢の藉口《しゃこう》の口実として、この学説を振り回す自由だけは、その人にあるはずである。

これらの危険が排除された後に、成長の為に我々はどうしたらよいか。ここに生きたる教師と、死せる教師—書物—や親や友が助けになる、しかしこれも助産婦か慰安者であって、我々の成長の代理はなしえない。成長は我々自身がなさねばならない。しかしここに成長の契機となるものは経験である。かくいうと、経験説という自己詭弁の学説が再び登場してくるかもしれない。曰《いわ》く経験が人間を決定するのだと。しかし経験は成長の主体ではなくて、単なる契機である、これを契機として活用する主体こそ、自我彼れ自身である。あるものは同じ経験の下に萎縮し、あるものはかえって奮起する。ここで経験というのは、あるいは内的のものであるかもしれない。功名心の強いこと、優越欲の盛んなこと、金銭に貪欲なこと、色欲の強いこと、又は怠慢であること、薄志弱行であること等々、これらは皆自然に経験として与えられたものである。あるいは又、外的のものであるかもしれない、貧困であること、身体が虚弱であること、親の死、友の死、恋人の死、社会から非難攻撃されること、生命の危険に瀕《ひん》すること、あるいは反対に、富裕であること、立身出世すること、世人から拍手喝采されること、これらも又経験である。あるものは内外の経験に打ちひしがれてたおれるかもしれない、あるいは歪んだ人間となるかもしれず、又あるいは甘やかされていい気になるかもしれない。その何れになるかは、彼がどれほど最高価値を見つめて、これが為にこそ生きるに値すると信ずるかにある。もし彼にして成長の意欲が熾烈《しれつ》であるならば、有害なる経験を化して有利に活用し、有害な経験にスポイルされずにすむだろう。我々は世上の成長した人を見るごとに、彼を成長せしめる契機となった経験が何であったかを、想像することができる。経験は内外よりこれに対応すべき自我の力を触発する、この力はたたかれずんば永久に潜《ひそ》んだであろう、しかし触発するものがきた時に、これに対処すべく全自我を総動員する、かくして我々は成長するのである。ミルは『経済原論』の一節に「人生の実務は人の実際的教育の主要なる一部をなすものである。書籍と学校の訓導とは大いに必要であり有益ではあるが、これなくしては行為に人を資格づけ、目的に対して手段を適応せしむるの働きに、人を資格づけるには不足を感ずる。訓導は精神的発達の必要条件のただ一つのものたるにすぎない。他のものすなわちほとんど欠くべからざるものは、能動的精力を潑剌《はつらつ》として発揚せしむるにある。労働、工夫、判断、抑制すべてこれ等のものに対する自然の刺激は、実に人生の苦闘難関である。……」といい、わが国でも「艱難汝《なんじ》を玉にす」といわれ、又「憂きことの尚この上に積もれかし」と歌われている、いずれも人格成長における経験の祝福である。あらゆるものを奪われた天涯の孤客も、彼れ自身の成長だけは奪われることができない、否、孤客であることそのことが、さらに彼を成長せしめるのである。このゆえに内外の経験は、呪わるべきでなく、かえって祝わるべく讃《たた》えらるべきである。

それでは、成長した極限すなわち人格は、いかなるものだろうか。これをあるがごとくに具体的に描写することはできない、何故ならば具体的に述べることは、すでに実現されていることを予想することである、実現されているならばすでに理想ではない、しかして人格とは自我の理想だからである。ただそれに近いものの一端を捕えることはできないではない。要するに完全なる知識と豊富なる情操と広汎な同情とがそれぞれ高度にして、しかも相互に調和した状態である。そこには大きさと深さと広さと豊かさと太さと強さとが連想され、小さいとか弱いとか狭いとか細いとか浅いとか、とは正反対である。ここでは善人（good man）とは偉い人（great man）であり、善人とは全人（ganzer Mann）である。我々は通俗にも、単なる学者を偉い人とも思わず、単なる芸術家を偉大な人だとは思わない。もとより単に功業を立てた政治家や、善良な農夫を偉人だとは考えない。学問や芸術や道徳の背後に、これらを統一した「人」を考えて、これによって偉さを決定する、そしてその標準はおそらく前述したことにあろう。もしそうでなく、単なる政治家や単なる富豪を偉大な人と思うならば、その人は最高価値について誤れる立場をとっているのである、しかも我々の周囲にこの誤謬を犯すものは決して少なくはない。

狭隘な視野、乾燥な感情、稀薄な孱弱《せんじやく》、これらは善とは正に反対で、悪に属するものである。

我々の周囲には、しばしば人を弁護する場合に、「あの人は性格が弱いから」という。しかし弱いということは、弁護の理由にならないのみか、正に悪そのものである。人はあるいは誤解するかもしれない、私のいう善人とは温厚な有徳の君子をいうのではないかと。これも又正に反対である。もし温厚な君子ということが、なすべからざることはなさないが、なすべきをもなさない消極的退嬰的な人を意味するならば、彼は決して善き人ではない。又もし有徳の君子になることが、世上のいわゆる伝統的の道徳に一意専心これ従う底のことであるならば、これも又我々の与《くみ》するところではない。世に往々にして鞠躬如《きつきゆうじよ》として過《あやま》ちこれなからんことを期してやまないものがある。過ちはこれによって免れるかもしれない、しかしその高価な代償として、人それ自身は小さく弱く萎縮するならば、かえって善に遠ざかることである。ゲーテのいうがごとく、「人は努力すればするほど過ちに陥る」。飛ぶ鳥は落ちるが飛ばざる鳥は落ちない。過ちのないことを求めるならば、何事をもなさないに限る、その代りに人格の成長は停止する。

かくて教養は人生における戦いである。かつてヴィクトル・ユーゴーは世に戦いが三つあるとして、人間の自然に対する戦い、人と人との戦い、人の内心の戦いをあげ、それぞれの戦いの為に『海上の苦闘者』『一七九三年』『レ・ミゼラブル』の三部作を書いたが、人はともすれば心の中の戦いを忘却しがちである。

理想の自我すなわち人格は、ただ一つである。したがって各々の現実の自我の目指す標的は一つであるが、これを目指しつつある現実の自我は一様であるどころか、実に千差万別である。それは現実の自我を触発する経験すなわち遺伝や境遇や教育が異なるからである。ライプニッツのいうがごとく、我々は「単子」(monad)であり、全宇宙の縮図であるから、「小宇宙」(microcosmos)であり、「宇宙の生ける鏡」(miroir vivant de l'unvers)ではあるが、この鏡は宇宙の映出の仕方において異なる。かかる各人の特殊性が個性(individuality)あるいは性格(character)と呼ばれる。インディヴィデュアリティーとはこれ以上分かつことができないことを意味し、したがって他と分けることができないものという意味であろう。又キャラクターとは形容詞の characteristic が示すように、特有なものということを意味する。私は前に性格・個性の生ずる理由を、遺伝や境遇や教育等、一言にしていえば経験に帰したのであるが、今一つさらに重要なことは、各人の最高価値と思う所が異なることである。我々においてはそれは人格であったが、人はあるいは富や地位や生命の持続におくかもしれないし、又あるいは学問や芸術におくかもしれない。あるものは人を殺すをもって自我が満足し、あるものは危険を賭しても人を助けることをもって自我が満足する、キリストは十字架に倒れ、釈迦は出家遁世をもって満足する、これ皆その各々の最高価値が異なるからである。何が最高価値たるべきかの議論はしばらく後に回すとして、現実に最高価値とする所が各々に異なるならば、そこに各人の特殊性が生ぜざるをえない。

先に説明したように、現実の自我は人格たるべく成長せねばならないから、各人が人格と成り終われる究極の場合を想像すれば、ただ一つに帰するであろう。しかもこれは究極の理念であって、我々の成長とはこの究極の理念に向かう「永遠の進歩」(progressus ad infinitum)である。この儚《はかな》さが人をして現に実在する人格を構成せしめる、それが神である。しかし神ならずしてこの過程にある現実の自我は、それぞれ特殊性を有するとすれば、自我の成長において特殊性をいかに取り扱ったらよいか。答えは特殊において人格への成長を努力することである。だが特殊においてとは、君は君、僕は僕ということではない、学者は学者、芸術家は芸術家ということではない、なぜなれば特殊とは決して単に異別ということではない、普遍が特殊的に表現していることであって、特殊なるもの相互は、特殊であってしかも普遍に結ばれているのであり、特殊とはただ普遍の表現の仕方が異なることをいうにすぎない。

およそ二つのものの関係に三様を区別することができる、一は対立相異の関係である、たとえばAはBでなく、BはAでない関係がこれである。二は全部と一部の関係である、Aは全部にしてBはその部分であるがごとき関係がこれである。三は普遍と特殊との関係であって、人格と性格とはあたかもこの関係においてある。この場合に普遍をAとし特殊をB・C・Dとすれば、AはB・C・Dではないが、単にB・C・Dでないというだけならば、AとB・C・Dとは第一の対立相異の関係にあって、AはB・C・Dと同位に立って特殊の一つに堕してしまうこととなる。又AはB・C・Dを部分とする全部ではない、現実の自我をいかに多く集合しても、人格とはならないからである。AはB・C・Dと単に異なるものでなく、又もとより同一のものではない、AはB・C・Dのそれぞれに自己を表現し、しかも異なる仕方において表現する、そしてAは自己を表現したB・C・Dのほかに、現実に存在しているのではない。異なる仕方で表現しているから、B・C・Dは相互に異なるのであるが、しかし単に異なるのではない、普遍においてつながれてしかも異なる、これが特殊の意味である。

そこでここにBは学者であり、Cは芸術家であり、Dは政治家であるとする。これらの現実の性格が単に学者として芸術家として、又政治家としてのみ成長するとすれば、それは対立相異の関係である。もし又単なる学者と芸術家と政治家とが、仮に結合したとすれば、各人は全部における一部の関係にある。もし各人が学者、芸術家、政治家として成長しつつ、人格への成長を期するならば、ここに普遍と特殊の関係がある。この関係においては、専門人として成長しながら、かねて別に人格への成長を期するのではない、専門人として成長することが、すでに人格の成長をすることなので、人格の成長となりえないような専門人の成長なるものはないので、実は学者でも芸術家でも政治家でも何でもないものなのである。ところが現実には何でもないのが少なくない。これを何かであるかのごとくに思っているのは、普遍と特殊の関係を理解していないからで、最高価値を人格においていないからである。

現実の自我が特殊であることから、ここに専門が生まれ、やがて職業が現われる。学生が文科と理科とに分かれ、それぞれの学部に入学するのは、特殊性がしからしめるからである。そしてやがて職業人となって社会に出る。資本主義の社会では各職業人は主観的には対立相異の関係にあり、客観的には全部における一部の関係にある。いずれにしても、特殊において普遍が生かされてはいない。これ一は資本主義の欠陥であり、又一は現代の学校におけるいわゆる特殊的教育が、一般的教育すなわち人格の成長と何らの連関もつけていないからである。だが私はまだ社会を語るの時にはきていない。

人はあるいは人格という時に、国民を超えた人類世界を連想するかもしれない。しかしこの連想は誤謬である。人類と国民との関係も又、普遍と特殊との関係である。国民のほかに人類なるものはない。人類は国民の中に自己を表現し、国民は特殊を生きることにより普遍を生かすのである。これについては本書の末尾に、よりくわしく述べようと思う。

人格は最高価値であるから、これを神聖なものとして、これに対して畏敬の念を持たねばならない。カントが「上にあっては星夜の大法、中にあっては道徳の大法」といったのは、移して人格に対する畏敬ということができる。現実の人間は人格ではないから、もとより最高価値ではない、しかし人格が各人に自らを表現し、各人は人格となりうるものを、現に自らの中に所有することのゆえに、たとえ厳格な意味では最高価値でないとしても、他のあらゆるものと比べれば、これこそ最高価値に近いものである。だがそれは人格となりうるものすなわち人格性を所有するがゆえにであって、その他のゆえではない。これを最もよく述べているのはカントの次の一句であろう。「なるほど人間は非神聖なものではある、しかし彼の中にある人そのものは神聖でなければならない」。ここでカントはPersonとMenschheitとを区別しているが、ペルゾーンとは現実の人間を意味し、メンシュハイトとは人格性を意味する。現実の人間はその中にある人格性のゆえに、自らでありながら自らに尊敬を感ずる、これが自敬（Selbstachtung）である、もし人格性に反するならば、何人であろうともこれに軽蔑（Verachtung）を感ずる。

自らさえも尊敬せねばならない人格性が、自らの中にあることから、我々に矜《きょう》持《じ》の念が湧く。自らに人格性があるにかかわらず、いたずらに自らを蔑視すること、これを卑屈という。自らの人格性の前に敬虔に頭を下げることから、我々に謙遜が現われる。自らの人格性のゆえでなく、ただ自らを誇負するもの、これを尊大といい高慢という。自信と謙遜と、卑屈と高慢とは、それぞれ同一のものの表と裏である。我々はプライド（矜持）は持たねばならないが、プラウド（高慢）であってはならない。特殊を単に特殊として肯定するものと、特殊を普遍において肯定するものとが、すべてここに現われてくる。我々はともすれば普遍を忘却して、特殊のみに眼を奪われがちである。人間成長の影を追って、成長自体の姿を忘れることから、名誉心功名心が湧く。さらに進んでは他の特殊を貶《けな》すことによって、自らの特殊が登りうると錯覚することがある。これが嫉妬である。

我々が多人数の生活の中で、自己の主張をなすべきに主張せずにいることがある。人はこれを謙遜であり温厚であるというかもしれない。しかし、もしその人が普遍において自己の主張を肯定しえないが為ならば謙遜でもあろう、だが普遍と何の関わりなしに、沈黙を守っているならば、それは謙遜ではなくて卑屈である。もし彼にして自己の矜持が許さないならば、立っていうべきをいうだろう。卑屈であることは、ただに人格性への尊敬を傷つけるのみか、他人の中に高慢と尊大とを培養することの為に、一層否定されねばならない。特殊は普遍において肯定され否定されねばならないと共に、もし肯定された場合には、特殊を主張することは権利であると共に義務である。ことに各人が自己の正当なる分け前を所有すること――これを正義（Justice）という――は権利であると共に義務たるに拘わらず、往々にして謙遜と犠牲の美名の下に、義務の放棄を他人も要求し、自己もこれを甘受することのあるのは、かえって普遍に不忠なるものだというべきである。

尊敬が各人の人格性に対してあるならば、尊敬さるべきは自己のみでなく、他人をも含まなくてはならない。何故ならば人格性は普遍として、あらゆる人に表現されているからである。もし人格性のゆえに他人を尊敬しないならば、その人は自己の人格性を尊敬しないで、ただ自己を尊敬していたのである。そこで自敬は当然に他敬を伴う。再びカントの言葉を引用するならば、彼は「あらゆる人を単に手段とすることなく、常に目的とせよ」といった。人と人とは相互に常に目的として、尊敬し尊敬されねばならない。だがしかしただに尊敬のみではない、自己と同じく人格の成長への道程にあるものとして、「共に」あるの感を起こさざるをえない、ここから人間相互の共感と共鳴とが湧き、さらにこれが愛となる。人々はかくして尊敬をもって結ばれ、ついで愛をもってつながれる。かかる人々の生活体を称して、共同社会という。

共同社会における各成員は、それぞれの目的すなわち人格の成長を目指している点において、何人も同じであるが、現実の各成員は一様ではない。先に述べたように、各人はそれぞれ個性・性格を持つからである。したがって共同社会は現にそれぞれ特殊的であるものが、普遍の目的に向かうことによって、結合されるものだということができる。社会の各人が特殊的であればこそ、社会存在の意義があるので、もし一様一律の人間のみであるならば、社会存在の必要もなければ意義もないだろう。各人の特殊性は、男女の性別から始まり、職業の差異となり、能力・趣味・傾向・体力の差異にまで現われる。これらの特殊が互いに有無相通ずる補完の役目をなしている。カントが各人は「常に目的として扱わなければならない」といいながら、必ずしも決して手段とすべからずとはいわないで、「単に手段として扱うべからず」といって、手段として扱われることのあるのを認めているのは、各人が互いに補完の役目をなす場合には、彼は私の手段となり、私は彼の手段たらざるをえないからである。

補完（ergänzen）とは充全を期するが為に、欠けたるを与える意味であるが、補完にもいろいろの仕方がある。自らの自我そのものをもって、彼の自我を補完する場合には、夫婦・親子・師弟・友人・恋人の間に見られる特殊愛である。しかしこうした特定の人を相手とした特殊愛も、実は人格性への尊敬と、人格の成長をなしつつあるものへの愛に基礎をおいているのであって、したがって特殊愛の対象以外のものへの一般愛又は同胞愛と並び行なわれる。後者の愛の場合にも、相互に補完の役目を果たすことに変わりはないが、この場合は自我そのものをもって補完とすることは少なく、自我の所産をもって補完をなすことが多い。学者は学問をもって、芸術家は芸術をもって、軍人は国防をもって、政治家は治国平天下をもって、さらに靴屋は靴を、洋服屋は洋服を、食料品商人は食料品をもって、人格成長の手段を供与して、補完を果たしている。我々は自ら意識してはいないが、平生の生活で他を補完し、他から補完されているのである。

補完の仕方が何であろうとも、それは要するに他の人格成長の条件であるにすぎないので、人格成長自体は彼自身のみのなしうることであり、又なさねばならないことである。しかし他人もその為に必要な条件を供与することはできるし、又しなければならない。かかる条件がカントのいわゆる物件（Sache）である。私は物件を最高価値とする価値の転倒を警戒する為に、今まで物件の価値を低く評価したかもしれない、しかし物件は最高価値ではなく、最高価値によって価値づけられるものではあるが、最高価値の実現に必要不可欠のものであり、これを物件の効用といい、物件はその発揮する効用によって価値づけられるのである。我々の成長の為に物件の必要なるはもちろんであるが、我々の愛する同胞の為に我々のなしうることは、ただ物件の供与のみだとすれば、物件は他の為にも自己の為にも重要だといわねばならない。

では物件の中にいかなるものが考えられるか、それが文化及び文化の成果である。我々の人格成長へと努力する自我の全活動を精神という。我々の先人は成長へと努力しつつ、内と外との自然に対する克服をなし続けた、精神の自然に対する克服の所産を文化という。文化の中には学問・芸術・道徳のごとくに、我々の人格成長の内容をなすものがある、これが内的条件であるが、それとともに、政治・法律・経済・技術のごとくに、人格成長の為の外的条件となるものがある。いずれも条件たるに変りはない。これが自己の成長の為に必要な物件であり、又他人の成長の為に供与せねばならない物件である。だが一々の場合にいかなる条件を供与すべきであるかが問題となる、その時我々はどうしたらよいか。What should I do? ここに道徳の領域が我々の前に開かれる。

ここまで私は自覚から始めて、人格を持ちきたして、教養の意義を説き、その内容として学問・芸術・道徳に及んだ。これは倫理学（ethics, Ethik）の問題ではない。倫理学とはただ道徳的活動を対象とするにすぎないから。なるほど行為を扱って動機に及び、そこから人格の問題に触れるとしても、それは道徳の窓から人格を瞥見《べっけん》したにすぎない。人格をあれほど強調したカントすらも、道徳との連関においてであった。なるほど学問も芸術も、道徳と同じく、「意志する」（will）ことを必要とし、学問や芸術は専門人の独占物のごとくに見えるが、道徳は何人にも共通の問題だということから、道徳を特に人格に結びつけたのかもしれない。だが人格は単に道徳の独占すべきものではない。我々は以上のように教養を主題とした学を、従来の倫理学に求めることはできない。英国の「道徳哲学」(moral philosophy)はやや我々の要求に近いものかもしれない、しかしそれでも充分ではない。いずれにしても名称は何であろうとも、その内容において「人生観の学」(Lebensanschauungslehre)が求められねばならないのである。

七　学問

ここに学問というのは、哲学と科学とを含めていうので、ドイツ語で Wissenschaft というのは、科学のみならず哲学をも入れた学問全体を意味するが、英語の science と仏語の science は、いずれかといえば科学に重心をおいており、哲学を包含していないようである。のみならず英語の philosphy という語でさえ、科学に近いものを意味することさえある、たとえば物理学を natural philosophy といい、心理学に近いものを mental philosophy というがごときこれである。もちろん後に書くようにフィロソフィーの内容にもいろいろの変遷があったから、ある時代にはフィロソフィーにサイエンスを意味させたことは当然であるが、フィロソフィーが、サイエンスと明白に区別された時代の後でも、英国ではフィロソフィーを科学の意味に使用していたことがある。日本では「教育」の項で書いたように、昔は学問といえば今日の哲学のようなものを意味したので、これは科学が存在していなかった為もあるが、むしろ英国と反対であったように思われる。学問ということに、科学に重点をおくか哲学に重点をおくか、両方をあわせ含むかは、その時代やその国民の性格を表現していて興味がある。

学問がいかに道徳や芸術と異なるかについては前に書いたが、学問と学問に至らざる智識とは、どこで区別されるかというと、学問とは個々の智識でもなければ、又智識の単なる寄せ集めでもなく、智識を体系化したものである。そして体系を作ることは、一定の原理を中心として初めて可能になる、だから学問とは一定の原理による智識の体系であるという。山間の猟師や海辺の漁夫は、山や海の気象について、長い年月の経験で、的確な誤りなき観測を下《くだ》しうるだろう、だからといって、我々は猟師や漁夫が気象について学問を持つとはいわない。彼らは智識を持つとはいえる、しかし体系化されていない智識だから、これを学問とはいわないのである。又我々は広い智識を備えた「物知り」を博識とはいうかもしれないが、学問があるとはいわない、その智識が体系化していないからである。特定の対象について特定の欲望から作られた智識は、この「特定」という制約から脱却して、一般化普遍化されねばならない、それが為には一定の原理によって体系化されなくてはならない。だから学問と単なる智識との差異は、普遍と特殊の差異ともいえる。学問化するということは、特殊的にだけ見ていたものを普遍的に見るように昂揚するということである。

学問の起源はギリシヤにあるといわれる。ギリシヤ以外の国にもそれぞれ智識はあったので、ギリシヤはエジプトやペルシヤからこれらの智識を輸入したくらいである。しかしこれらの外国の智識は、それぞれ特定の実際的の必要から生まれたもので、たとえばギリシヤの幾何学はエジプトの測地術から発達したものだといわれているが、エジプトの測地術は土地の分配や租税の徴収という実際的の要求から生まれたので、その限りにおいてそれは智識であったが、技術の範囲を脱しないので、まだ学問となるには至らなかった。諸外国から智識を輸入したギリシヤで、どうして学問が誕生したかということは、たまたま学問と智識との差異を現わすものとして教訓的である。

今まで諸外国では智識を実際的必要から求めたのが、ギリシヤ人は智識（智慧）を愛するが為に智識を求めた、すなわちかの実際的必要を脱却して、智識それ自身の為に智識を求めた。だからそこでは学者のことを愛智者《フィロソフォス》といい、学問のことを愛智的《フィロソフィア》行動と名づけた。これでもわかるように、当時のフィロソフィアというのは、今日の哲学のことではなく、むしろドイツのウィッセンシャフトと同じく学問を意味していたので、まだ今日の意味の哲学の現われない時は、かえって自然科学と自然哲学とを指していたのである。哲学を今日のような意味に用いたのは、ソクラテスに至ってからである。以上のごとくに、智識をそれ自体の為に求めるに至ったことは、すでに諸外国から諸智識が輸入されていて、一応実際的必要を脱却する素材が備わっていたことと、実際的必要からでなしに、それ自体の為に智識を求めるだけの閑暇・余裕がギリシヤにあったともいえると思う。かくして実際的必要と智識とが分離した時に、学問成立の第一歩が開かれたのである。

実際的必要から智識を求めていた時は、その求める地方、求める対象、求める欲望が、それぞれ特殊的であった、これがまだ学問となるに至らないで技術にとどまった所以《ゆえん》であった。ところがギリシヤにおいて智識の為に智識を求めることになって、かかる特殊性を脱却することができた。だがまだこれだけでは消極的の要件が満たされたのみであるが、ギリシヤ人は智の為に智を求めてから、一定の原理によって体系化することを始めた。当時は天文学・幾何学等いろいろの科学があったばかりでなく、宇宙は水とか火とかに還元されるという自然哲学が盛んに起こったが、火であろうと水であろうと、それは実際的必要には関係ないことで、こうした議論が起こることがすでに実際的必要を離脱したことを示しているが、火とか水とかいう一元的原理を求めて、これを究極原理としようとしたことは、ギリシヤ人の間に原理を求めて体系化する欲求と能力とが、現われたことを示している。こうして智識が体系化されて、学問が成立するに至ったのである。リッケルトは「近代文化の建設者としてのカント」の中で、ギリシヤ人は概念というものを発明したことによって学問が成立したと書いているが、概念という特殊的でない普遍的のものが現われて、学問が成立したというのは、一定の原理による体系化というのとほぼ同じことになろう。実際的必要からの離脱と、原理による体系化と、この二つによってギリシヤ人は学問を建設した、そして長く後代の人の感謝と讃嘆との的となった。

自然の現象に対する学問と同じ方法で、ソフィスト達は国家や法律に関する学問を作り、ここで自然科学とともに社会科学も成立し、自然哲学もあり、これらが皆あわせてフィロソフィアであったが、ソクラテスが「魂」の問題を提出して、これに対する智慧を特にフィロソフィアといったことから、フィロソフィアは今日の哲学のみを意味することとなり、科学も哲学も全体を含めたフィロソフィアとは異なるものとなって、学問の中から科学に対立する哲学が現われることとなった。これについては後に再び触れよう。我々はここで学問がいかにしてギリシヤで成立したかをいえば足りるのである。それ以来学問の内容も変わり、科学、哲学の区別にも色々の変遷があった。しかし原理による体系化した智識として、ひとたび現われた学問そのものは、今日に至るまでそのまま伝わって変わるところがない。

学問は分かれて科学と哲学となる。学問の中に哲学を分化せしめたのはソクラテスである。当時は己れ自らの所有にかかわるいろいろのものを対象とした智慧はあるが、己れ自らを対象とした智慧が求められてもいないし、かかるもののあることも又知られていなかった。彼は従来の智慧と異なるものこそ、かえって重大なものと思った。己れ自らとは「魂」のことであり、魂についての智慧を彼はフィロソフィアと名づけたのであるが、彼が己れ自らのものとは、今日の言葉でいえば、自然とか客観にあたり、己れ自らとは主観とか自我とか精神とか人格にあたるわけである。しかしソクラテスは客観に関する智慧のほかに、客観に対立する主観それ自体に対する智慧を哲学として、科学に対立した別個の学問を建設しただけではない。実は当時においても魂を対象とした学問が全然ないわけではなかった、たとえばソフィストのごときはこれを企てたのであるが、主観を客観と同じ方法で研究したのであった。ところがソクラテスは主観を対象とする場合には、主観に対立する客観を取り扱うと同一の方法をもってするわけにはいかない。後者に対しては理論《テオリア》で足りる、そしてテオリアは観想の態度をもって扱うことが出来るが、フィロソフィアはテオリアではない。観想する主観それ自体を問題とするのであるから、異なる方法でいかなくてはならないといった。客観と対立する主観を発見し、テオリアとフィロソフィアとの方法上の差別を説いたことは、まことにソクラテスの卓見であるといわねばならない。

　ソクラテスの遺業を継承して、フィロソフィアを学問として構成したのは、プラトンの任務であった。次いでアリストテレスに及んで、学問の体系はさらに整備したけれども、その整備にともなって、テオリアと対立したフィロソフィアは、ソクラテスの趣旨から離脱して、哲学は諸科学から得られた結果を綜合して、宇宙の全像を構成する学となった。諸科学と対立して人間彼自身の魂を対象とするのでなくなって、諸科学の上には位するというものの、その対象とするものは、人間彼自身に対立する客観たることにおいて、科学と性質的に異なるものでなく、ただ綜合か部分か全体か一部かの差異を有するにすぎなくなった。

中世においては科学も哲学も共に信仰の僕婢《ぼくひ》であった。哲学は信仰を論証する為の学問であり、科学は信仰に矛盾することをえない桎梏《しっこく》を科せられた。近世において哲学も科学も共に、信仰の支配から解放されたが、哲学の運命は決して幸いではなかった。十字軍による異国の文化との接触、ギリシヤの文化の西方への移動、ギリシヤの科学の復興があり、さらにバスコダガマによって東洋と交わり、コロンブスにより米大陸を発見したヨーロッパは、内外世界の広茫として眼前に広がるを感じたであろう。かくして自然科学は急速に勃興して、今日の物質文明を形成した。自然界を征服した科学は、やがて社会現象にもその手を広げて社会科学を建設し、ついには人間の心理現象をも対象とする心理学さえ成立するに及んで、科学は全盛を謳歌《おうか》して哲学はその存在を刻々として狭められた。アリストテレスにならって、哲学は宇宙の全像を構成する学としてその余命を保とうとしたが、もし科学が完成しているとすれば、哲学は科学からの借物の寄せ集めにすぎなくなり、しかも宇宙の全像を構成するほどには、諸科学はそれぞれの領域において未だ完成してはいなかった。かくしてシラーの言葉を借りるならば、哲学は世界の分割に遅れて登場した詩人のごとくであり、その子に財産を分配して、やがてその子に追われたリア王のごとくであった。哲学の存在を蚕食してその全盛を誇った科学は、ついに科学のみが必要であり哲学の必要なしとまで揚言するに至った、これが実証主義の名において呼ばれる主張である。ここにおいてテオリアのみあって、フィロソフィアはその跡を絶つかのごとくになったのである。実証主義は単にコントによって唱えられたのみではない、幾度か扮装を変えて姿を現わし、たとえ自ら実証主義を唱えないものでも、暗々裏に無意識のうちに、科学の唯一的存在を信じて、哲学の存在を否定するものは、現代においても我々の周辺に決して少なくはない。だが実証主義はそれ自体において矛盾する。何故なれば科学のみあって哲学あるべからずという命題は、科学自体の扱う対象でもなければ、又科学が論証することのできる問題でもない。この命題の主張自体がすでに科学の限界を承認して、哲学の必要を容認することにほかならないからである。

実証主義に対して、近世以来哲学は宇宙の全像を構成することを使命とするといって、はかない存在を保ってきたが、その存在は日に日に影薄くならざるをえなかった。これに対して科学の成立を可能ならしめるものが、人間彼自身であるとし、科学を成立せしめる彼れ自身は、因果必然の決定に支配されざる——すなわち自由なるものとして、ここに自然界とは異なる価値判断の広茫無限の世界を存することを唱えて、科学に対立する哲学の地位を確立せしめたのが、ほかならぬカントその人であった。ソクラテスの魂と呼べるもの、カントはこれを自我と呼び、ここにこそ人間の最高最深の課題の伏在することを唱えた。まさに古代のソクラテスに対応する人類史的偉業である。

それでは今日は科学と哲学との区別をいずれにおいているか。科学とは現象を対象とし、現象と現象との因果関係を研究する。ここに現象とは時間と空間との中に存在を保持するものであり、いわゆる客観がこれである。その中に自然現象もあれば社会現象もある、我々の心理現象は普通の自然現象でないかのごとくに思われるが、これも内的の客観であって、これを対象とする心理学は自然科学に属する。ここに因果関係を研究するからといっても、これは科学の一般的性質をいっているので、すべての科学がそうだとはいえない、単に分類記述するにとどまる動物学・植物学のごとき科学もないではないが、これは例外であって、科学の通性は因果関係を究明するにある。これに反して哲学の対象は理想であり当為であり価値である。理想は現象ではない、何故ならば時間と空間の中に存在を持つものではないからである、未だ現象とならずして、現象を指導し批判するものが理想であるから、理想と現象とは当然に異ならねばならない。学問の理想が真であり、道徳のそれは善、芸術のそれは美であるから、それに応じて理論哲学・道徳哲学・芸術哲学が成立する。真善美の調和したものが人格であるが、人格を現実に実在するものとして信仰されるのが神である。神は神聖なものとしてこれに崇拝の感情を抱くこととなる。そこで聖（das Heilige）を対象として宗教哲学が成立する。

理想を対象とするのが哲学であるといっても、名は理想であるがその実は理想でないものは、哲学の対象ではなくて科学の対象である。たとえば過去の社会理想や政治理想が、いかにして発生し、いかなる結果を及ぼしたかということは、思想史という特殊の歴史科学で扱うことであるが、この場合の理想とは、実は哲学の対象たる理想が、特定の時間に表現したもので、すでに一個の現象である。だからこそこれを科学の対象とすることができるのである。反対に社会哲学、法律哲学、政治哲学等々の特殊哲学があるが、その対象とする社会、法律、政治等は科学の対象としての現象に属するものであるから、同じ対象について科学と哲学との両方が成立するのは、異様に感ぜられるかもしれないが、この場合に科学は対象を因果関係の立場から眺め、哲学の方は価値批判的に取り扱っているので、双方の立場が違うのである。価値批判的というのは、窮極の価値に照らしてなされるので、窮極の価値それ自体を対象とする基礎的の哲学を前提としなければならない、私はこの場合にはそれは道徳哲学だと思う。ここで私が学問について述べている場合でも、学問とはいかにして発生したか、それはいかなる変遷をなしたかを述べるのは、科学的の立場をとっているのであり、学問とはいかなる意義と価値（Sinn und Wert）があるかといっている場合には、ある理想に徴して価値批判をしているのだから、哲学的立場に立っているわけである。

学問は道徳や芸術と違うことはもちろんであるが、それだからといって、学問と道徳と芸術とが、何らの連関もないというのではない。三者は同一自我の活動であり、同一精神の所産である。主体が同一であるものが、相互に有機的連関がないはずがないのである。ここで三者がどう相互に影響を及ぼしあうかを問題とすることはぶくとしても、前に道徳哲学、芸術哲学というものがあるといったが、それは道徳（善）や芸術（美）を対象とした学問である。又道徳や芸術の発生の由来を叙述する科学も成立しうる。さらに一歩を進めれば、学問（真）を対象とした哲学もあれば、学問を対象とした学問史という科学も成立しうるわけである。つまり学問（知識）はいかなるものをもとってもって、自己の対象となしうるので、ここに学問というものの特異な性質があると共に、又我々の警戒すべき点があると思う。道徳や芸術のように学問とは性質を異にするものでも、これを他人に伝達する場合には、知識を構成して、知覚の作用に訴えなければならないからである。ところがいかに道徳や芸術について学問が成立しても、それは単に学問であって道徳、芸術それ自体ではない。道徳や芸術についての科学に接したからとて、それで道徳や芸術の活動がどうなるわけでないことは勿論、これらに関する哲学にしても又同じである。学問を対象とした学問についても又同じことがいえる。畢竟《ひつきよう》するに、学問はあくまでも知識であって知識以外の何ものでもない。ただこれが知識であるが為に、一般に伝達することができる、そして我々は道徳や芸術についても、それに関する知識を獲得することによって、それを契機として道徳なり芸術なりの固有の活動に役立たせることはできる。しかしそれには単に知識としてでなしに、知識から別個の活動に移らねばならないので、知識は知識として一旦自我の主体に立ち返り、自我から再び道徳、芸術の活動に躍動せねばならない。すなわち自我を媒介とするのでなければ、知識は単に知識たるに終わるのである。

ソクラテスはテオリアとフィロソフィアとの区別を説いて、テオリアの観念に対してフィロソフィアは異ならねばならないとし、フィロソフィアすなわち魂の智慧だけは、魂を対象とするそのことのゆえに、智慧が実証化するものでなければならないといった。換言すれば知即行を説いたのであるが、ソクラテスが必死にテオリアからフィロソフィアの離脱を力説したことは、我々現代人にとって教訓に満ちていると思う。しかし魂についての智慧にしても、知識はやはり知識である。そしてソクラテスの力説にもかかわらず、その後に魂の智慧も又魂のテオリアと化した。そしてカントをして再びソクラテスに返らしめた。しかし何と区別しようとも、知識は要するに知識であるならば、問題は知識に対する態度にある。少なくとも自我の構成要素たる学問、道徳、芸術に関する知識だけは、単に知識としてでなしに、これを自我にまで還元せしめ、主体的に把握せねばならない。かくして初めて知識を叡智に、多識を聡明に、intellect を intelligence に、knowledge を wisdom に、

Vielwissereiを Weisheitと化すことができるのである。だが現代の智識階級が、単に知ることをもって能事了《のうじおわ》れりとするものが、いかに多いことだろう。そして学問が発達すればするほど、単に知ることだけで、労力を多分に消費せねばならないから、知ることがすでに散漫であり、いわんやこれを主体的に把握するに至らない。これが智識階級の自我が孱弱《せんじゃく》であり、強固な性格たりえない根本的の理由であろう。我々はここでソクラテスの教訓を生かさなくてはならない、しからずんば、学問は自我を亡ぼすことであって、自我を育成することではない。

それでは学問の意義と価値とは何であるか。私の見解を述べる前に、これについての従来の見解を批判することとしよう。第一に出てくるのが、学問を生活の為だという説である。学問の歴史を見れば、実際的の必要から起こったことのあるのは事実であるが、それは学問の発生史的の見方であって、そのことから学問の意義と価値とが、生活の為に役立つことだということにはならない。生活とは二様に考えられるので、一はただ、物質的自然的に生きることであり、他は正しく真に生きることである。「正しく真に」生きるが為の条件として学問が役立つというならば、我々は正面から反対する必要はないが、問題は正しく真に生きるとは、いかなることかにある。これが単に道徳的生活を意味するならば、学問を道徳に隷属せしめることで反対しなければならないが、正しく生きることを人格の成長という意味だとすれば我々も賛成する。もし生きることを物質的自然的に生きることだとしても、それが又人格の成長の条件だというならば、これにも反対する必要がない。ただそれならば初めから「生きる為」ということをいわないで、他の表現を用いた方がよかった。

しかし生きる為という場合には、多くは自然的動物的に生きることを最高価値として、それの条件として学問を価値づけるのであり、それならば、生きることすなわち肉体の維持が、何故に最高価値であるか、という問いに答えねばならない、おそらくこれを完全に答えることはできまい。肉体も又人格成長の条件であり、いわゆる物件であって、ここであの価値の転倒が行なわれているのである。もし学問が生活の為にあるならば、学問は生活の便宜の為に左右されねばならない、そこである時に真だといわれたことが、不便な場合には、他の時には真ではないといわねばならなくなる、これは学問の同一性を妨げることだから、学問ではなくなるのである。ゆえに学問は生活の為であるということは、学問ではなくともよいということであり、学問を論議していることにはならないのである。もし学問をもって生活資料たとえば俸給を獲得する手段だとするならば、それには前の議論がそのままに適用されるが、この場合にも学問が俸給の手段と考えられる必要は必ずしもないので、学問は別の意味で価値がある、価値あるものを提供したから、その対価として俸給が得られるという解釈もできるから、現に学問の対価として俸給を得ているものが、すべての学問を生活の手段と考える必要はないのである。

生活の為の学問の変形したものが、受験の為の学問である。遺憾ながらわが国の学生の多くが、この種の立場にある。当事者は必ずしもこの立場を正当視しているのではなくて、止むをえずこの立場に立たざるをえないのであろうが、受験の為の学問は、立場として誤れるのみならず、結局学生時代に学問の真味を解することができず、卒業後に試験がなくなると、学問を全廃することとなる。心あるものは受験の為の学問という立場から、脱却すべく努力せねばならない。

第二に現われるのは、学問は学問「それ自体の為に」(for its own sake) あるという立場である。これがギリシヤにおいて学問を成立せしめた立場であり、生活の為から脱却した消極的の功績を認めなければならないが、この立場の困難な点は、もし学問をそれ自体の為にあるとして、学問自体を学問の終極の価値だとすれば道徳や芸術や宗教の価値はどうなるかということである。これらが相互に対等にそれぞれの価値を持つとすれば、我々の価値は多元的となり統一ができないこととなり、もし学問のみを終極の価値とし、他はこれに従属せしめるとするならば、他の方で承認しまい。道徳も芸術も宗教もそれぞれ厳たる独立の存在を持つものだからである。この学問至上主義が、思想史上における主知主義 (intellectualism) の名をもって現われている。知即行を唱えたソクラテス、これを組織化したプラトン、アリストテレスが、かえって主知主義の創始者となったことは皮肉であるが、主知主義はただに知識（学問）をもって唯一至上とすることで誤るのみならず、その知識はとかくに科学的知識に限られやすく、かくして科学至上主義に堕する危険性があり、たとえ哲学的知識を包含するとしても、知識することをもって能事了《のうじおわ》せりとして、知識を主体的に把握することに至らしめないおそれがあるから、我々はこれを警戒せねばならないと思う。

以上の二つの立場の批判において、すでに我々の立場はほぼ表現されていると思うが、ここに積極的にいうならば、学問の意義と価値は、第一には我々の最高価値たる人格の構成要素の一つとして、道徳、芸術と共に人格の内容をなすのであり、人格成長の過程においては、成長それ自身の内容だということである。しかしこの事は学問が直ちに人格をもって理想とすることを意味するのではない、直接には真をもって理想とし、真が人格の要素をなすことになるのである。学問の為の学問という立場が、他の何ものにも学問を左右せしむべきでなく、真をもって理想とすべきことを主張したのは正当である。ただその欠点は真を真として放任し、善や美と連関を保たしめなかったことにある。真を理想としながら、善と美とともに最高価値に統一されることを看過したことにある。ところが学問を人格から自我から遊離せしめて、学問を宙空に浮かせていることが、今日の学者の通弊である。いわんや学生においてをや。これは学問の意義と価値とを理解していないからである。

学問の直接の理想が真にあるならば、学問するものは、この価値に奉仕することを忘れてはならないはずである。これが為に他の欲望を抑制して、全力を傾倒するであろう、清貧質素に甘んずるはこの為である。又学問をもって名誉心、功名心の手段とはせぬだろう。さらに真こそが価値であるから、他の何物をもってしても、真を曲げしめないだろう。自己一身の為に、権力暴力の圧迫に屈して、学問に対する信念を曲げ、思想に対する節操を汚さないだろう。もしこれに屈する人ならば、彼は学問のいずれかで、誤魔化しや虚偽をしているに違いない。学を売り真を裏切るものは、学問の権威を失墜せしめ、教育の威信を地に塗《まみ》れしめるものである。

学問を主体たる自我と連関させるものは、学問に対して全自我をひっさげて没入することになる。学問も又性格の表現である。自我と連関を欠いた学問が、いかに弱い稀薄のものであろう。同時に学問は又自我に触接する時に、自我にいろいろの影響を及ぼさずにはおかない。学問は多数の人の経験智識の体系であるから、一人の経験智識では足りないものを与える、かくして視野は広汎となる。学問は独断偏見を去るものであるから、ベーコンのいわゆる洞窟を脱《ぬ》け出て、偏狭固陋《ころう》ではなくなる。学問は特殊を去って一般化するものであるから、特殊に囚われずに普遍を眺める、又特殊の時代を脱して未来を洞察する。さらに真への道程の長さを知っているから、彼は常に「永遠の相下に」眺める、又永遠の真理の審判の前に立つことのみを願って、一瞬の運命を意としない。

学問の第二の意義と価値は、それが道徳的活動に対して援助することである。先に道徳とは観念としてあるものを、現実の存在にまで実現せしめることだといったが、何を実現せしめたらよいか、いかにして実現したらよいかは、道徳自体では決定されないので、これを学問すなわち哲学と科学とにまたねばならない。この意義と価値は、学問を生活の為とすることと相似るところがある。学問をもって経国済民の為といい、福利厚生の為というのも、この意味で正当である。ただ生活の為とは道徳的生活を意味することでなければならないが、その場合でも道徳とはそれ自体で独立したものではなくて、自我の活動の一要素として学問と芸術とに共通であることが忘れられてはならないし、又この場合でも学問は生活に左右されるのでなく真に奉仕することを忘れられてはならない。なお第二の意義と価値については、後によりくわしく説明しようと思う。

八　哲学

哲学は分かれて理論哲学（認識論）、道徳哲学、芸術哲学、宗教哲学となり、さらに教育哲学、歴史哲学、法律哲学、政治哲学、社会哲学等々に分化される。この中で初めの三者は特に自我の活動の三方面に現われた理想を取り扱うもので、我々の人格成長との連関の最も深い部分である。単に読むこと聞くことにとどめずして、即ち単に知識としてでなしに、自我にまで還元させねばならないということは、学問のすべてについていえることであるが、特にこの部分について妥当する。従来の哲学の分科のほかに、先に一言したような人生観の哲学がなければならないが、これあって自我の三つの場面は、分裂、不統一のままに放任されないで、統一連関が得られるからである。道徳哲学と教育哲学の名で現われたものが、ややこれに接近する所があるが、なお充分ではないと思う。たとえば学問の意義と価値を論ずるようなことは、今までのどの哲学でどの窮極価値に徴したらよいのであろうか。

哲学は我々の自我の何ものであるか、自我は何であらねばならないかを教えてくれる。この事定まって初めて、我々に人生を生きるの目標と指針とが与えられる。目標定まって我々の焦点が確定するから、我々の自我は全力を傾けてこれに向かうことができる、ここに自我の統一が可能となる。

統一は力の強さとなる。現代の人々の自我の弱さは、我々が不統一で分裂しているからである。それは我々の目標と指針とが安定していないからである。一言にしていえば理想を持たないからである。あるいは理想はあるが、複数の理想が交錯しているからである。しかし理想すなわち最高価値はただ一つしかありえない、複数の理想とは言葉においてすでに矛盾である。しかし事実において我々はともすれば複数の理想に支配されやすい。それ自身互いに矛盾し対立する理想は、我々自身の中に混在し争闘する。自我はただ一つでありながら、実は複数の自我であるかのごとくである。我々が事に臨んで去就に迷い帰趨に悩むのは、このゆえである。

それではかかる複数の理想を整理して、自我の統一を図るにはどうしたらよいか。それには過去の哲学を振り返らなくてはならない。我々人間は昔も今も他人も自分も、決してさまで大差あるものではない。我々の中に利益や名誉を求める念、生命に執着する念、怠慢無為であろうとする心等があると共に、これとは反対にこれらに対立して、理想の名に生きようとする欲求がある。誰にもあるこうしたものが、ある種の個性の強い人によると、特にこれらの中の特定のものが、圧倒的に彼を支配していることがある、もしその人が何らか統一を欲する人であると、彼は自己を支配する特定の傾向を手強く肯定するか、あるいは反対に強く否定する。さらにその人に自己の実感を体系化する能力が恵まれていると、彼はそれを表現する、これがその人の哲学である。フィヒテのいったように、あらゆる哲学はその人を表現しているのである。我々がこれらの哲学に接すると、それには他人のことではなく、自らをその中に見出し、自らが鏡に映されているのを感じるだろう。実にソクラテス、プラトン、アリストテレス、ストイック派、エピキュリアン派、セント・アウガスチンをはじめとして、近代の人々に至るまで、皆我々自身である。これらを巡歴してゆく間に、我々自らを感ずると共に、次の人が前の人を批判反駁しているのを見ると、又そこにも我々自身の批判反駁が表現されているように感じる。もし過去の哲学を一々巡歴してゆく暇がないならば、それを簡単に我々の前に展開してくれるものがある、それが哲学史、思想史である。哲学史、思想史こそ人間の思索の記録であり、人間の発見であり、又我々自身の発見である。

かつてエドワード・ケヤードはいったことがある、「哲学の使命は、各人が無意識のうちに当然のこととして前提しているものを、白日の光に持ちきたらし、これを意識の境にまでもたらすにある」と。哲学史、思想史を読むことは、ケヤードの言葉のごとくに、我々に潜在しているものを顕在に化せしめることである。だが今ある我々のものをことごとく意識したからとて、それが我々の統一に何の益があろうかというかもしれない。しかし我々の無意識であったものが意識に化したということは、単に我々の中の一つの欲求が白日の下に曝《さら》されたということではない。これと対立する別のものも意識されたことである。しかも二つのものは漫然として併立して現われたのではない、一は他を批判し反駁し、同時にあるものを肯定し賛成したのである。かくして後のものは前のものの単なる対立ではない、それは止揚であり総合である。この点から見れば、哲学史、思想史は人間成長の記録であり、我々の弁証法的発展の歴史である。哲学史、思想史を読みゆく内に、我々の内面は徐々として調和統一されてゆく。ことに注意されねばならないのは、主張と反対と総合とが進展し経過してゆくうちに、いつのまにか我々自身の気づかない間に、我々の思索の能力が鍛えられ、我々の統一の方法が与えられることである。この点においては、哲学史、思想史から去って、我々の最も師事するに足る特定の哲学につく時に、一層我々への賜物は豊かである。こうして我々の内面は整理され統一され、我々は理想を持ち哲学を持つ。すでにある哲学が我々に理想を与えるのではない、我々は理想を哲学から獲取せねばならない。あらゆるものは彼自身の哲学を持ち理想を持たねばならない。だからといって、各人の理想がすべて相異なるものだというのではない。各々が自己の努力によって理想を持つことが必要なので、特殊が自己に深く沈潜して把握したものは、特殊に表現する普遍に触れないはずがない。世に自己の努力で理想を獲取しないで、いたずらに哲学の庭を逍遥するものがある。ジンメル*はその日記の中でいう、哲学者の中に物の心臓の鼓動のみを聞くもの、人間の心臓の鼓動のみを聞くもの、概念の心臓の鼓動のみを聞くものの三種があるが、さらに第四種として文献の心臓の鼓動しか聞かないものがあると。彼は哲学の学徒ではあろうが、哲人ではなく又もとより求道者ではない。しかし哲学の研究は我々のものを獲取する契機とはなる。これが哲学の意義と価値である。

哲学的に見るとは、価値批判的に見ることだと先に書いたが、価値批判的に見る為には、窮極の価値が与えられていなければならない。実に哲学の特徴は、科学においても哲学それ自身においても、芸術・道徳においても、又我々の日常の生活においても、自ら意識する所なく、漫然として出立しているその仮定にさかのぼって、これを鋭く厳しい思索に突きつけることにある。だから哲学的方法は根本的方法である。その終極の仮定を原理といえば、又原理的方法だともいえる。根本的であるから従って統一的である、なぜなれば真の統一は終極のものを持つことによってのみ期待されるからである。又根本的であるものは、その核心に立って全線を展望することを忘れない。したがって哲学的方法は全体的である。かってオックスフォードの学生は、グリーン教授の門下の一団を評して、「物を全体的に見る人々」といったそうだが、全体的とは哲学的だからである。哲学的に考える人には、深さがある、およそ物を浅薄に片づけない、これ彼が根本的だからである。又一部に偏して全部を忘れることをしない、これ全体的だからである。さらに散漫分裂がない、これ統一的だからである。又注意が粗雑でもなければ杜撰《ずさん》でもない、思索に鍛錬されているからである。論理学、数学、法律学は、それぞれの仕方でもって我々の頭脳を精緻にするが、哲学も又その一つである。こうあげてみると、哲学的方法をとることは、その人柄にまで影響せずにおかない。これも又哲学の意義と価値である。

今の学生を見ると、学問に対する興味、能力の点から、四つの種類に分けられるようである。第一は哲学に興味を持つもの、第二は科学的理論を好んで、自然科学や社会科学の因果関係を追究するもの、第三は歴史に関心を払うもの、それは一般史でも特殊史でもよい。第四は統計や資料を集めることが好きで、表を作ったりグラフを描いたりして喜んでいるものである。もちろんこのほかに何にもしないものは多いが、それはここでは論外とする。以上の四つは互いに併有しうることはいうまでもなく、又併有することが望ましいが、多少の差別はつけられると思う。統計を集めたり資料を揃えたりするものは、職業人として世の中になくてはならないし、のみならず将来どのような仕事についても、それぞれの持場でこうした仕事はするかもしれないから、学生時代にその骨《こつ》を覚えておき、大体どんな所にどんな資料や統計があるかは心得ておく方がよいと思うけれども、表を作ったりグラフを描いたりして、それだけしか興味もなく能力もない、いわゆるグラフ学生は、あまりにレベルが低すぎる。これでは高等教育を受ける理由がないとさえ思われる。他の三つはこれとは違って遥かに水準の高い仕事であり、できればこの三つともが併有されたいが、ただ注意すべきことは、科学的理論には年齢の関係は無視されるが、哲学の研究にはこれが大きな影響があることである。青年学生の時に科学的議論の鍛錬さえ受けておけば、卒業後も続けられるし、又どの職業についても科学は必要なのだから、これを続ける契機にも富んでいるが、哲学的思索は青年という年齢の時に、修練を経ておかないと、年をとるにしたがって頭が向かなくなるものである。又学生時代の暇のある時に、勉強しておかないと、卒業後に始めることは難しい。科学のように職業からの刺激がないからである。歴史の方は年齢との関係はないが、今の学生は余りに歴史書を読まなさすぎる。そして歴史の意義に理解がなさすぎる。歴史は一寸考えると、ただ読むだけで統計やグラフと似ているようだが、事実はそうでないので、歴史は科学の中でも特筆してよいものである、これについては別の項で述べよう。そこで私の希望としては、科学については学校の講義で修得した上に、多少の自己研究を加え、歴史書を読むことと、哲学、思想の読書と思索に、相当の精力をさくことである。これはもとより一般的な話で、各人のそれぞれの事情で異なることはいうまでもない。

いま一つ学生諸君に注意したいことは、あまり小説を読みすぎないことである。内外の小説がいろいろの文庫版で廉価に手に入る為もあろう、高等学校くらいの学生で、小説ばかり読んでほかの本を手にしない人がある。小説の中には作者の人生観や社会観が現われているので、文学としての価値を別としても、一種の哲学的文献として、小説を読むことに意義は認められるけれども、日本の小説はもちろん、外国の小説でも邦訳で読むのだから楽でありやさしい、そして面白いからついにこれに耽りやすいが、学生時代にはやさしい小説の中から哲学を拾うのでは惜しい。もっと哲学書を読んで強靭な思索の鍛錬を受けなければいけないと思う。それといま一つ書くならば、学生時代に早くからマルクス、エンゲルスの哲学に入るのは避けた方が望ましい。ドイツ理想主義の哲学が本当にわからなければ、あの哲学は正しくはわからないはずだし、ああいう排他的の思想にはまると、外の思想に対して寛容でなくなり、人間が伸々と豊かに育たない。そして本来は難解でありながら、一応は平易単純だから、哲学的の深さが求められない。学生時代には他に対して寛容で、あらゆるものを取り入れるような哲学、そして我々を練り上げるような思想から、洗礼を受けた方がいいと思う。その上で何の思想に触れようと、それは各々の自由である。

私個人の事をいうと、私には本来の素質にも周囲の状態にも、哲学的な関心を持たせるものはなかった。英国の哲学者は多くは牧師の家庭に生まれ、子供の時から神とか罪とか霊魂不滅とか来世とかいうような、形而上学的な問題に浸っているので、哲学的な興味が湧いたということで、したがって多くの哲学者が、宗教の盛んなスコットランドから出ている。ところが私は東京の中流商人の家に生まれて、およそ宗教とか哲学とかとは縁の遠いものであった。それで中学、一高、大学を通じて、歴史書は相当に読み、大学では科学の勉強もしたけれども、哲学というものとは依然として無縁で、私もこれが自分の弱点だと考えていた、そして弱点だから一層補足せねばならないと思った。それが私を哲学に向けた理由で、今でも素人ではあるが、多少なりとも哲学的に考える傾向を持ったのは、自分の弱味がかえって自分をそちらに向けたからであった。私に哲学的思索への刺激となったのは、大学の卒業少し前に読んだ阿部次郎氏の『三太郎の日記』であった。あの執拗な自己反省、論理的に精緻な表現が、私を魅惑した。さらに卒業後間もなく手にした氏の『倫理学の根本問題』は、私に倫理学への興味を喚起した。今でも自分の考え方はリップスから教えられたところが多い。そしてこの二書において、私は阿部次郎氏に厚い学恩を負っているのである。リップスのあの本（Die ethischen Grundfragen）はいろいろのものを私に与えたが、初めて読んだ時に感心したのは、利己と自己とを区別したことと、善とは人間の強さであって弱さは善の反対だという二つの点であった。その後大学を出てからも役人をしたりしていたので、私の進歩は遅々たるものであった。私が哲学書に親しみ出したのは、大学に帰ってから三十を越えてからであった。リップスの後に私の思想に一番影響したのは、グリーンの『倫理学序説』（Prolegomena to Ethics, 1883.）と『政治的義務の原理』（Principles of Political Obligation, 1901.）とである。グリーンの後輩ブラッドレーの『倫理学研究』（F. H. Bradley: Ethical Studies, 1876.）も又私を感動させたものの一つである。頭脳の明晰と表現の暢達《ちょうたつ》なることは、ブラッドレーとリップスとは似ていて、グリーンよりも優れていると思うが、グリーンの本は難渋だけれども、読者と一緒に苦しみ悩んでゆく様がみえる。グリーンによって私はプラトン、ソクラテスに紹介され、カントとフィヒテの門を開かれた。プラトンの「対話篇」に現われたソクラテスは、常に私の教師である。カントは思索の強靱なことと深さとで、いつも頭が下がるが、親しさからいえば、フィヒテの方が私には近い。ドイツの新カント派のウィンデルバントやリッケルトが私の前に現われてくれたのは、この数年来である。右は直接私の今の思想に関係のあった人々をあげたのだが、要するにいろいろの先師の御世話になった。しかし結局あまり読んでいない。何一つとして充分には知らないのだとは、昨年大学を辞してからの私の偽らない感想であった。

今書いたように本来哲学的の素質のない、そしていわば哲学の晩学生で、秩序的に勉強したことのない素人としての私が、もし学生諸君から哲学の研究について問われたら、次のように答えようと思う。

まず哲学的思索とはどんなものかを書いた本を読むことを勧める、それには出隆氏の『哲学以前』と桑木厳翼氏の『哲学概論』とが恰好であろう。ついで哲学史・思想史を繙《ひもと》くことである。ここで思想史というのは、哲学史が高踏的なのに対して、やや人生や社会に触れたものを意味している。日本語としては安倍能成氏の哲学史二巻（哲学叢書）があり、少し簡単ではあるが、波多野精一氏の『西洋哲学史要』、問題を少し限定したものとして朝永三十郎氏の『近世に於ける我の自覚史』がある。西洋のものとしては、坐右に置く辞書的の哲学史はユーバーウェッヒの『哲学史』四巻（Friedrich Überweg: Grundriss der Geschichte der Philosophie, Bde.）であるが、それぞれ特色のある哲学史として勧められるのは、ウィンデルバントの『近世哲学史』（Wilhelm Windelband: Geschichteder neueren Philosophie, 2 Bde., 1878–80.）とヘフディングの『近世哲学史』（Harald Höffdin: History of Modern Philosophy〔Engnsh translation〕2 vols., 1895–96.）である。前者は問題を捕えての哲学の歴史であり、後者は哲学者の人を中心としたところに差がある。哲学史の簡潔なものとしては、クレメント・ウェッブの『哲学史』（Clement Webb: History of Philosophy to1910,

1915.）があり、英国のみの哲学史として最良のは、ソーレーの『英国哲学史』（W. R. Sorley: History of English Philosophy. 1920）である。思想史としては全体を通じたものが見あたらない、特定の国の特定の時代をとれば、ドイツについてトレルチ、ディルタイ、ブランデス、チーグラーのがあり、英国についてレスリー・スチーブンがあるが、これらをあげだすときりがない。

　こうした古代、中世、近世を通じての哲学史の中で、我々の注意を傾けてよい時期が三つあると思う。第一は古代のソクラテス、プラトン、アリストテレスの出たギリシャの時代で、第二はカント、フィヒテ、シェリング、ヘーゲルの現われた十九世紀初期のドイツで、第三は英独両国に偶然に新哲学の台頭した一八七〇年代である。この三つの時期は、いずれも理想主義の支配した時ではあるが、私はその為にこの時代を選ぶのではなく、前の二つの時代は、抜群の巨星が並び現われた時であり、後の時代は前の二つの影響を受け、登場人物は前二代に比べると劣るけれども、いずれも他と比べれば水準を抜いているからである、ことにこの三つの時代はいずれも反対思想の克服の為に現われ、而も見事に止揚しているからである。私の興味と憧憬とは常にこれらの時代に集まる。よく最近の哲学を云々する人があるけれども、哲学は科学と違って最近が最良ではない。単に智識を漁《あさ》る為ならばともかくも、無暗に最近を云々するのは、浅ましくもあり端《はした》ないとも思う。

　近世で国別をいうと、私は自分の精力の足りなかった為に、フランスの哲学については、哲学史以上にはほとんど知るところがない。私の集中主義の性癖が、英独をまず選ばしめこれに集中していた為に、ついにフランスに手が届かなかったのである。これから少しづつ補いたいと思っている。わが国では哲学の研究というと、ドイツに限られるように思うけれども、私は英国にも特徴があると思う。ドイツの哲学の卓抜な点は深さにある、その短所はあまりに専門に偏したところにある。英国の哲学はドイツに比べて浅いだろうけれども、その長所は哲学から政治、社会、経済の思想に至るまで、各々が単一人に総合されているところにある。ドイツの哲学者はほとんど大学教授であるが、英国のそれで大学教授であったのはむしろ少なく、多くは実務に従う実際人であった。ベーコン、ホッブス、ロック、バークレー、ヒューム、ベンサム、コールリッジ、カーライル、ミル、スペンサーは、いずれも政治家か官吏か会社員か牧師か、せいぜい民間学者であった。きわめて最近の哲学者が大学教授であるだけである。したがってその哲学は平易で通俗で、そして講義の為の哲学ではなく、己れ自らの為の哲学である。己れ自らの為だから哲学だけにとどまりえないで、社会思想にまで至らなければ承知できなかったのである。英国の哲学の特徴はギリシャのそれと似ている。その一つ一つの部分の水準は劣ろうとも、およそ思想というもののすべてが総合調和されていることである。英国の哲学者からその特徴をくんで、ドイツの哲学からそれぞれの部分を深めることが、一番望ましいのではないかと思われる。

注意すべき問題は、あげれば数限りなかろうけれども、最も根本的の問題は、自然主義と理想主義との対立だと思う。ここには物と心との対立があり、さらに個と全との対立がこれにともなっている。西洋哲学史はこの対立の歴史だといえるかもしれない。多くの哲学者がその個人的生涯に、この対立を経験した。我々はこれをカントにフィヒテに、コールリッジにカーライルに見ることができる、そしてこの対立は今でも我々各自の心の中に去来する。おそらく哲学史上において、スケールを大きくこの対立を浮彫にしたのは、ヒュームとカントであろう。ヒュームの『人性論』

（Treatise of Human Nature, 1739.）とカントの『純粋理性批判』とは、必ず共にあわせ読まるべきである。ヒュームから離れては、カントの批判哲学の意義は、本当には理解できないのではないかと思う。まことにヒュームとカントとの対立は、古典的対立である。私自身も又この対立を体験し、何とかしてこれを解決しようとして、ベンサムからミルを経てグリーンに至る発展史を辿ってみた。『社会思想史研究』『社会思想家評伝』『グリーンの思想体系』は、この対立をテーマとした私の思想家巡礼の記録であった。

各人は自己の哲学の師を持たねばならない。生ける師の口から漏《も》れる言葉のように、その著作を隅《くま》なく読む師を持たなければならない。私にその人を選ばしめるならば、古代におけるソクラテス（プラトンに現われた）、近代におけるカント、フィヒテ、ミル、グリーンをあげたい。これにゲーテとシラーとを加えてもよい。ヘーゲルについては充分に知らない為か、まだあげるまでになれない。ニーチェは近頃特に興味を抱くけれども、まだ師とするほどになれない。もし師が選ばれたら、その哲学史上の地位、その時代の雰囲気、その伝記を読んでから、その著作の一々にあたってみたい。著作に入る前に予備智識が必要であるとともに、予備智識だけでその著作に入らないのは、御馳走の臭《におい》をかいで、箸《はし》をつけないのと同じである。著作が一応読まれた後には、それを説明し批判した優れた本を読みたい。それで自分の感じたこととの比較ができて、本の読み方、思想の消化の仕方を、訓練されるからである、その後に再び著作を読み返す、否、再びではない、幾度も読み直すのである。

哲学は西洋の哲学に限られない、東洋の仏教哲学、支那の儒教、日本の固有思想がある。私は八年前に公刊した随筆集『書斎の窓から』の中で、西洋の思想のみに心酔している人でも、自らの意識しないところに東洋の思想が潜在していて、我々を力強く構成している、誰か東洋の思想を我々の理解しやすいようにまとめてほしいと書いた。又別のところでは東洋の思想を研究したいという慾望が強く起こるが、どうも東洋の思想や国史、国文学を研究する人は、保守的に陥りやすい。必ずしもこれらの思想や学問が保守思想と結合する必然性はないのだろうけれども、我々の周囲を見るとそれが事実である、だから私は今少しその研究を将来に留保したいと書いた。昨年来私の生活に暇ができたので、仏教や儒教について数書を読み、和辻哲郎氏の『日本精神史研究』、正続二巻や村岡典嗣氏の『日本思想史研究』続巻、『日本文化史概説』を見て、私が往年要求していた研究が、東洋についてなされつつあることを喜んだ。東洋、日本の思想は何といおうとも、我々を現に構成している。これを意識の白日の下にもたらすことは第一に必要であり、ついでそれらのものすべてがそのままに保存されてよいかどうかは、未来の研究に任されねばならないが、もとよりその中には保存されねばならないものが多いと思う、そして西洋の思想と調和総合したものの作られることが、我々が国の為にも東洋の為にも又世界の為にも、望ましいことだと思う。したがって今の学生諸君が私共のかつてありしがごとくに、東洋のもの日本のものに遠ざかるのはよくない。しかしだからといって、西洋の哲学、思想から遠ざかることはもとより避けねばならない。あの西洋の哲学で我々は練り鍛えられることは必要である、ことに青年時代において絶対に必要である。

哲学は哲学書の中だけにあるのではない。たとえ体系的ではないとしても、その為にかえって自由に平易に哲学の窺《うかが》われるものがある、それが随筆である。随筆が特に旅行の記録の形で現われるのが紀行である。又優れた思想家についての伝記は、哲学の成果を要約しているばかりでなく、哲学する過程を描いているから、いかに哲学するかについて、示唆を与えることが大きい。ことに自叙伝又は優れた思想家によって書かれた伝記は、それ自体がすでに一つの哲学書である。又文学すなわち詩歌、戯曲、小説にも又、作者の人生観が窺われる、これも我々の眼を逸してならないものである。

九　科　学

哲学が価値を対象とするのに対して、科学は現象を対象として、現象と現象との原因結果の関係を説明する学問である。科学の対象とする客観を総称して、自然ということがある。この場合の自然は広義の自然であって、自然科学の対象を自然という場合の自然は、狭義の自然である。では狭い意味の自然とは何かといえば、人間の精神の所産でないものを意味するので、後者はたとえば社会、法律、政治、経済、歴史等を指すので、これを対象とするのが自然科学に対して文化科学であり、あるいは人文科学ともいい、又あるいはすべて社会の中に行なわれるものだということから、社会科学ということもあり、さらにこれらの対象は歴史の中にあることから、これを歴史科学ということもないではない。しかしこの場合の歴史科学というのは、後にいう歴史学という場合の歴史科学とは異なるものである。こうしたいろいろの名称はそれぞれ多少の見方の差異からきているので、これを同一のものに対する違った名称だということは、やや早計ではあるが、今私はそこまで科学の内容に立ち入ることをしないで、ここではただ科学一般を説くにとどめようと思う。

今私の前に一鉢の植木があるとする、これを美しいとか美しくないとかいうならば、それは芸術的に見ることである。これを植木の好きな自分の父に見せたらさぞ喜ぶだろう、これを父に持って行って差し上げようと思う時には、これを道徳的に見ているのである。ところがこれを科学的に見るとはどういうことかといえば、これを美とか善とか離れて、この植木はどうしてこうなったとか、この木の中にはどういう作用が行なわれているかという見方である。すなわち現象を因果的に観察しているのであって、前の芸術的とか道徳的とかは、何らか価値的に見ているのであるが、科学的見方は、かかる価値的見方から独立して、原因結果の系列の一部としてこれを見るのである。しかし科学的見方が全然価値と交渉がないというのではない。科学の理想、価値は真であるから、真という価値と関係がないのではない、ただ真という価値は美とか善とかいう価値とは違って、現象を因果的に見ることの理想であって、もしも因果的の見方に誤謬があるとすれば、それは真という理想に徴して是正されなければならないのである。だが真という価値は美や善と異なって、因果的な見方から独立するのではなくて、因果的な見方をすることにおける価値である。だから科学的に見ることは、真という価値に支配されながら、しかし芸術的とか道徳的とかの見方とは対立しているわけである。

我々が科学的に見る場合にとる方法を、科学的方法(scientific method)という。この方法は科学の種類によって、必ずしも同じではないが、これを概括していえば、次のような過程をたどる。まず第一に研究の対象に対してある種の構想がなければならない、何を研究するかについて何らかの構想がなければ、研究は一歩だも進むことはできない。第二にこの構想に基づいて、必要な一切の材料を蒐集し、これを一定の標準により分類し、あるいはこれを互いに遊離せしめあるいはこれを連関せしめる。第三にこうした材料の検討をなしつつある間に、前の構想よりも一層狭められた、そして一層明確な形態をとる構想が現われる、これが研究の成果に対する予想である。第四にこの構想が果して妥当であるかどうかを検討する為に、第二の場合よりも一層広汎な材料を蒐集して、これに適合する場合とこれに反対する場合とを比較検討する。その結果として構想はあるいは確認されあるいは否認される。もし否認されるならば、彼は構想を断念して出発のやり直しをしなければならない。第五にもし確認された場合には、その構想を一般化しうるがごとき一定の定式（formula）に表現せねばならない、これが法則と称せられるものである。こうした方法は科学者が自ら意識すると否とを問わず、いやしくも研究に従う場合に、必然にとられねばならない方法であり過程である。

　この過程の中で注意すべきことは、第一及び第三の構想がどこから得られるかということである。もとより一つの研究を継続しつつある間に、前の研究が次々に次の構想を産むのではあるが、それでも構想は前回の研究の結果とは異なる新しいものでなければならないから、それは研究の結果として浮かんでくるのではなく、研究に先立ちて現われねばならない、これがどこから現われるかというに、それは一種の直感直覚である。我々はニュートン、ワット、ガルヴァニー、ダーウィン等の伝記を読むと、これらの偉大な科学者が日常平凡の些事《さじ》から示唆を捕えたことを見出すが、多くの人に看過される些事の中から示唆を捕えたところに、彼らの非凡の直感力がある。こうした直感はある点において芸術家の直覚に類似するが、又実際すぐれた科学者は、一見矛盾と思われるほどに芸術的香気に富んでいる。だがたとえこれらの構想が直感からくるにしても、科学者の科学者たる特異の点は、これを直感のままに放置しないで、第二及び第四の場合のごとくに、材料を蒐集して事実をして確認せしめねば承知しないところにある。直感をただちに承認しないで、これを懐疑し反省し批判するところにある。これが証明（beweisen）ということである。自然科学では証明の為に実験することが可能であるが、社会科学ではそれができないから、歴史の事実に徴するのである。

以上の過程をたどってみると、科学するものの姿が我々の前に彷彿《ほうふつ》としてくる。彼は独断や偏見や迷信や想像を許さない、必ずこれを懐疑し反省し批評する。そして事実をして確認せしめずんばおかない、これが実証的態度である。彼は事実を蒐集するにあたりては、自分の主観に囚われないで、又自分に都合のよい傾向のものだけを選ばない、これを公平という。いかなる些事といえども、いやしくもすることなくゆるがせにすることがない、これを精密といい又これを忠実という。彼は判断をするに際しては、一つの論理から他の論理へと着実にたどって、論理の飛躍を許さない、これを正確という。彼は到達した結論に対しては、たとえそれが自分に不利な評判をきたそうとも、おそるべき結果をもたらそうとも、怯《ひる》まず臆《おく》せず大胆にこれに直面する、これを科学的勇気という。そして以上のような心的傾向を総括して、これを科学的精神というのである。人は往々にして現代の教育を目して智識偏重といい、あるいは科学の結論が好ましくないからといって、科学的研究に何らかの掣肘《せいちゅう》を加えようとする。しかし科学的研究はあくまで奨励されなければならない、智識はいかに多くとも多きにすぎることはない。智識偏重という欠点は、科学教育から必然にくるのではない、教育の方法が宜しきをえないところからくるのである。又科学的研究は不可分のもので、これを許し彼を許さないという専断を許すべきではない。科学がその限界を守らねばならないことは後に書くがごとくであるが、科学がその許された限界内においては、研究の過程や結論に掣肘が加えらるべきではないのである。現代の日本において憂いとすべきは、あまりに科学的でありすぎることではなくて、あまりに科学的でなさすぎることである。この弊は自然科学においては少ないようであるが、社会科学では著しい。ともすれば独断偏見を前提として出発する。材料の蒐集が不公平であり、論理の飛躍を意に介しない。その結論が好ましくない場合には、論理の進行を半途に停止して、結論を歪曲《わいきよく》する。もしある結論が好ましくないからとて、科学的方法をゆがめることをするならば、科学は測りしれないほどの高価な代償を支払わねばならなくなるだろう。

科学的方法は先生や先輩から教えられることもあろうし、自ら研究に従事している間に体得することもあろう。しかし科学的方法は無意識的であってはならない、必ず自ら意識していなければならない。そうでないと、気づかないうちに非科学的になりがちだからである。こうした方法をしっかりと学生に打ち込むことが、科学教育の最も重要な核心でなければならないのに、ややもすれば現代科学の到達した成果を詰め込むことが、科学教育だと思うことが今の日本の通弊である。成果はいかに暗記しようとも、ただその教えられた成果にとどまる。方法と精神とを会得させるならば、やがて無限の成果をあぐべき創造的科学人ができるであろうに。明治九年わが国に来朝して、医学界に多大の貢献をなしたドイツのベルツ博士*は、その就職二十五年祝賀式があげられた席上で、日本の医学界の欠点は、西洋の医学の最新の成果を拾うに焦慮して、西洋の学界の科学的雰囲気——これあってあの成果があげられた——に触れようとしないことにあると苦言を呈したが、これは単に医学界のみならず、又単に明治時代に限られず、今日においても依然として全科学界に対する苦言になろう（浜辺正彦氏訳『ベルツの日記』二〇九―二一二頁）。

科学的方法が学校で教えられないとすれば、学生自らがこれを獲取しなければならない。それには教科書を読むのでは得るところがない、何故なれば教科書は科学の成果を陳列はするけれども、科学の方法を説いていないからである。学生はまず科学史をひもとくことが望ましい。どうしてこの科学が勃興し、どうしてこうした成果が得られたかは、科学史が我々の前に展開してくれる、それこそ人間の精神史の一面である。ついで偉大な科学者の古典が読まれねばならない。カール・ピアソンは『科学要綱』（Karl Pearson: Grammar of Science, 1892, 3rd ed., 1911）の中で、自然科学の古典として、Darwin' Origin of Species, Descent of Man; Lyell's Principles of Geology; Helmholtz's Sensations of Tone; Galton's Natural Inheritance; Harvey's Anatomical Dissertation on the Motion of the Heart and Blood; Faraday's Experimental Researches. 等をあげているが、このほかにもこれに類したものがたくさん考えられると思う。社会科学の古典としてはたとえば、Plato's Republic; Aristotle's Ethics. Politics; Hobbes' Leviathan; Locke's Two Treatises of Government; Montesquieu's Spirit of Law; Adam Smith'Wealth of Nations; Bentham's Introduction to the Principles of Morals and Legislation, Malthus' Principle of Population; Ricardo's Principles of Political Economy; J. S. Mill's Principles of Political Economy; Savignys Vom Beruf unserer Zeit für Gesetzgebung und Rechtswissenschaft; F. Lists Das Nationale System der Politischen Ökonomie; K. Marx' Das Kapital; K. Mengers Grundzuge der Nationalökonomie、等々、私は今思いついたものだけをあげたのであるが、なおこの上に幾らも加えることができる。さらに科学者の自叙伝又は伝記を読

むことである。哲学者の伝記についていわれたことは、そのままに科学者の伝記についても妥当する。こうして自らの手で科学的方法を体得して、それを自分の研究の上に生かしていく、その場合に科学は創造であり事業である。あの昔の彫刻師や刀剣師が一業に精進したように、ここでは仕事の骨を呑み込み、彫心鏤骨《ちょうしんるこつ》の名人気質《かたぎ》を会得せねばならない。

それでは科学の意義と価値は何であろうか。科学は学問の一種であるから、科学の意義と価値は、学問のそれである。すなわち人格の構成要素として人格の成長に与《あずか》ること、道徳的行為に対して何をなすべきかを指示することの二つである。しかし人格の成長に与る仕方に、哲学に特殊の仕方があったように、科学にも又特殊の仕方がある。先に科学的精神として、実証・公平・精密・正確・勇気をあげたが、科学人は科学的方法を絶えず行使している間に、こうした精神が板についてきて、やがて一種の習慣・傾向が育成される、これを科学的性向（Scientific frame of mind, scientific habit of mind）という。一旦この性向が育成されると、ただに科学の研究の過程に発揮されるのみでなく、科学するものの性格を形成して、彼はあらゆる人生の問題に対して、かかる性向を発揮する。この性向の思索又は処世に対して現われた時に、これを合理主義（rationalism）という。ところが科学的性向は研究室や書斎の中で、科学の研究をしている間だけは発揮されるけれども、一旦研究室や書斎を出て、科学の問題でなしに日常の一般の問題に出会うと、彼の科学的性向はたちまちに剝落する。彼は独断に支配され偏見に陥る、彼は公平に材料を集めようとはしない、集めた材料で確証を得ようとはしない、平気で論理の飛躍を敢えてする、その結論が好ましくない時は、それを回避するほど卑怯であり臆病ではないか。それはなぜかというと、科学的方法を反省し思索したことがなく、ただ人から伝えられたものを、伝統として受容して、単に反芻《はんすう》しているからである。科学的性向が板につくほど科学に精魂を打ち込んでいないからである。又科学的性向が性格を形成するほど、科学が自我と結合しないで、互いに遊離しているからである。いわんや日常生活においては、不合理のみ多くて合理的に行なわれていない。この不合理なことが、いかにわが国の公私両方面の生活に、無駄と厄介とを醸していることか。彼が科学者であり科学生であることを聞かないで、ただ人間として彼と語り彼の生活を見ていると、酒屋の番頭や八百屋の小僧と少しも異なるところが見受けられない。

ここに合理的というと、人は我々全生活が合理的となっては、窮屈でたまらないというかもしれない。しかし私は全生活が合理主義で支配されることを求めているのではない。我々の情操の生活では合理は足をとどめる、ここでは非合理が許される、しかし非合理とは合理の許される限界以外のことであって、合理であるべき場面に合理的でないのは、非合理ではなくて不合理である。我々に合理の許されるのは、知識の使用さるべき場面においてである。ところが非合理の名の下に、いかに不合理が横行していることであろうか。否、非合理とか合理とかが区別されないほど、およそ合理主義が考えられてはいないのである。

科学が自我に連関して、合理主義的性格を形成すると共に、自我と連関した科学は、従来のような散漫な智識の寄せ集めでは満足することができない。なぜなれば自我はただ一つしかない、そして唯一のものに連関した時に、統一と秩序とが現われるからである。自然科学も社会科学も、互いに無関係ではなく科学として連絡される。自然科学は細微な専門分科に満足しないで、一つの世界像（Weltbild）を形成して、その下に統一される。社会科学も又社会観（Gesellschaftsauffassung）の下に統一される、そして世界像と社会観とは合一して、世界観（Weltanschauung）を構成する。こうして全科学に有機的連関が保たれる。現代の教育が、智識偏重だと非難されるのは、智識に重きをおきすぎることからくるのではなくて、何らの連関も統一もない専門科目を、漫然として羅列されるから、学生は多岐多端に悩まされて、智識を吸収消化する余裕がないからである。又成果に到達する方法を教えないで、単に成果のみを教授するから、学生はただ暗記するよりほかに仕方がない、そして暗記の煩労《はんろう》に呻吟するだけで、智識の面白さや楽しみを感ずるに至らないで、智識の重荷に苦しむからである。

科学と哲学とは、それぞれ対象を異にし方法を異にするから、各々の持場を謙遜に守ってしかるべきである。しかしこの事は科学が哲学と何らかの交渉を持たないことを意味するのではない。科学はその前提において哲学に依存しなければならないのである。まず第一に、科学の対象とするものは、すでに認識されたものである。科学は認識されたものを、それ以上にさかのぼって追究することなしに、これを対象として研究を進めて行くのであるが、科学が当然として対象とするものが、いかにして認識されたかの問題は、科学の出発の前提であって、科学それ自体の内容ではない、したがって科学はこれを科学以外の学問にゆだねねばならない。又科学は因果律の存在を前提とし、原因と結果との必然の関係を予定している。科学は怪しむことなしにこれらの概念を使用しているが、これも又科学の前提であるから、科学自体の内容に属しない。さらに因果律を特殊の現象間に適用して成立した法則が必然性を持ち普遍性を持つことを科学は当然としているが、しかし、いかに数多くの実験を経て確証したからといって、それで必然性普遍性が得られることにはならない、ただ、実験された場合だけについていえるだけである。しかるに科学は法則の必然性普遍性を不可疑の前提としているのは何故か。これらの問題を取り扱う学問こそ哲学——ここでは認識論——であるから、科学は哲学に依存することなしには、一歩だもその出発を開始することはできない。

ここで私は認識論の議論をしようとは思わない。要するに認識の成立する為には、自我に内在する理性——ここでは悟性——が参加する。我々の前に実在する世界は我々により認識された世界であって、自我の構成した世界である。因果律も法則も又自我によって構成されたものであり、自我に内在する理性は、何人にも普遍的であるから、理性によって構成された因果律も法則も普遍的となるのである。かくして科学は自我の所産である。この点において芸術や道徳が自我の所産であることと異なることがない、共に人間の・精神の・勝利である。人は科学の世界とは、実在の世界の模写であり写真であるように思うかもしれないが、科学の世界は自我により構成された抽象の世界である。法則がそのままに具体的の事実に適用しえないのは、これが為である。たとえば引力の法則が発見されたからとて、それがそのままに、ただちに具体的に適用されるのではなくて、空中において水中においてどう法則が働くかは、あらためてそれぞれ研究されなければならないのである。

人はあるいは法則は、帰納法により発見されるというかもしれない。しかし一般に法則の構成は帰納法によるのではない。帰納法とは特定の対象を捕えて、その特殊に内在する一般的法則を構成すると考えられているが、実際は一般的法則は特殊に内在するのではなくて、特殊を超えていまだ何ものにも内在することなき理念であって、理念は直観によって把握される。したがって対象の研究によって法則が構成されるのではなく、対象の研究に先立って、法則は理念として直観されているのである。これがアリストテレスの帰納的方法に反対して、ガリレーが自ら使用した方法であった。特定の対象はかかる法則を確証する為に必要とされるのであり、帰納法により法則が構成されるというのは、法則構成の時間の前後を転倒するものである。

しかし科学は出発において哲学に依存するのみならず、過程においても又そうである。科学の為の労作は——あえて科学のみでなく哲学でも芸術でもそうであるが——精神的労働の一種として、労働の主体たる科学人は、一定の道徳律に服従せねばならない。筋肉労働者でも正確とか忠実とか勤勉とかは、要求さるべき道徳的性質であるが、科学人についても同じことがいわれる。科学人が、独断を排すること、精密正確であること、科学的勇気を持つべきことは、先にあげたが、さらに付加さるべきことがある。彼は真を理想とする、そして理想は一朝にして到達しえないものであるから、絶えざる進歩と発展とを予想せねばならない。理想に邁進しつつあることに自信を抱くと共に、己れの理論が常に相対的なることの謙虚さを忘れてはならない。又進歩と発展とは対立する理論が互いに争いつつ、やがてより高き理論にまで止揚されることを知るがゆえに、たとえ自己と反対の理論であろうとも、これに対し尊敬と感謝とを持たねばならない。その理論の中に、自分の肯定しえないものがあろうとも、その存在理由と利用価値とを承認して、これと理論的に論争することは正当ではあるが、権力をもってこれを抹殺するがごときことはあってはならない。およそ科学人たるものは寛容でなければならないはずである。だがすべてこれらのことは強固な性格による自《セルフ・》己統御《コントロール》が必要とされる。彼は自己の中に自己を裏切らんとする誘惑と戦わねばならない。もし科学人が良心的たらんとするならば、彼は以上の戦いを意識するであろう、そしてこの内心の戦いに勝たんが為に、助力を求めるに違いない。助力は科学からは得られない、これは道徳によらなければならず、そして結局において道徳哲学にまつほかはないのである。

科学はただに過程においてのみならず、又その終極において哲学に依存する。科学の意義と価値とは先に述べたが、人格の構成要素として役立つという時に、人格についての哲学が必要となり、さらに道徳的行為に役立つという時に、道徳哲学に関係しなければならなくなる。

ところが科学から価値判断（Werturteil）を導き出そうとするものがある。たとえば歴史はかくかくの理想で動いたということから、その理想を現代にまで持ち出そうとするものがあるかと思うと、歴史は階級闘争の歴史であった、だから階級闘争で行かなければならぬと結論するがごとき、左翼たると右翼たるとを問わず、その例は少なくない。もし科学から価値判断が導き出されるならば、少なくとも実践的の哲学は必要がなくなるわけである。しかし科学における理論判断は、善悪の価値判断や美醜の価値判断とは性質を異にする。たとえば「この紙は白い」というのは理論判断であって、「この紙」なる主辞は「白い」という賓辞をその内容に包含しており、この場合の主辞を分析すれば、それからして賓辞が導き出される。したがって理論判断は主辞と賓辞との結合によって新たなる何ものも作らない。これに反して「この紙は良い」とは価値判断であり、主辞からして賓辞は当然には導き出されない。この賓辞は価値を規準として、それから導き出されるのであり、この主辞とこの賓辞との結合により、当然には非ざる全く新たなるものが附加されるのである。

価値判断と理論判断とは性質を異にするから、理論判断から価値判断を導き出すことはできない。これマックス・ウェーバーが価値判断は科学によって証明することもできなければ、又これを基礎づけることもできないといった所以《ゆえん》である（戸田武雄氏訳『社会科学と価値判断』参照）。したがって科学から価値判断を導き出すことは許されない、ところが科学がこの限界を超えて、価値判断を自己から導き出そうとすることが、今日往々にして科学が危険視され、やがて科学の研究に掣《せい》肘《ちゅう》が加えられようとする所以になるので、この場合に科学の研究が悪いのではなくて、科学が自己の限界を守らないことが悪いのである。

科学から価値判断を導き出すのではなくて、科学において使用した方法をそのままに哲学に持ち込んで、一種の哲学を構成しようとするものがある。これが科学的哲学と称せられるものである。ロック、ヒューム、ベンサムの哲学がそれであり、フェヒナー、ヘッケル、オストワルドのがそれであり、マルクス、エングルスの唯物弁証法の哲学も又その一種である。しかし科学で使用した方法、すなわち因果関係を究明する方法は、科学にのみ適用されるにとどまるので、これを哲学に持ち込んでも、哲学は構成されはしない。我々は認識論の問題に立ち返って、科学的方法がいかにして可能であるかを、問題にすることができる。又理論的判断は価値判断とは異なるから、科学的哲学は価値判断をなしえないので、真正の哲学は依然としてほかに存在せざるをえない。科学的哲学を構成した人々が、価値判断を導き出すことができないのに、自ら知らざるうちに価値判断をなしている矛盾は、ジョン・スチュアート・ミルについてチャールス・ダグラスが摘觖《てっけつ》し（Charles Douglas : The Ethics of J. S. Mill, 1878.）、実証主義者コントについてエドワード・ケヤードが指摘したところであった（Edward Caird：The Social Philosophy and Religion of Auguste Comte, 1885.）。特殊専門の科学の領域で、花々しい業績をあげた科学者が、往々にして科学の限界を超えて科学的哲学を構成しがちであり、人は科学者としての権威に押されて、ややもすれば科学的哲学を承認しがちである。しかしこれこそ科学の哲学への不当なる侵入である。

以上のように、出発において過程において終極において、科学は哲学に依存するが、しかし科学としての領域においては、科学は自己支配を許されてよいわけである。そして哲学と科学とは、それぞれが自己の領域を謙遜に確守すべきである。科学が哲学をもって無用の長物だとすることが誤りであると同じく、哲学は科学の発達進歩を望んでよいので、科学がいかに進歩すればとて、哲学の持場が消滅するはずはない。もし科学者が己れの分を超えて、哲学は経験によらないからだめだとか、哲学は必然性を持たないから不安だとかいうならば、哲学者は科学者に問えばよい、君の経験はいかにして可能であるのか、経験の集合からどうして法則ができるのか、法則の必然性はいかにして説明ができるかと。

一〇　歴史

現今という短い時期だけをとると、学生は必ずしも歴史に無関心ではないようである。アンドレー・モーロアの『英国史』が盛《さか》んに読まれるということである。なるほど西洋も東洋も混沌としていて、帰趨《きすう》の定め難い時であるから、指針を歴史に求めようとするのはもっともである。今までも人類は混乱に直面して今までの指針を失った時に、常に過去を回顧した。そればかりではない、我々の周囲には歴史の中によるべきの理想を見出そうとして、しきりに眼を過去に注ごうとするものがある。それは潑剌として歴史を回顧するのであるが、他方には我々個人は歴史の歯車の必然の進行の下に蹂躪《じゅうりん》されるのだとして、陰鬱な面持で恨めしそうに、歴史の必然を見つめているものがある。こうしていろいろな意味で、歴史は現今の我々の関心事となりつつある。しかし現今のみではない、我々は常に歴史への関心を持ち続けねばならないと思う。

私は先に今の学生の学問的関心の傾向に四種類があるとして、歴史への興味を哲学や科学的理論への興味と区別した。ところが歴史学は科学の一種であるから、歴史への興味を科学への興味と区別するのは、特別な理由がなければならないが、それは果して何であろうか。科学をしばらく社会科学に限って、しかも法律、政治、経済、社会等を対象とする特殊の社会科学に限るとすると、そこに法律学、政治学、経済学、社会学、（従来の社会学、すなわちソシオロジーとは異なるものとして）等の科学が成立する。ところがここでいう科学とは、法則を定立するという狭い意味の科学であって、そのほかに法律、政治、経済、社会等を対象として法制史、政治史、経済史、社会史、というような歴史学が成立するし、さらにこれらを対象として立法政策、政治政策、経済政策、社会政策という政策学が成立する。前の歴史学が科学に属することは一般に認められているとして、後の政策学に至りては、その成立を否定するものがある。たとえばマックス・ウェーバー*のごときその代表者であるが、しかし政策学は因果関係のみをたどる科学ではないが、一方で因果関係をたどるとともに、他方では価値判断を入れている学問で、いわば科学と哲学との中間に位する特殊の学問である。この学問の成立性については議論があるけれども、歴史学が科学たることについては、ほぼ異論がないようである。それでは科学への関心と歴史への関心とを区別する理由は何かというと、歴史学は科学の一種でありながら、あの法則定立的の科学とは異なるところがあるからである。

歴史（history, Geschichte Histoire）という言葉には、二つの意味がある。一つは客観的の歴史でできごとを意味し、他はできごとを記述したもの、すなわち主観的の意味である。歴史の研究というのは、できごとに対する研究であるけれども、専門の歴史家でも歴史学生でもない一般学生は、史料にまでさかのぼってできごとを研究するのでなくて、できごとを記述した歴史を研究すること、いわば歴史書を読むということである。こうして読まれる歴史が、体系をなしている時に、それが歴史学と呼ばれる。さて歴史は学問ではなくて文学であるというものがあったと共に、歴史学を一般の科学と同一視して、普遍妥当的な法則をその中に求めようとしたものがある。マルクス、エングルスが歴史は階級闘争の歴史であるというがごときその例である。ところが歴史は文学ではなく科学ではあるが、しかし一般の科学は普遍妥当的の法則の定立を目的とするものであるが、歴史はただ一回限り発生するできごとの因果関係をたどるものである。酸素と水素と化合して水となるとは、いついかなる時に誰に対しても変わらない因果関係であるが、たとえばフランス大革命はある原因の結果として発生し、又それが原因として他の結果を惹起したという因果関係は、ただ十八世紀末のフランス革命を中心とした特定の因果関係であって、そのほかのいかなるできごとにも適用されるものではない。これが同じ因果関係を説明する科学でありながら、歴史が法則定立の科学と区別される点である。この事を初めて明らかにしたのは、ウィンデルバントのあの珠玉のような短篇を集めた『序曲』(Präludien, 2 Bde, 8 te Aufl 1920.) の中の一章の「歴史と自然科学」においてであって、その後にこの説明を発展させたのが、門弟リッケルトの『文化科学と自然科学』『自然科学的概念構成の限界』であった。しかし私の見るところでは、歴史の科学における特徴はこれだけではない。歴史はいわば科学と哲学との境に位するものであって、この点においてあの政策学と類似している所がある。これについては後に述べようと思う。こうした歴史の特質があればこそ、哲学への興味と科学的理論への興味と区別して、歴史への興味が併立することが許されるので、そして人は歴史に対して常に興味を持ち続けなくてはならないと思う。明治十年代、二十年代の学生は、好んでバックルの『英国文明史』やギゾーの『欧洲文明史』を読んだものであった。ところが現代の学生は歴史書を繙《ひもと》くことにさまで魅力を感じないようである、しかし私はこれが現代学生の一欠陥であると思うし、さらにこれが現代学生の他の欠陥と結びついていると思う。なるほど哲学への興味から派生して、歴史哲学に対する興味がないことはない。しかし歴史哲学は歴史の為に必要ではあろうとも、それを研究するだけでは、歴史の周囲を彷徨逍遥しているにすぎない。すべからく我々は史書自体を繙かなくてはならないのである。

ベルンハイム*は歴史に三段階があるといって、第一は「物語史」（erzählende Geschichte）で神話や伝説を纏めたような歴史、第二は「教訓史」又は「実用史」（lehrhafte, pramatische Geschichte）で、教訓を与える目的又は実用に役立つ目的で書かれた歴史、第三は「発展史」又は「発生史」（entwickelnde, genetische Geschichte）で、ここに至って歴史は初めて科学となったという。これは歴史を書く方の側から見た段階であるが、同時に歴史を読む方の側にも、こうした種類があると思われた。ベルンハイムのいわゆる歴史が発展史となるには、発展という概念が台頭することを必要とした。これは決して遠い昔のことではなかった。実に十八世紀の末から十九世紀の始めにかけてのことであった。そしてこの概念の台頭こそ、思想史上における画期的のことである。

近世の自然科学はそれぞれその時代の考え方に影響を与えたが、十七世紀の自然科学は物理学であった。そして物理学における因果必然の関係を究明する考え方が、社会科学を成立せしめると共に、又哲学史上に自然主義を台頭させたのである。ところが物理学においては対立相異の関係にある二つの物が取り扱われ、そこでは変化ということが行なわれるとすれば、一つの物の空間における場所的の変化を意味した。たとえばここにある玉がある力を受けて、あすこに移るというがごとくである。十八世紀に新たに成立した自然科学は化学であった。ここでは二つの物が化合して別個の物となる、たとえば一定量の酸素に一定量の水素を加えると水となるがごとくである。変化は新しい物の成立を意味するので、しかも従来の物の姿を没してしまうのである。十八世紀末から十九世紀にかけて成立したのが生物学である。ダーウィンが『種の起源』を発表したのは、一八五九年で十九世紀も半ばであるが、生物学の成立はそれよりかなり以前で、ダーウィンの進化論に似た見解は、少なくともダーウィンの家族――天才に満ちていた――だけでも、十九世紀の初期に知られていたという。生物学における変化とは、物理学におけるがごとく、二つの物がそれぞれの存在を保持しつつ、場所的の移動をするのでもなく、化学におけるがごとくに、二つの物がそれぞれの存在を没して、全く新しい第三の物を成立せしめるのでもない。ここでは一つの物がその存在すなわち自己同一性を保持しつつ、しかも自己そのものが変化するのであり、その変化は空間に行なわれる場所的の変化ではなく、時間の経過の中に自己そのものに変化をきたすのである。ここに変化の性質に著しき変化のあることが観取されるに違いない。物理学から生物学へと自然科学が新しく発展したことが、人間の考え方に影響を及ぼさないはずがない。現にカントは物理学を脳裏において『純粋理性批判』を書いたが、生物学に着眼した時に『判断力批判』を書いた。しかしカントが第三批判書で扱った生物学的特徴は、必ずしも発展ということではなかった。

私は生物学の台頭がただちに発展の概念を作らしめたというのではない。むしろ発展というような概念が、十八世紀末から起こりかけていたことが、生物学を成立させ、そこに異なる変化を着眼させたともいえるので、発展という概念は、いわば当時の英独仏一帯に磅礴《ほうはく》としていたのであろう。そして偶然にもフランスにおいてサン・シモン*に始まり、やがてコントに伝わり、英国においてダーウィン家族に起こり、ドイツにおいてヘーゲルに捕えられた。そして発展という概念がひとたび確定するや、一方ではただ永遠無限を説く哲学的見方と対立すると共に、他方では十七、八世紀の自然科学的見方（物理学の影響を受けた）とも対立する。後者とはどこで対立するかというに、後者の抽象に対して具体に、普遍に対して特殊に着目し、自己同一性を保持しての場所的の変化に対して、同じく自己同一性を保持しつつしかも自己それ自体の内容が変化し、他からの動力によって変化が行なわれるに対して、自己が自動原因として変化が行なわれること等を発見したことである。発展の概念はまず生物について現われ、やがて人間に社会に適用された。そして生物の場合の発展の動因は自己にありながら、なお物理的過程を通してのみ行なわれるが、人間及び社会においては、ただに発展の動因が自己にあるのみでなく、目的を意識して自由に行なわれることが明らかにされた。もし発展という概念がなければ、教養はありえない。しかも教養は自己が目的を意識して自由に行なわれる。これ人間の発展が生物の発展と異なるからである。

　それでは発展の概念は歴史をどう変化せしめたか。今までも多くの歴史は書かれた。ヘロドトス、ツキディデス、タキトゥス*以来、卓抜な歴史家が多かった。そして十八世紀にも決して優れた歴史家に乏しくはなかった。ギボン、ハラムがあり、ジェームス・ミルさえもインド史を書いたのである。しかし今までの歴史は物語史であり教訓史であった。興味を唆《そそ》る目的を達すれば物語史の使命は終わった。教訓を与えることができれば、教訓史の役目は果たされた。したがって物語と教訓との必要な限りにおいて歴史が書かれたので、時代も資料も選択が恣意的であった。したがって歴史は切れ切れで非連続であった。ところが発展の概念が現われてから、社会は自己同一性を保持しつつ、無限にその内容を変化させて行くのであるから、今日の社会は昨日の社会と接続し、今日の社会はやがて明日の社会へと変化する。そこで歴史は断絶を許さない連続体となった。今までも歴史を書いて国家興亡の跡を叙述するのに、何らかの変化を考えないはずはなかった、しかしその変化とは自己それ自体が変化するのではなくて、自己は少しも内容を変えないで、外部に働きかける作用に変化があるにすぎなかった。たとえ国家が滅亡しても、自己自体の原因による消滅とはみないで、外部からくる力の作用に原因するとみた。だからそれは物理学的の変化であった。

何より今までは歴史は書いても書かなくとも、読んでも読まなくともよかった。しかし今は歴史は必ず書かれねばならないし、必ず読まれねばならなくなった。今は何事についても、「どうして」(how)そうなったかを問う、「生成」(Werden)が事の理解に必要である。物の由来生成を検討する思想を歴史主義(Historismus)と称するが、発展の概念は歴史主義を生ずるに至った。私は本項の初めに法制史、政治史、経済史、社会史等々の特殊歴史が、法律、政治、経済、社会等について生じたと書いたが、単にこれらのものを対象とした法則定立の学問に満足しないで、その生成を問わなければ承知できなくなって、一度は法則定立の否定にまで走って、各学問の分科に歴史学派なるものを生じたくらいである。これは原動に対する一種の反動にすぎないので、結局は法則の定立はそれ自身意味あることとして存続し、別に生成をたどる特殊歴史を作ることは終わったが、学問の中にまで歴史主義が侵入したことは、発展の概念の結果である。発展の概念ひとたび現われるや、人間は真に歴史に目覚めた、これが歴史的意識である。要するに歴史と歴史的意識とは区別されねばならない。今までも歴史はあった、しかし歴史的意識はなかった。歴史的意識が現われるや、歴史を越えて、あらゆるものに対する考え方に影響した、それと共に歴史は発展史となったのである。

発展の概念は単に歴史を発展史たらしめただけではなかった。それまでの歴史は政治史であった。政治史が政治の教訓実用に役立つと思われていたからである。しかしそれでも社会の活動の側面が単に政治に限局されているとは思わなかった。政治学や政治史の外に、倫理学、法律学、経済学、哲学もあり、宗教も軍事もあった。しかしこれらは決して統一連関にまでもたらされることなく、それぞれが独自性を持つものとみなされていた。ところが発展の概念が現われてみると、発展の主体は個人又は社会である。かかる主体が自己同一性を保持しつつ、その内容が変化するとみられてくると、今までのように政治や法律や経済や宗教、軍事がそれぞれ独自性を持つとみることは許されなくなった。これらは社会という主体のそれぞれ異なる側面であって、この主体の下に全体の有機的連関が保たれるものと考えることとなった。ここに文化の各部分は統一されて、全部に総合されるに至った。それとともに今まで政治史であった歴史は、文化史となった、そして政治は文化の一部として考慮されることとなったのである。現に学生諸君が学校の教室で学習している歴史も文化史である。政治史から文化史への変化とやや関係するのは、国民史か世界史かという問題である。ここにこの問題を議論する必要はないと思うが、要するに西ヨーロッパが世界であった時代には、英独仏諸国は互いに密接な交渉を持ち、国民史が世界史であったともいえるけれども、今日の世界は西ヨーロッパの世界ではなく、ヨーロッパ以外の国民には、国民史が世界史的となるに至らない、したがって世界史は将来の理念にとどまって、今日の歴史はやはり国民史である。そして国民史であることは、政治史であることと必然の関係があるのではなく、国民史であってしかも文化史であるというのが、今日の歴史であろう。

それぞれ断片的に考えられていた文化の諸部門が、社会という主題のそれぞれの側面だということになると、これらの諸側面相互の関係と、諸側面の主体に対する関係とが、問題になってくる。これらの側面のいずれが優越性を持つと見るかが、史観の分かれるところであって、もし経済という側面に優越性を認めれば、それが唯物史観であり、反対に意識形態すなわち哲学・宗教・道徳・芸術等に優越性を認めれば、それが観念史観となるわけである。さらに政治は文化の一部となり、歴史は政治史ではなくなっても、文化史の中で政治に重要性をおくのと反対なものとが対立する。これらの問題についてここで論評する暇はないが、社会は一体であり、文化の部門は同一体の側面であるから、研究や説明の便宜上、その側面をしばらく全体から分離して、それだけを対象として云々することは許されるが、それは便宜をおもんぱかっての一時の方法であって、本来は一つの側面のみを捨象として議論することはできないはずなので、こうした特殊一面的の議論に対して、歴史が文化史となったことの意味があるので、特殊一面の歴史すなわち経済史、政治史、社会史等々の特殊歴史は、常に文化史である一般史に立ち返る必要がある。

歴史は社会におけるできごとの記述だからといって、あらゆるできごとが歴史に記述されるのではない。ウィンデルバントが例にあげているように、ゲーテが何年何月何日に机の鍵を修繕させたということは、文書によって証明されていることではあるが、だからといってゲーテの鍵の修繕が、歴史の記述の中にとりあげられはしない。歴史は種々雑多なあらゆることの模写ではなく写真でもない。この点において自然科学がこの現象かの現象を扱うのでなく、現象を一般化して法則を定立するのと似ている。自然科学は実在世界の模写でもなく写真でもない。それは抽象された・構成された・世界を取り扱う。これと似て歴史も過去の写真ではない。それはやはり構成された過去を取り扱う。ただ自然科学は具体的な・特殊的な個体を抽象化し一般化して構成するが、歴史は具体的な・特殊的な・個々の事件を離れない。ただあらゆる事件を拾うのでなく、特種のものだけを拾うという意味で、ありのままの過去ではなくて、構成された過去である。

それでは何か過去の事件を選択させるのか。曰く現在の眼をもってである。歴史は過去の為に過去を綴るのではない、現在の時点に立って過去を回顧する。したがって過去の事件は現在の眼によって篩《ふるい》にかけられる。歴史はしばしば書き改められるというが、これは新しい史料が掘り出された為に、過去の記述に誤謬があったからという意味ではない。現在の眼をもって眺められる歴史は、現在が変わるにつれ眼が変わるにつれ、書き改められるのは当然である。しかし現在は過去と接続すると共に、やがて未来へと接続する。現在は過去と未来との接続点にあるから、現在の眼をもって眺めるとは、過去の為に過去を眺めるのでない限り、未来を展望しての現在から、過去を眺めるのでなければならない。したがって歴史は未来へ躍進せんとする現在が、未来への展望の下に眺めた過去の記録である。歴史は過去しか持たない老人の閑事業ではない、未来へ跳躍せんとする若い青年の潑剌たる活事業である。歴史に選択が加わるという点から見れば、歴史は創造である。かくして芸術と似るところがある。しかし芸術の創作は事実を離れた想像の所産であるが、歴史は創造ではありながら、事実の選択にそれが働くだけで、拾われたものはあくまでも事実である。これは歴史小説と歴史とを比較すればわかる。

たとえ歴史を一種の創造だと見るにしても、創造された歴史は、現在を過去から発展したものと見、未来を現在の発展として示すから、現在は過去に制約され、未来も現在に決定されると、思われるかもしれない。この錯覚が人をして歴史の必然の重圧の下に呻吟《しんぎん》せしめる。しかし人間は自然を克服せんが為に科学を構成して、自然必然の法則を認識した。これと同じく未来へ跳躍せんとする人間は、歴史を構成して現在と未来とに対する過去の制約を認識せしめた。必然の認識は自由を条件として可能であり、必然を認識した後に、人は必然を脱却して自由となる。したがって真に必然を認識したものは、必然の威圧を感じない。自ら認識しないもののみが、自由を失うがごとくに錯覚する。自然科学が人間の精神の・自由の・所産であるがごとくに、歴史も又人間の精神の・自由の・結果である。

現在の眼をもって過去を眺めるとは、いかなることを意味するか。一応これに答えれば、現在においての重要性を標準として過去を眺めることである。ここに現在の重要性とは、現在において何が重要であるかの認識である。この認識が時代によって異なるから、歴史はしばしば書き改められるし、人によっても異なるから異なる歴史が書かれる。重要性の認識は結果において、各人の人生観に依存する。かくして歴史は歴史家の人生観によって選択された過去の記録だということになる。人生観の如何《いかん》が各人の史観を生ずる。すべての歴史家が、自己の人生観を意識しているというのではない。多くは無意識であろう。偉大なる歴史家とは、自己の人生観を意識して、一筋の糸のごとくに歴史を貫徹せしめているものをいう。この人生観が歴史家をして、好む題目を選択せしめ、史料と事実とを選択させ、さらに史上の人物と事件とを批判せしめる。この点において歴史は哲人の創作であり、歴史家は哲人でなければならない。我々は歴史において過去の事件を読むのではない、哲人の人生観を聞くのである。

ここで人はあるいは問うかもしれない。それでは歴史書と哲学書とはどこが異なるのかと。ランケはいった「人間的現象を知る為には二つの道がある、すなわち個体認識のそれと抽象のそれとである。後者は哲学の道であり、前者は歴史の道である」と。しかし哲学の道と歴史の道とは、全く関係のない道でもなければ、正反対の方向への道でもない。哲学書において哲人は、抽象的にすなわち時間と空間との制約を離れて、永遠の相下に人生観を語る。歴史書において哲人は、彼が身をおく現在の社会という時間と空間とにおける、一種の制約の下にある。さらに彼は過去という制約の下にあり、実際に起こった事件に制約されている。換言すれば、歴史書の哲人の人生観は、時間と空間と事実とに制約され、その限りにおける人生観である。それゆえに特殊的具体的な人生観である。これは永遠の相下の人生観とは普遍と特殊との関係にあろう。普遍的の人生観は特殊の人生観を抱擁してはいるが、特殊の個体には近づき難い大いさと遠さとを感ぜしめる。この時あの歴史に現われた人生観は、特殊的・具体的であるがゆえに、近づきやすく学びやすからしめる。

では学生が歴史を読むことの意義と価値は何であるか。歴史も科学の一種であるから、科学の意義と価値とが、そのままに歴史にも妥当するわけであるが、歴史は特殊の科学であるから、特別に歴史の意義と価値とがあるわけである。私は歴史を語りつつ、すでにそれを語った積りであるが、以下簡単に箇条書にして示そうと思う。

第一に現在の社会を認識することは、自己を認識することの第一歩である。そして自己の認識

(Selbstverständigung)は自己の成長にとって必須の条件である。社会を認識するには社会科学の中の法則定立学を必要とするが、歴史は社会の発展過程の一幕として、具体的に社会の現在を認識せしめる。さらに歴史は未来への跳躍の為に、我々を準備せしめる。明治初期の我々の先輩が好んで歴史を読んだのは、経国済民の志を遂ぐる為であった。現在が過去の集積だと知ることは、我々を必然観に駆る危険があるとともに、空想に類する理想を反省させて、我々の両脚を大地に据えさせる効果がある。理想に走りやすい青年に歴史を勧めるのは、一つの理由がここにある。

第二に我々の眼はともすれば、特殊専門の偏狭さに陥りやすいが、歴史は文化史であって、すべての文化がそれに総合統一され、全体の一部として、各文化は各々のところを与えられている。分析に傾き部分に囚われやすいものが、あのギリシャの学問に還《かえ》る必要があるといわれるのと同じことが、歴史についていわれうる。

第三に歴史は我々に遠近法(perspective)を教える。大きな事件とその時は思われたのが、やがて後に小さな事件であったり、些事《さじ》と思われて看過されたことが、やがて驚天動地の大事件となることは、歴史を読むもののしばしば逢着する経験である。大きなことを縮小し、小さなことを拡大して、真実の重要性を洞察することは、歴史から与えられる教訓である。

第四にあらゆることが集合して、過去は現在にまで発展した。その一つでもが発展に与《あずか》らないものはなかった。これが我々をして眼を特定のものに執着せしめないで、物皆にそれぞれの価値を与えさせる、すなわち歴史は寛容(tolerance)の徳を育てる。

最後に我々は歴史から人生への指針を教えられる。ここに指針というのは、歴史に現われた歴史家の人生観をいうのと、今一つは歴史の中の人々の活動の過程と成果とを観察することから得られる教訓との、両方を意味するのである。人はあるいはあの人生観も歴史家の特殊の人生観であり、史中の人物の活動もただ一回しか現われないとすれば、我々には関係がないではないかというかもしれない。しかし特殊的であり具体的であればこそ、我々特殊な個性との比較が可能であり、類推が容易になるのである。「殷鑑《いんかん》遠からず近く何々に在り」という言葉は、この比較と類推とが可能であり必要であることを表現しているのである。この点では歴史は伝記と似ている、ともに特殊性を扱うことが長所である。

以上のごとくにあげてくると、人は私の歴史観は歴史を再び教訓史、実用史に逆行せしめると難ずるかもしれない。しかし歴史は発展史であり発展史でなければならない。しかし発展史から何を教訓として引き出そうかは、各人の自由であって、そのことは歴史を教訓史たらしめることにはならない。歴史が発展史であり科学であるからとて、我々は因果関係の知識のみしか得てはならないというならば、それこそ最高価値の何であるかを忘却した閑人の閑事業である。

一一　芸術

知識（学問）的活動は、すでに存在するものを、我々の意識の体系にまで把握することである。すでに存在するものを対象として、これを我々の意識界に体系化するのであるから、新しいものを創造することではない。仮に創造ということを広義に使用して、知識的活動の中にも創造があるというとしても、その創造は意義を体系化する過程における創造であって、創造はすでに存在するものによって制約されている。ところがここにいう芸術的活動は、未だ存在せざる新たなるものを創造する。しかしその創造は想像の世界における創造であって、現実の世界における創造ではない。これが同じく創造でありながら、道徳的活動の創造が、現実の世界におけるそれであるのと異なる。芸術的活動の理想は美である。したがって芸術的活動とは美的なるものを創造することである。ところでこの創造には二つを区別することができる。一は美的なる対象すなわち芸術を創造する芸術家の創造であり、他は芸術家によりて創造された芸術、又は人間によって創造されたのでない自然、の中に美的価値を発見する観照である。観照も又一つの創造である、何故なれば芸術及び自然に触発されて、現実に存在せざる新しき美的形象《ビルト》（Bild）を創造するからである。

学生諸君の中には音楽学校、美術学校のごとき、芸術を教育する学校に学習するものもあり、そして将来に芸術家たるべく意図しているものもあろう。又学問の修得にいそしむ学生の中にも、自ら絵筆をとり楽器を操り小説を書くものがないとはいえない。しかしこれは学生の中のきわめて少数の例外であって、多数の学生は観照という態度をもって、芸術的活動に従うのである。そしてかくいう私自身も又そうである。そこでここにいう芸術的活動を、芸術的（美的）観照の意味に制限して、それがいかに教養すなわち人格の成長に関係するかを、ここで書いてみようと思う。

知識的活動には見られない感情なるものが、美的活動においては重要な役割を演ずる。もとより知識的活動に感情が全然交渉がないというのではない。知識的活動の過程に一応の結末が告げられた時など、我々は成功の喜びを感じる。しかし喜びの感情は知識的活動の結果に伴う感情であって、感情は知識的活動の内容をなしてはいないのに、美的活動においてはそれが活動の内容を形成する。感情とは我々のある自我の状態を意識した時に起こる。快という感情又は不快という感情は、自我の自然に適合した場合又は適合を欠いた場合に起こる感情である。感情にいろいろの種類があるが、その中に価値感情なるものがある。我々の自我に与えられた価値の観念に適合した場合又はその反対の場合に起こる感情である。そして価値の観念にさまざまのものがあるが、今の我々に必要なのは美の価値である。美の価値観念に適合した時に起こる感情が、美的価値感情である。それでは美的価値感情を起こさしめる美的価値とは何であるか。私はここで美学の説明を丸写ししようとは思わないが、要するに我々の全自我を・魂を・心情を・震憾するものが美的価値である。我々の美的価値感情を触発する対象を美的価値があるといい、対象の中に美的価値を発見して、これに全自我を没入し、我々の全自我の震憾される状態を意識して、美的価値感情を思うさま満足せしめること、これを美的観照というのである。

ここで注意すべきことは、美的価値観念も美的価値感情も我々に与えられてあり、ただこれを触発するものの到来を待機していることである。しかし美的価値感情は己れ自らでは躍動しない。外部より触発（affizieren）するのを待つ。外部よりこれを触発するものは、触発し得る能力を持たねばならないが、この能力が美的価値である。しかし外部からの触発は外部の己れ自らの力では不可能であって、これをして触発せしめる自我の活動がなければならない。かくして自我は外部の美的価値を発見してこれをして触発せしめながら、この触発によって己れ自らの美的価値感情を満足せしめる。先に触発を誘起した自我は、単なる可能性にとどまったが、触発に出会して可能態は現実態と化する。ここに微妙なる相互関係が見出される。美的価値は全自我を揺り動かすものであるから、外部よりの触発に出会した時の自我は、全自我をあげて没入する。なるほど知識活動でもいやしくも自我の活動には、一つとして全自我を背負わないものはない。しかし美的活動の場合には、ただに全自我が活動に躍動するだけではない。全自我が根底から震憾され、そして全自我が己れをあげて価値あるものに没入する。ここに美的活動の特徴がある。

外界からの触発という場合の外界とは、我々の感覚しうる物象（Gegenstand）を意味する。物象は対象のすべてと同じではない、たとえば我々の心理作用などは感覚しえないものだから、対象ではあるが物象ではない。しかし眼で見、耳で聞き、肌で触ることのできるものは、ことごとく物象である。山や河や草や木から、人間、犬、猫、鳥、虫も、絵画も建築も彫刻も音楽も文学も、皆いずれも物象である。こうしてみると物象は官能的のものである。そして官能的であるがゆえに我々の感官を刺激して、美的観照をなさしめることができるのである。しかし物象は我々の観照を触発する契機ではあるが、物象が単なる物象として美的価値があるのではない。物象は官能的のものとして現実界に属する物理的存在にすぎない。我々が物象に美的価値を認めるのは、単なる物象としてでなしに、物象に我々の全自我を・魂を・動かすものの象徴（symbol）を認めるからである。そしてこの象徴を通して我々が美の形象《ビルト》を構成する。物象は物理的存在として現実界に属するが、物象を通して構成された形象は、現実界ならぬ想像の世界に属する。芸術的活動が想像の世界に創造するといったのは、この意味である。

　物象として芸術と自然とが考えられるが、芸術は芸術家が美的価値の象徴として、初めより創作したものであるから、我々の美的観照を触発する可能性に富んでいる。しかしこの場合でも芸術は色で塗られた一枚の紙であり、土の塊りか大理石の一片にすぎない。しかも芸術は形象を構成せしめる契機となる。自然に至っては神の創作した芸術であろうとも、人間により創作された芸術ではない。およそこれほど現実的な存在はない。しかし我々が美的観照の態度をもって臨む時に、一木一草も我々の心に訴え魂を動かさないものはない。かくして死せる自然は心を入れられ生命を吹き込まれ、生けるがごとくになる。ミレーの言葉のごとくに、美的観照するものにとって、「見ることは描くことである」。物象は形象を構成せしめる契機として必要であるとともに、物象に伴う現実性は、往々にしてかえって形象を構成することを妨害することがある。だから芸術は物象にまつわる現実性を払拭《ふっしょく》する為に、さまざまの工夫を廻《めぐ》らすことがある。たとえば彫刻で色彩を嫌うがごとき、絵画で色彩を減じて線で描こうとするがごときがそれである。同じ芸術の中でも現実性から脱却し得る程度に差等があって、建築などは我々の住居や実務を目的とする場合は、最も現実の便宜に支配され、それでなくとも神社、仏閣、教会などの建築は、それぞれの宗教的目的から何らかの制約を受けざるをえまい。工芸のごときも現実の実用の影響を受けやすく、これに反して彫刻や絵画や文学は現実の制約を受けること少なく、音楽に至ってはその制約を受けることが最も少ない。したがって音楽を聞く時に、我々は物象に囚われることなく、美の形象を構成することが最も容易である。これ音楽が我々の魂を揺り動かすことの最大な所以《ゆえん》であろう。

美的観照とは物象を契機として、自己の美的価値観念を物象に投影することである。したがって観照する側に、観照に値する相当の用意と条件とがなければならない。まず第一に必要なことは、彼があらゆる意味の現実から脱却することである。彼を囲繞《いにょう》する現実は十重二十重《とえはたえ》である。彼は直前の何らかの失敗の為に、悔悟懊悩《おうのう》しているかもしれない、又家庭や友人との紛争の為に、気持が結ばれて解けないかもしれない。金銭の欠乏が彼の明日を不安においているかもしれない。又過去あるいは未来の試験の成績が気になっているかもしれない。こうして物象に直面する以前に現実があるばかりではない、彼は物象にまつわる現実性からも、脱《ぬ》け切れないものを感ずるかもしれない。絵画や彫刻の女性を、美的対象としてでなしに現実的対象として、心の煩悩《ぼんのう》を覚えることがないとはいえない。又芸術の作者にまつわる好感反感、同情嫉視《しっし》もないとはいえない。さらに自然に対する時に過去の因縁や将来の期待が姿を現わしてくるかもしれない。およそこれらの現実への執着は、彼をして美的価値に没入することを妨げるものである。第二に物象を通しての美の形象に、彼は身をあげて自己を没入せしめねばならない。この没我の境地こそ芸術的活動の核心である。もし没入しきれないものが残って、主体たる彼と客体たる形象とが、対立の立場におかれているならば、彼は美的観照者ではない。シラーが美的観照を遊戯に擬したのは、遊戯におけると等しく、何事も忘れて打ち込むことを必要とするからである。さらに美的観照にも当然に成長がある。現実からの脱却、自己を没入せしむること、これらも又一つの修練を必要とするが、観照するものは、自己の美的価値の意識を充分に準備していなければならないはずである。それでなければいかに美的価値ある物象も、要するに猫の前におかれた小判である。だから美的観照者も又教育されなければならない、しかしこの教育は先生から教えられることや本を読むことだけでは、もとより充分ではない。最も必要なことは、数多く自らの観照を繰り返して、その中から体験を通して感得するほかはない。そしていわゆる眼が肥えることを待つのである。美的態度と努力勉強とは一見そぐはないようにみえるが、美的活動も又努力勤勉を必要とする、それは娯楽銷閑《しょうかん》の遊事ではない。

　かくして美的観照は二つの過程から成立する。第一は現実の否定である。ここに現実の否定とは前にあげたことであるが、観照にまつわる現実の否定とは、さらに一歩を進めれば、現実に囚われる現実の自我の否定である。否定された現実の自我に対するものは、美的価値に躍動する別個の自我である。だがこの自我はただ潜在のままにおかれて未だ顕在となるに至らない。潜在から化して顕在たらしめるのは、外界における物象の触発である。第二は物象の触発に出会して、美の形象に全自我を没入することである。潜在から顕在に化した自我は、形象と主客合一して二にして一なるがごとくになる。ここで現実の自我は克服されて、美的の自我は全自我を支配する。しかして物象を通しての形象の世界に、思うさま自己を浸りきらせる。この世界は現実の世界ではない、創造された美の世界である。この忘我の境地は、平静で落ちついている。しかしこれは知識的活動における冷静とは異なる。後者においては主体と客体とは截然《せつぜん》として対立し、主体は客体に関わりないことによって、平静が保たれるのである。しかし前者においては主体と客体とは合一して、一者となるがゆえに平静を妨げる余地がないから平静なのである。又道徳的活動にも主客一致はある。しかしこの場合には主体たる自我は、自己の観念を現実界に実現して、新しき客体を創造することにより、主体と客体との合一を図ろうとするのである。芸術における忘我の境地にやや似たものは、宗教的活動における法悦の心境であろう。しかしなるほど法悦の境地においても主客の融合一体はある。しかしここで融合する主体たる自我は、単に美的価値に関係した自我だけではない。知識的、道徳的、芸術的のあらゆる全面の自我が一度否定されて、しかる後に神すなわち実在の人格と一体となる。しかも融合は大智大悲の前に跪《ひざまず》いた弱小者の絶対帰依の形態において行なわれる。しかしこれだけの差異があるとしても、芸術的の忘我を彷彿《ほうふつ》せしめるものは、宗教的の法悦である。

それでは美的観照は我々の自我にいかなる変容《モザイフィカチオン》を与えるであろうか。現実の自我が否定されて、美的形象に没入する時に、我々の全自我が揺り動かされる。これだけ力強く全自我をあげて動かされることは、知識的活動にも道徳的活動にもみられない。全自我を没入することにより、我々の自我は深められ高められ浄《きよ》められ豊かにされる。別言すれば我々の魂は昂揚し、自我は純化され現実は超克されるのである。この瞬間ほど現実の桎梏《しっこく》から解放されることはない、これを美的自由という。世にいろいろの種類の自由がある。しかし美的自由の中に、我々は全人の自由を享受する。観照における没入は常住不断に継続するわけではない。しかしたとえ一瞬の間であろうとも、没入を反覆し体験している間に、我々の自我が・魂が・精神が、常住不断に昂揚し純化し向上する。これがすなわち教養であり人格の成長である。

しかしこれだけではない。美的観照は現実の物象に生命を与え心情を与える、そして生けるがごとくに語らしめる。かくして我々の宇宙は在来と異なるものとなる。我々の住む世界は広められ、あらゆるものを尊重し、命なきものにも愛を感ぜしめる。美的観照は現実を否定して後に可能であり、又忘我において現実を超克せしめるから、かつては囚われ執着の絆《きずな》を断ちえなかった現実は、今はただはかなきものと化する。かくて現実世界の快楽や地位や名誉や競争が、うたかたのごとくに軽視され無視される。この心境をさらに深めて特殊の持味を加えたのが、あの禅味とか俳味とかいうものであろう。カントの峻厳な道徳的教育に反対して、シラーが美的教育を唱えたのは、徳をでなく美を通じて、意志でなく情操を育てて、全人の成長が可能であるからであろう。

だが美的観照の危険も又、これを無視することはできない。美的忘我と宗教的法悦とを比較してもわかるように、美的忘我ではなるほど全自我をひっさげて主客合一とはなるが、その全自我は美的観照に関する限りの全自我であって、充全の意味の全自我ではない。美的活動はやはり自我の活動の一部であって全部ではない。よしや全自我が動員されようとも、それは没入の瞬間だけであって、常住不断においてではない。忘我を去った瞬間には、我々の知識的活動の怠慢も道徳的の苦悩も片づけられずして、そのままに残されて、依然として自我は元の木阿弥《もくあみ》である。ショーペンハウエルが、美的観照は一時の解脱《げだつ》であって、宗教のごとき永久の解脱ではないといったのはあたっている。それは夢中の又酔中の解脱であって、一朝覚《さ》むれば自我は旧態依然たりである。美的観照は我々をして主客融合の境地に誘い、このことが我々をして現実を超克せしめることにはなるが、この超克が一朝にしてなし遂げられない限りは、我々は依然として現実界にあって、現実と理想との対立に悩まねばならない。そして対立を克服する道は主として、これを大にしては現実の自我を化して人格たらしめ、小にしては現実界に自己を実現する為の、努力奮闘にまたねばならない。美的忘我も又現実を克服する一つの道ではあるにしても、主としては努力奮闘の為に、現実と理想との対立を、我々の眼前に常時浮かべしめるものがなければならない。ところが美的観照は主客合一の境地に我々を導いて、ともすれば恍惚たる甘味の感が、現実と理想との冷たき対立を忘却せしめる、そして我々の実践的態度を弛緩《しかん》せしめる。

さらに美的観照は美的自由を伴う。しかしこの自由は現実の桎梏《しっこく》を脱して想像の世界に浸る自由であるが、人は往々にして自由を想像の世界から現実の世界に持ち越して、現実界において現実の桎梏から免れようとしがちである。ここにおいては自由は化して、放漫となり杜漏《ずろう》となり我がままとなり無軌道となる。これらの性向がただに道徳的活動と正反対なばかりではない。美的観照をして意義あらしめる教養の道をも阻止する蹉跌《さてつ》の石となる。だが想像の世界と現実の世界との混同は、単にこれのみではない。想像の世界に描かれた対象を、現実の世界に移して、現実味を享楽する誘惑に陥りやすい。たとえば里見弴氏の『多情仏心』や永井荷風氏の『濹東綺譚《ひ》』や川端康成氏の『雪国』は、それぞれ女性を描いた優れた芸術であるが、書中の女性に惹かれる好奇心を、現実界において満足しようとするものがあれば、それこそ芸術の観照とは似もつかないものであり、美の世界と現実の世界との混同でなくて何であろう。少年子弟に恋愛小説を読ませるなという言葉は、美的価値を解しない道学者の口から出るにしても、美の世界と現実とを混同する傾向をおそれたとすれば、必ずしもあたっていなくはない。要するに、美的観照は往々にして、繊細すぎる感情、鋭敏すぎる神経、虚弱な性格を育成して、現実の風波に堪えぬ敗者を作る危険性がある。
あれもこれも漁《あさ》り回るという、あの浅薄に解釈された教養は、知識的活動においては必ずしも有害ではない。精々知識を散漫に狩り集めて、消化不良に陥るくらいのことである。しかし芸術的活動においては往々にして以上のごとくに有害となる。だがあの危険性は美的観照に必然に伴う弊害ではない、特殊の観照者に偶然に伴うものであろう。この弊害を免れる道は、ここでも学問におけると同じく、美的活動を全自我から遊離させないで、自我に還元して人格への成長を忘却しないことであろう。これだけの警戒を加えれば、芸術的活動は全人を傾くるに値する仕事である。少なくとも功利的価値しか知らない世俗人や、美的価値の何たるかをさえ弁《わきま》えない道学者の、知らざる広大無辺の美の世界が我々の前にあることは、我々をして人生のなお捨て難きを思わしめる。

私どもの学生時代には、今ほど芸術に対する関心が普及してもいなかったし、私は商人の家に生まれたので、家庭には芸術的雰囲気は皆無であった。子供の時に耳に入った音楽といえば、姉が嫁入の仕付《しつけ》の一つとして習わせられた三味線くらいであった。中学の二年の時に徳冨蘆花氏の『思出の記』を読んだのが、小説として初めてであった。それ以来小説を初めとして文学には親しんだ。しかしこれは書物を読むという点で、学校で勉強する本と似ていたからであろう。一高、大学を通じても、美術や音楽は私の未知の世界であった。一つは奇妙なピュリタンめいた考えがあって、芸術は我々を堕落せしめるというように思っていたらしい。外国へたびたび行ってから初めて音楽の興味を覚えた。もちろん聞くだけのことだし、本当にはわからないのではあるが、聞きたいだけの欲望は起こった。しかし建築、彫刻、絵画は私には全く興味がなかった。案内記を頼りに博物館や美術館や教会などを見て廻ったけれども、ただ名所として観覧物としてだけの意味しかなかった。教養などと口にしながら、これは私の大きな欠陥であった。昨年大学を退いてから、奈良に一月余りを送り、和辻哲郎氏の『古寺巡礼』を頼りに、大和一円の古寺を回り歩いた。これが私に日本文化に親しむ機会を与えたばかりでなく、古美術に対する興味を起こさせた。閑暇というものは有難いものだと思う。まだ何にもわかってはいないけれども、一千年前の我々の祖先の残した文化の跡に、驚異の眼を瞠《みは》った。唐招提寺や新薬師寺の建築、法隆寺の金堂や夢殿の仏像、中宮寺の如意輪観音像、聖林寺の十一面観音など、今に印象の消えやらぬものである。こうしたわけで私はまだ美術も音楽も語る資格がない。もし読者の中に私と同じように芸術に初歩の人がおられれば、私は阿部次郎氏の『美学』、大塚保治氏の『美学及芸術論』、シラーの『美的教育論』、西洋の美術史美術画集をひもとくこと、日本では田沢坦、大岡実両氏共編『図説日本美術史』を勧めたい。

文学は詩歌、戯曲、小説、いずれも言語文字を媒介としている点で、美術、音楽と違い、いつでも我々の感興を満足することができるし、感興を継続的にすることができる。この点ではやや学問と似るところがある。ダヴィンチにしろミケランジェロにしろ、ワグナーでもベートーヴェンでも、その全人格を芸術に浸透させているにしても、文学ことに小説では、作者は文字でもって自己を語ることができる。したがって美術や音楽におけるよりも、作家その人に直接することができる。こういう点では文学は芸術であるばかりでなく、又他面において人生観や社会観を語る哲学ということもできる。偉大な作家は文学の中に全生命・全人格・全人生を貫徹させている。我々はその中に美を感じると共に教えを受ける。プラトンの著作は哲学であると共に詩であるといわれているが、ダンテ、シェークスピア、ゲーテ、シラー、ユーゴー、トルストイ、ドストエフスキー、これだけあげても読むべき文学は多い。しかし文学には楽しさがあり安易さがある。努力なく意志を働かすことなしに読むことができるから、ともすれば小さな作家の小さな作物を漁《あさ》って、それで文学だ読書だと思い、いい気になりがちである。しかし安易なものは、旅先や汽車や電車の中で読むのでたくさんである。優れた作物を逸して、思索せしめる書物をはぶいて、そして読書したと思い込んでいる学生は、もっともっと緊張した読書をしなければならないと思う。

芸術に比べると自然（人間界に対立した）には、我々の観照を触発する積極性がなく、我々の観照に任せて静かに待っている。それと同時に人間や芸術にまつわる現実性から、完全に離脱している。だから現実を脱却する努力をせずに、自然を観照することができる。その意味では自然はまことにいい芸術である。私に自然を見る眼を初めて教えてくれたのは、蘆花氏の『自然と人生』『青山白雲』『青蘆集』や独歩氏の『武蔵野』『欺かざるの記』であり、ついでは英国のウァーズウァースの詩集であった。自然には山、水、野、樹、草、花、果実、鳥、獣、虫がある、それにそれぞれ形の美、色の美、音の美がある。それればかりでなく、四季とりどりに風物を変えて見せる。日本の特色は四季の変化の鮮かさにあると聞いたが、その点で我々は恵まれている。一日の変化も又単調ではない。日の出の時に、まず山頂を射《さ》した日が、段々と地に光と影とを投げてくる工合、日没の夕陽の美しさはいうまでもなく、静かに落ちついた日差しを受けて、万物は長い影を地上に落とすと共に、クッキリとした鮮かな線を描いて浮かんでくる。私が学生時代に好きなのは雲であった。雲の形状の複雑さを教えてくれたのは、ラスキンの『近代画家論』であったが、赤城山の頂上で半日もあかず雲を眺め暮したことがある。「大自然の懐に抱かれる」という言葉には、いろいろの意味があろうけれども、人は己れを忘れる為に好んで大自然につく。これほどの芸術を創作した造物主の心こそ、まことに心憎いものである。

一二　道　徳

道徳的活動は知識（学問）的活動や芸術的活動と共に自我の活動の一種である。ところが従来ともすれば道徳的活動が自我の・人格の・全活動を代表するかのごとくに考えられた。たとえば通俗にも「この本はいい本だ」とか「この絵はいい」とか、善という道徳的理想を頭において、学問や芸術の価値判断をする場合がある。なるほど意欲する（will）ことはあえて道徳的活動に限られないで、他の活動にも共通であり、したがっていかなる活動も広義の実践に属しないものはない。そして実践にともなう克己、努力、勉励という道徳的性質は他の活動にも必然的にともなっている。又学問や芸術は特殊の専門人の独占的仕事のように思われやすいが、道徳的活動だけは何人の専門でもなく、およそあらゆる人に共通の任務である。さらに道徳的活動は他の活動と違って、直接他人に関係することなので、関係される方面からいっても、何人にも重大な関係がある。こうした理由からか、知識的及び芸術的活動にも密接な連関のあるべき人格の問題が、従来は道徳的活動を取り扱う倫理学者・道徳哲学者の専門的の問題となり、道徳的活動の動機という観点から、人格の問題に立ち入ることが常であった。しかし本当は学問からも芸術からも人格は取り扱わねばならなかったはずであり、活動の動機ということ、学問や芸術に関係のないことではない。これらの方面では動機が何であろうと、業績は動機から蟬脱《せんだつ》すると考えられたのであろうけれども、決してそうではないと思う。ともあれ従来は人格の問題が倫理学者や道徳哲学者の独占的の問題とされて、「倫理学」「道徳哲学」の名の下に扱われたことが、一方では学問や芸術と人格との連関を切断させる結果をきたすとともに、他方では人格の問題と道徳の問題とを混同させ、両方を誤らせたことが少なくない。

しかしそれだからといって、道徳的活動と人格（全自我）とが特に密接な連関を持たないというのではない。知識的・芸術的活動にも怠慢もあり苦悩もあり惑迷もある。しかし既に先人の残した一定の成果があって、これをたどって進むこともできるし、その道の自己法則ともいうべき軌道があって、自ら我々を適当の所へ運んでくれる便宜がある。ところが道徳的活動となると、これこそ狭義の実践であり、行為となって現実の外界に実現されるものだから、外界に一定の痕跡を残すこととなるので、厳格にいえば、行為の結果は再び原状に回復することができなくなる。それだけに行為の選択は慎重でなければならないのみならず、すべて行為は積極的のものであるから、行為の決定は生やさしいことではない。しかも現実の自我と理想の自我（人格）との対立葛藤は、この活動において特に顕著であるから、全自我の躍動をまたずんば克服しえないほどである。さらに道徳的活動の目的は自己及び他人の為に、人格成長に必要な条件を具備するにあるから、この目的を達成しうるか否かは、ただに道徳的活動自体の業績に関わるばかりでなく、全自我の運命に影響し、場合によっては知識的及び芸術的活動も全く阻止されることとなるかも測りしれないのである。

道徳的活動とは、未だ観念として意識界にのみ存在する観念に、現実の外界における存在にまで実現を与える活動である。たとえばある人を助けようという観念が、ただ観念としてのみ存在する間は、いかなる観念であろうとも、まだ道徳的活動たるには至らない。その救助という観念が、救助の行為として現実の世界に実現する時に、それが道徳的活動である。その点で明らかに創造である。これが知識的活動と異なり、創造が現実の世界においてであって、想像の世界においてでないことが、芸術的活動と異なることは前に書いた。ここで道徳的という言葉は、当然に善的と同一視され、悪的なるものと対立するように考えられやすいが、ここでは善とも悪ともいずれともまだ決定されない、あらゆる活動を意味するのである。現実の世界に実現するとは、積極的のことのみでなく消極的のことも含まれる。たとえば殺すこと盗むことは積極的な実現であるが、殺さないこと盗まないことは消極的な実現であって、いずれも道徳的の活動である。こうなると消極的の実現は、単に観念として意識界に存在する場合と区別し難いかのごとくに思われるかもしれないが、消極的の実現はそこに至るまでに、意志決定を必要としているし、その結果においてもあることをなさざることが、現実の世界にある成果をあげているのである。道徳的活動の規範としてあげられる「諸徳」（virtues）の中には、他人に対するものがあると共に、克己とか勤勉とか清廉とか節制とか、自己に対するものがある。これらの対他的諸徳の中にも対自的諸徳の中にも、消極的実現を命令しているものがある。たとえば謙遜なれとか嫉妬を慎しめとか、克己、節制、清廉のごときがそれである。しかしこれらの消極的実現は消極的であることが、現実界に一定の成果をあげていることは明らかであろう。日本のごとき国では消極的諸徳の方がかえって多いかもしれない。

道徳的活動だけが現実の世界に変更をもたらすのであるが、さらばとて知識的・芸術的活動が現実の世界の変更に全く関係がないのではない、ただ道徳的活動を通じて間接的である。知識的・芸術的活動は人格構成の要素として、道徳的活動に躍動する自我を変容する結果として、道徳的活動にある影響を与えるだろう、そして現実の世界に間接的に働くだろう。さらに知識的活動は道徳的活動の決定について参加するが、これもまた間接的である。人はあるいは知識的活動の成果たる学問の書や、芸術的活動による芸術品が、現実の世界における実現だというかもしれない。しかしこれらの物象は学問として芸術として、自我の構成に参加することのゆえに価値があるので、その価値を除外して、物象を単に物象としての物理的性質（それから生ずる功利的価値）からみれば、単なる紙の集合であり、一塊の石片か土片かにすぎない。そして現実の世界とは物理的性質のみを考慮する世界であるから、学問や芸術と現実的世界とは直接的関係はないといえる。さればこそ物理的性質のみしか考慮されないほど物の欠乏した社会では、工芸に使用された金銀が必要となって、工芸品としての物象は破壊されざるをえなくなるのである。しかし以上のことは、知識的・芸術的の活動の価値を、低く評価することにならないことはいうまでもない。

我々の行為はいかなる径路をたどって現われるのであろうか。今私が食物を食う行為をなすとする。これはまず胃袋の中に生理的作用が起こって、私に餓えを感ぜしめることから始まる。私は餓えを感じた時に、ただちに食物を食う行為に赴くのではない。私は自我の門を敲《たた》いて、餓えの感じにいかに対応すべきかを尋ねる。もし自我が食物を食えと命ずるならば、私はその命により食物を取るであろう。しかし自我は必ずしも食物を取れとのみ命令するとは限らない、反対に食物を取るなと命ずるかもしれない。多くの人々が餓えを感じても食物が欠乏している時に、自ら犠牲となって食を控えることは、日常に我々の実験するところである。渇すれども盗泉の水を飲まずという言葉もあり、餓えても信念は変えないという人もある。多くの場合に自我は食物を取れと命ずるであろう。しかしこれは餓えるという事実があるからではない、食物を取ることが差し支えないからである。かくて私は食物を取らんとする意志を持つ、この意志が外界に現われた時に、これを行為という。意志と行為とは同一のもので、これを内から見た場合に意志であり、外から見た場合に行為である。意志は単なる欲望ではない、決定されたる欲望である。餓えという感じの起こった時に、ただちに食物への欲望が起こる、しかしこれが意志ではない、自我がその欲望を是認した場合に、意志が決定され、これが行為となるのである。私が先に「単に観念としてのみ意識界にある観念」といったのは、この場合でみると、食物を取るという観念である。

以上の径路の中で注意すべきことは、餓えという感じと、食物を取る行為との中間に、自我が介入していることである。必然論者にいわせると、餓えという感じは、必然に食物を取るという行為に直接するので、その中間に介在するものがないこととなる。もしそうだとすると、餓えという感じは、胃袋の生理作用からくるので、明らかに一つの自然的事件である。それが直接に行為に結果することになれば、我々の行為は、自然界に行なわれる因果必然の関係の系列の中にあるので、行為は必然的に決定されるという必然論を承認せねばならなくなるわけである。しかし餓えが必ずしも食物を取ることにならない場合があるのは、どう説明したらよいか。これは少数の場合だというならば、たとえ少数でも例外が許されるならば、必然ということは成り立たない。それのみならず、取る食物が他人の所有である場合には、行為者は法律上に処罰を受けるし、道徳上に非難される。非難や処罰は、食物を取ることと取らないこととの決定に選択の自由があることを前提としているし、又将来に同一の行為のなされないことを予想しているのである。もし我々の行為が必然に決定されているならば、非難や処罰は無意味である。我々は山や河を非難もしなければ処罰もしない。必然論はこれを説明することができない。我々の説明では、食物を取るのは自我がこれを許容するからである、そして自我とは自然的事件ではない、自然的事件ならざるものが介入することにより、自然必然の因果関係の系列は中断されて、行為は人間の・自我の・自由なる行為となるのである。これが必然論に対立する意志自由論である。

ところがここに新しい問いが起こるかもしれない、もし意志が自由ならば、我々は食物を取ることもできたし、取らないこともできたのかと。もしこの問いが肯定されると、我々の行為はいずれでもありいずれでもない、曖昧不定のものとなる。これが意志自由論の帰結であろうか。これは意志自由論ではなくて、これと対立する偶然論である。我々の意志は自我の命令の結果であるから、その人の自我が一定である限り、意志はこれでなければならないので、これでもよく彼でもよいはずはない。それでは意志は決定されているので、必然論に逆戻りすることになるというかもしれないが、必然論とは単に意志が決定されているというのではない。必然論の核心は決定する原因が自然的事件だということにある。だからこそ私は必然論に反対したのである。単に意志が決定されているというならば、我々の立場もそうである。ただ我々の立場では、決定するものが自然的事件ならざる自我だというのである。だから我々は必然論に逆戻りしたのではない。もし自我が必然にある行為を決定しないならば、我々はおよそ行為することができないし、行為の主体を自我に帰することができないから、行為の主体を非難することも処罰することもできない。何故なれば行為と自我との間には、必然的の連関がないから、その行為についてその人間を捕えることはできない。その人間がその行為に関係のないことは、あたかも他人がその行為に関係がないのと異なるところがない。かくして偶然論の帰結はあたかも必然論と同じく、行為について非難も処罰もできないこととなり、およそ道徳的判断を入るるの余地なからしめるのである。我々は一方で自然必然論に反対して、他方で偶然論に反対しなければならない、しからずんば前門に虎を防いで後門に狼を入れることとなろう。我々の立場は強いて名づけるならば、意志自由論にしてすなわち精神必然論である。

私は行為はその人のその時の自我により決定されるといった。ここで自我なるものについて、少し説明を進めなくてはならない。自我が行為を決定するとは、自我が自己を満足する（self-satisfaction）ように決定することである。いかにすれば自我が満足するかは、各人によって同じではない。ある人は借金を取るのに寛大で慈悲深いかもしれない、『金色夜叉』の間貫一はこれを取るに慈悲も容赦もないだろう。前者はそれで自我が満足し、後者はそうしなければ自我が満足しないのである。キリストは十字架で倒れることで、釈迦《しゃか》は出家することで、それぞれの自我が満足した。殺人者は人を殺すことで満足し、救済者は人を救うことで満足する。まことに千様万態である。行為は自我（自己）満足の為になされるのだというと、人はただちにそれこそ利己主義だ、それがまさに非難に値するというかもしれない。しかし決定するもの、意志するもの、行為するものは、常に彼自身であって、彼れ以外の何者でもない。ジンメルは『道徳学序論』の中で、意志する（wollen）ものは、常に自我であり個人であるという。これは否定すべからざる心理的事実である。事実であるから、好むと好まざるとを問わず、承認されなければならない。しかし自我が自己を満足する為にということは、利己的ということではない。己れの為とはいえるが、己れを利する為とはいわない。そして己れの為と、己れを利する為とは、決して同一ではない。己れの為になることの中には、己れを利することもありうるとともに、己れの利をなげうつこともありうる。利己的の非なることは、己れにあるのではなくて利にあるのである。己れの為とは心理的事実であって、己れの為に利を取るか利を捨てるかは、批判を許す価値的問題である。両者の間には事実問題（questio facti）と権利問題（questio juris）との差異がある。

　事実として各人の行為は己れの為に決定されているのだから、価値の問題もこの事実の上に立たざるをえない。人をとがめ人を責め、人を賞め人を敬うのは、自我を対象として、自我がいかにあるべきかを前提して、価値批判を加えているのである。人生観上に個人主義なる立場があるとすれば、個人主義はここに不動の根拠をおいている。己の利を捨てよというのは、利を捨てるのがごとき自我たれよというのである。隣人を愛せよというのも、人を愛するのがごとき自我たれよということであり、祖国の為に起てよとは、祖国の為に起《た》ちうる自我たれよということである。個人主義は非なりということも、個人主義を非なりとする自我たれよということである。認識の主体も意志の主体も、自我であり自我以外の何ものでもない。何をいおうとも、自我に訴え自我の成長にまつのほかはない。この事実を理解しないことが主義思想の争いの上に、無用の混乱を招来しているのである。

現実において各人の自我の決定は千態万様である。これは何故かといえば、各人の最高善とするものが異なるからである。ある者は人格をもって最高善とする、又あるいは物件をもってそれとする。後者の中にも物件の中の利益をそれとするもの、地位名声をそれとするもの等々枚挙にいとまがない。だが最高善が何であるにせよ、最高善が現実に実現されているはずがないから、自我の差はそれぞれの最高善の実現への過程の差である。過程は目的により決定されるから、目的の異なるにより各々の自我は異ならざるをえない。これが性格といわれ個性といわれる。かくて行為の決定において、各人の人生観が全き姿をもって露呈し、過去の年月の努力の集積が、ここに人々の審判の法廷にたつのである。自我がここまでなるには、知識的活動と芸術的活動と道徳的活動との三者が相《あい》総合しての結果である。今の行為を決定する自我には、かつての道徳的活動も又ある分け前に与《あずか》っている。私は知識的活動と芸術的活動との二つについては今まで述べてきた。今の問題は自我を三分する道徳的活動についてである。眼前の行為をいかに決定すべきかに際して、これを決定する主体たる自我について、すでに道徳的活動が構成に参与しているのである。ここにおいて我々の問いは二つとなる、第一は自我を構成する道徳的活動は何であるべきか、第二は構成されたる自我は、いかに道徳的活動を決定せねばならないか、これである。この二つの問いに対する答えはやはり二つである。すなわち第一は善き道徳的活動をなすことによって自我を構成せよ、第二は自我は善き道徳的活動をなせよ、ということである。そしてこの二つの答えは、一つの問いを包含する。それは善き道徳的活動とは何か、ということである。善とは道徳的活動の理想である。この善は最高善と区別さるべき善である。最高善が何であるかは、人生観の哲学がこれを決定する。私は「教養」の項でこれを説いた。行為の善とは何であるか、それが従来倫理学、道徳哲学の名において論議された問題であった。そしてこれが今の我々の問題である。

行為の善とは何であるかを決定するにあたっては四つの問題が考慮されねばならない。第一は何の為に行為をするかということである、これは行為者の動機の問題である。第二は誰の為に行為するかである、これは行為の目標とする相手の問題である。第三は誰の何の為に行為するかである、これは行為の目標とする事柄の問題である。第四は何をなすかであって、これは行為の内容の問題である。

我々にとって最高価値（最高善）とは人格である。我々は人格となるべき能力すなわち人格性を与えられているが、しかし人格が実現されるのは、永遠の彼岸においてである。そこで現実において最高価値とは、人格を目標として、現実の自我を成長せしむることである。我々にとって最高善が自我の成長にあるとすれば、行為は行為者の自我の成長の為になされねばならない。何故なれば他のことの為に行為がなされるとすれば、自我の成長はその「他のこと」の手段とならねばならない、しかして手段は最高善とはいえないからである。そこで我々の第一の問題、即ち行為は何の為に行なわるべきかという問題は、自我の成長の為ということで答えられた。行為が自我の満足の為になされるとは、否定すべからざる心理的事実であるが、何によって自我が満足さるべきかは、批判を許す価値的問題であるといった。利をもって満足するものは、自我の成長の条件にすぎざるものをもって満足することである。行為は自我の成長の為になさるべきだということは、言をかえれば、その行為をなすことが自我の成長を満足せしめうるがごとくに、その行為をなせよということである。これで従来の倫理学者のいわゆる動機の問題は片づけられた。

人格が最高価値だとすれば、人格となりうべきあらゆる人は、現実における最高価値だといわねばならない。もし私が人格となりうるがゆえに私を最高価値だとは考えるが、他人を最高価値だとは考えないならば、私は己れを最高価値としているので、人格性を最高価値だとしているのではないのである。もし人格性が最高価値だとすれば、自己をも含めてあらゆる人を最高価値といわなければならないはずである。そこで行為の目標とする相手は人でなければならない。もしも人でなくして、山や川や犬や猫が目標の相手だとすれば、人はその手段とならなければならない、しかし手段たることは最高価値でなくなるからである。人格性を持つことにおいて、あらゆる人は同一である、したがってあらゆる人は平等に取り扱われねばならない。なぜなればもしも平等でないならば、不平等に扱われたものは、他の者の手段となることであり、これは最高価値ではなくなることだからである。しかし人がすべて平等であるとは、人格となりうる可能性において平等だということで、現に人格成長をなしつつある程度が同一だということではない。この程度の異なるによって、我々の評価は異なるであろう。人が平等だとは同一に評価さるべきだとのことではなく、評価さるべき客体が同一性を持つということである。しかして評価の比較は同一性の客体についてのみ可能であって、全く性質を異にするものについて評価の比較はありえないから、評価が異なることは、評価さるべき客体が平等であることを前提としていると、いわなければならない。

すべての人が平等だということは、一面においては自己も他人と平等に扱わるべき資格があることを意味し、他面において自己が他人より以上に扱わるべき資格がないことを意味する。もしも私が他人より以下に扱われたならば、私はこれに抗議する権利と義務とを持つ、私の名においてではなくて私の人格性の名において。この場合にいたずらに抗議をなさないならば、謙遜ではなくて卑屈である。もしも私が他人より以上に扱われることを要求するならば、他人は私に抗議する権利と義務とを持つ、他人の名においてではなく他人の人格性の名において。抗議を押し切るならば、私は傲慢である、私は抗議に屈する謙遜を持たねばならない。もしも私が他人の為に犠牲となる場合があるとしても、これは私が他人より以下に扱われたことにはならない、なぜなれば他人の犠牲となることが、私の人格性の命ずるところであれば、犠牲となることは、私の人格性を生かすことであって、殺すことではないからである。又他人に私より以上の権力と地位を与えたからとて、そのことが必ずしも他人を私より以上に扱ったことにはならない。なぜなれば彼に権力と地位とを与えることが、私及び他の人々の人格性を生かす条件になることがあるからである。人がすべて平等だからとて、国民の区別を問わず、人である限りあらゆる人を平等に扱えということにはならない。平等に扱うべき人の範囲如何は、又別の問題である。これについては後の「同胞愛」の項で触れようと思う。

そこで第二の問題は答えられた。行為の目標とすべき相手は人である、しかして人は常に平等に扱われねばならないと。

第三の問題は、行為は人の何を目標とすべきかということである。すでに最高価値が人格性にあるならば、人の人格性を目標とすることは当然である。もしも他人の利益や快楽を目標とするならば、これを最高価値とすることだからである。かくして第三の問題は答えられた、行為は人の人格性を目標とすべきであると。

最後に残ったのは、何をなすべきかという行為の内容である、これが狭義の行為の問題である。何の為に行為はなさるべきか、誰を目標とすべきか、誰の何を目標とすべきかについては、実は我々は行為の問題として新しく扱う必要がなかった。何となれば人生観の哲学がすべてこれに答えてくれるからである。ただこの最後の問題にきて、初めて道徳の特殊の問題に立ち入ったわけである。

いかなる行為がなされようとも、行為は要するに自我の成長の為の条件たるにすぎない。自我の成長が最高善であるならば、これ以外のものはすべて条件である。自我の成長とは「なる」ことであって、行為とは「する」ことである。「する」ことは「なる」ことの条件である。条件はカントの用語に従えば物件であり、又これを手段ということもできる。私が食物を取る行為をするのは、私の肉体を維持するが為であって、肉体は自我の成長に必要な条件であるが、この条件を維持するが為の行為も又条件である。私が他人の為に食物を与える行為をなした場合には、その行為が他人の肉体を維持する為に必要だからで、その行為は、他人の自我の成長の為の条件である。私が学校に通って講義を聞くとか、書物を読むとか、大自然の美を観照する為に旅するとかも、又行為である。知識的や芸術的の活動それ自身は、行為には属しないが、これらの活動に関係した行為はありうる。これらの行為も又自我の成長の条件である。ただこの場合には「する」ことと「なる」こととの間に直接的の連関があって、「なる」為に「する」のであるから、これらの行為が条件だというのは、食物を取る行為が条件だというのとは、やや異なるところがある。しかしそれが異なるのは「する」ことが「なる」為であるからで、もしも「する」ことが「なる」ことと連関していないならば、これらの行為は食物を取る行為と異なるところがない。あれもこれも漁《あさ》り回るいわゆる教養の人は、「なる」為に「する」のではなくてただ「する」だけである。これが我々のいう教養と彼らの教養と異なる点である。しかしただ「する」だけで「なる」為に「する」のでないものが、いかに数多いことであろう。私が他人の為に学問を教えたとする、これも行為であって、他人の自我の成長の条件である。これを食物を与える行為と同じからしめるか否かは、一に他人が受けたものを「なる」ことにするか否かにかかる。私が他人の為に、「なる」ように「する」ことを説いたとしても、これも条件であって、彼が果して「する」ことによって「なる」かどうかは、一に他人にかかわることで、私の如何ともすべからざることである。これは自我の成長は当事者自身のみのなし得ることで、他人の代理を許さないからである。ある種の行為を「なる」に役立たしめる努力が、当事者によりなされないならば、「する」ことはすべて単なる条件たるにとどまるだろう。我々の人生観の哲学はこの点を強調するのであるが、この強調も又読者の「なる」努力をまたなければ、単なる条件に終わるだろう。

そこでいかなる行為をなすべきかは、いかなる条件を供与すべきかということである。これに答えてくれるのは、哲学と科学である。我々は「学問」「哲学」「科学」の項で述べた学問の意義と価値とを想起せねばならない。たとえば「なる」為に直接必要な条件は何かといえば、これを人生観の哲学に聞き、さらに理論哲学、芸術哲学、道徳哲学に聞かねばならない。単なる条件は何かといえば、これも哲学と科学とに尋ねなくてはならない。たとえばここに病人があったとする、彼れの為にいかなる条件を供与するかというに、科学はかくかくの原因で、この病気が結果したと教える。病気をなおすことが必要かどうかは哲学に聞かねばならない。哲学は健康は自我の成長に必要な条件だから、病気はなおさなくてはならぬと答える。そこで再び科学に戻って、病気という結果を除く為にはどうするかを尋ねる。科学は原因結果の関係を教えるから、この結果に対する原因を除かねばならないと答える。この原因を除く為に、薬剤では不充分だから、手術が必要だというとする。そこで結局病人の為にいかなる条件を供与すべきかという問いは、病人の手術をすることだと答えられた。行為を指示することに役立つのが、哲学と科学の一つの意義であった。だからポアンカレー*は言う「道徳は吾人に努力の目的を教え、科学はその与えられたる目的に到達する手段を知らしめる」と。

しかし人はいかに行為すべきかにあたって、一々哲学と科学とに相談していたのでは、日暮れて道遠しの感があるに違いない。そこで哲学と科学とに代わって、我々の行為の指示をしてくれるものがある。それが既存の慣習及び道徳、法律の命令である。これこそ人類数千年の経験が結晶したものである。正直であれ親切であれ等々と道徳は命令し、盗むなかれ殺すなかれと法律は命令する。これらの道徳命令の中で、特に重要性のおかるべきものが「諸徳」（virtues）と称せられるのである。我々が正直であれとの命令に従っている時に、他人は我々に信頼して安心して自我の成長を営むことができる、かくて我々は彼の為に条件を供与しているのである。又我々が盗まない時に、他人は盗賊を防ぐが為に精神的物質的の苦心をしないで、安心して夜を眠ることができる、かくして我々は彼の自我の成長の為に、必要な条件をみたしているのである。我々はこれらの命令を幼年時代から教えられて、これに服従しているから、その意味を意識してはいないかもしれない、しかしこれらの命令に服従している間に、我々は自ら知らざる間に他人の為に、最高善の実現の為に条件を供与しつつある。我々が何をなすべきか、何を為すべからざるかに迷う時に、我々に指示を与えてくれるのは、かかる社会の命令である。

私はかかる命令が人類数千年の経験の結晶だといった。人間には同胞の為に尽そうとする欲求が、無意識的ではあるが、先天的に与えられていた。いかに行為することが、他人の為に尽すことになるかが、長い間の経験をつんで、一定の定式となって現われた、これがあの命令である。だからこれらの命令は、人間の人格性の外部に表現したものである。それなればこそ、これらの命令に従うことによって、我々は同胞の人格成長の為に、必要な条件を供与することができるのである。したがって人格性は普遍であり、命令は普遍が表現した特殊である。我々が命令に服従する場合に、外部から強いられる感じが起こらないのは、これらの命令が我々に内在する普遍を表現しているからで、我々は我自らの声に従うことになるからである。特殊たる命令は具体的の行為の決定に際して、我々に指示を与えてくれるだけでなく、特殊の中に表現される普遍へと我々をさしまねいてくれる。これらの命令が我々を道徳的に教育するといわれるのはこのゆえである。特殊たる命令は我々に内在する普遍の表現ではあるが、一旦外部に表現した命令は、ひるがえって我々の普遍を意識せしめる。大多数の人は、ただ朧気《おぼろげ》ながらしか意識しないが、ただ少数の人が特殊を通して普遍に味達《まいたつ》する、そしてそこに人格を把握する。

命令は我々の普遍の表現ではあるが、普遍の表現であるから、命令に従う場合に、常に普遍が生かされなくてはならない。それだからもしここに人あって、一意専心《いちいせんしん》これらの命令に服従していたとして、それだけで彼は善き行為をしたといえるであろうか。なるほど彼は行為の内容を求めえたとはいえる。しかし行為の内容が善き行為の全部ではない。善き行為たるが為には、行為が自我の成長を満足せしむる為になされねばならない。第二に行為の目標は人であり人は平等に扱われねばならない。第三に人の自我成長が目標とされねばならない。そして最後に人の自我成長の為の条件が供与されねばならない。ところが道徳や法律の命令は第四の条項に該当するのではあるが、これに服従したからとて、第一ないし第三の条項が果たされるとは限らない。我々は幸いにして第一から第三をたどって、第四の条項にきたからよろしいが、第四だけしか知らないものは、それだけで善き行為者ということはできない。ここにおいて第四の命令は、第一から第三までと有機的に連関をつけられねばならない。換言すればこれらの命令は、我々の人生観の体系の中に包摂《ほうせつ》され、その中の一部としての地位を与えられねばならない。あの世上の君子人といわれる人の中には、ただこれらの命令に一意専心服従して、これをもって能事了《のうじおわ》れりとするものがある。しかし彼は善き行為者ではない。しかるにこれらの命令のみを一意専心教えているのがある、あの修身科というのはこの類である。

これらの命令はただに我々の体系の中に包摂さるべきのみではない。時として我々の行為に該当すべき命令のないことがあるから、その場合には我々が命令を創造せねばならないし、たとえ命令があっても、社会事情の変化は、かかる命令を時代錯誤たらしめることがある。その場合にも我々は命令の再検討をなさねばならない。新命令の創造と旧命令の再検討は、どうしてするか。そこで再び戻って哲学と科学とに還り、これに教えを受けるのである。もしかくして既存の命令が時代錯誤だと決定されたなら、人は命令の改革をなさねばならない、これについては後の「社会」の項に譲ることとしよう。

ここまで多くのことが述べられても、人は行為の善について結局雲を掴《つか》むようなはかなさを感じるかもしれない。それは一々の具体的の場合に該当するような命令を与えていないからであろう。だがかかる命令を与えることは、絶対に不可能である。行為者も相手も場合も社会事情も一々異なるのに、あらゆる場合を予想して命令を編むことは、数万巻の辞典を作ってもなお不可能である。これカントが形式的にしか善を定義しなかった理由である。

実際には行為に際して我々が迷う場合は、想像されるほどたびたびではない。大抵は既存の命令にしたがって事足りるのである。まれな場合に我々は進退に窮することがある。この場合に処すべき一刀両断の命令が要求されるのである、そして行為の内容が指示されていないことを嘆ずるのである。しかし行為は我々の人格への成長の為になされること、行為の相手は平等の人であり、行為の目標は人の人格への成長だということは、単なる煩瑣《はんさ》的な贅言《ぜいげん》ではない。これだけのことが明白に意識されていれば、具体的の行為は自《おの》ずから決定される。行為の動機は自己の人格への成長であること、相手の人格への成長を目標とすること、この二つで大抵の場合は決定される、少なくとも悪の行為は回避されうる。ことに大切なのは行為の動機である。事情はいかに紛糾していようとも、我々が行為について迷う場合は、自己の利につくか、自己の利を去るかという、単純な対立に帰着することが多い。人格への成長の為という動機は、明白に利を去って利につかないことを要求する、これで多くのことは解決される。私はかつて『グリーンの思想体系』を書いた当時に、グリーンが利己心を去ることが、行為の決定の根本要件のようにいっているのをみて、にわかに肯定する気になれなかったが、それ以来ことに最近の経験に徴すると、グリーンの言に貴重な教訓がこめられているように思われてきた。智識階級は自己の行為を弁明する為に、複雑な自己詭弁を弄《ろう》するが、自己の利を求めるかこれを捨てるかで骰《さい》は投げられる。利を捨てることがただちに善き行為となるというのではなく、利に囚われる間は、人は心眼曇って道が見えない。利を去る時に心眼直ちに開いて、道自ら通ずるのであろう。

本項で述べられたことはあまりに簡単である、しかしこれは「道徳」の序論であって、本書の後半のほとんど大部分は、この序論に対する各論に相当するのである。

一三　宗　教

私はここまでにまず教養の真義を説いて、教養とは現実の自我を駆って、理想の自我すなわち人格にまで成長せしめることだといった。そして自我とは知識的、芸術的及び道徳的の諸活動に分化して、しかもこれらを総合する統一体だと語り、さらにこれらの三つの活動について、いかに相互が連関し、自我において統一されるかを書いた。ここでふと停止して思う時、一つの希望が浮かんでくる。私が理想の自我として描いた人格、そこには真と美と善とが充全に調和されているその姿が、単に概念的の理論として説かれるのでなく、今現に実在するものとして、我々の前に彷彿《ほうふつ》することはできないであろうかと。かく思い望む時に、我々は当然に宗教の問題に到達する。

しかし実は私には宗教を語る資格がない。何故なれば私は未だ宗教的体験を持たないからである。私の育てられた家庭は仏教を宗旨《しゅうし》としていた。しかし多くの日本の家庭のように、仏教は我々の魂と結びつく信仰としてでなしに、一種の儀式として葬式と命日とに思い出されるものにすぎなかった。もちろん仏教の伝説として伝えられる地獄極楽、西方浄土、賽《さい》の河原等々の物語は、何らかの印象を我々に刻んでいたに相違ない。そしてその印銘《いんめい》は我々の意識しているよりも大きいかもしれない。高等学校の時代に初めてキリスト教に接したが、それは私にとって全く新しい境地であった。そして高等学校から大学にかけて、内村鑑三氏の説教を聞きに通ったものの、間もなく浅薄にも宗教が科学と矛盾するからといって、科学をとって宗教を捨てた。捨てたというよりも、むしろ初めから持たなかったという方が適当だろう。ただ宗教なるものを知ろうと試みたに過ぎなかった。それ以来私にとって宗教は、依然として未知の境地である。西洋思想に与えたキリスト教の影響を読むことはしばしばであった。しかしそれは思想史という科学であって、もとより宗教ではない。今の私も従来の私と同じく、宗教とは交渉を持たない。こうした私が宗教を語る資格のないことは明らかであって、ここに「宗教」の一項をおくことも躊躇を感じられるが、ただ今までの本書の叙述と、これから後の説明と連関を持つ限りにおいてのみ、私はここで宗教に触れようと思う。

神とは理想の自我を現実化したもの、充全に実現した人格性を客観化したものである。したがって神には真善美が実現され、あの諸活動に現われる全能力が具備されている。ゆえにこれは「聖なるもの」(das Heilige)として我々の崇敬の対象となる。神に真善美が実現されていることは、したがって神は道徳的のもののみでなく、知識的、芸術的のもののみでないことと、哲学史上において宗教の扱われた変遷を見てもわかる。宗教は初め理論哲学において認識ということと関係して説かれ、ついで道徳哲学で道徳的の理想の権化として扱われ、さらに宗教的情操という立場から、芸術哲学の問題となった。しかし宗教がそのいずれにも落ちつかなかったのは、神はこれらの領域と平面的に併立するものではなくて、三つの領域を全的に包含して、これらと立体的に立つものだからである。かくして近頃は真、善、美に対立して而もこのすべてをあわせる聖として、宗教哲学という特殊部門で扱われることとなったのである。

神に人格性（理性）が実現されているということは、反対にいえば神は人間を創造して、これに自らの能力なる理性を附与したともいえる。だから人はあの理性を称して「神的原理」(divine principle）の自己再現という。理性が神に実現されていることを思うならば、神の存在を否定する無神論の成立しないことは当然である。無神論者はいう、万物は因果関係の系列の中にある、あらゆるものは結果を持つと共に原因を持つ、ところが神が万物の創造者として無原因だといわれる、これは背理《はいり》ではないかと。しかし原因結果といい科学というものは、理性の産んだものである。理性の産んだ科学の方法をもって、理性すなわち神に適用することは許されない。神なしという命題も又神に依存して初めて可能であるならば、無神論は神に対する反逆であると共に背理である。又科学の立場から奇蹟を否定することも許されない。なるほどキリストが十字架に死して、第三日に復活したということは、科学的にはありえないことであろう。だから宗教家が科学者と太刀打ちして、奇蹟を科学的に論証しようとするのは、必要でもなければ可能でもない。奇蹟に魅せられてから信仰に入ったものは、奇蹟が科学的に不可能とされたならば、奇蹟もありえなくなろうし、したがって信仰もはかなく消えるだろう。しかしまず信仰して、その結果として奇蹟を信ずるものには、奇蹟が科学的に不可能だということからは、何の影響も受けないだろう。神を信ずるものには、科学と異なる別の信仰の世界がある。科学をもって信仰の世界に嘴《くちばし》をいれることは許されない、なぜなれば科学は神によって作られたものであるから、神の作れる科学をもって神の問題を云々することはできないからである。神のなし給える奇蹟はありうる、これを否定することは科学の越権である。

以上のごとくに神の存在を否定し、奇蹟を迷信とすることは、理論的に打破することができるが、さらばとてこれだけで神が実在すると信じることにはならない。反対説を否定したからとて、これに対立するものが肯定されることにはならないからである。

神仏を求める心持には、二種類あるようである。一は自分の無力と弱小とを沁々《しみじみ》と痛感して、強大な神の御力に頼って、助けを求めようとする心である。自分の天分の乏しさに失望する場合もあるし、知識や芸術における自分の成果の無に等しきを嘆ずることもあり、罪障《ざいしょう》に満ちた自分がいかほどに打ち克とうとしても、克ちえない罪の深さに我々ながら匙《さじ》を投げることもあろう、又あるいは無常を悟って無限永遠を求めることもあろう。そのいずれでも絶対の前に己れの弱小と無力とを感じた時に、人はしばしば神を呼ぶ。第二は孤独孤立の寂莫から、己れを抱く愛の手を求めることである。これは周囲にいれられない性格からもあろうし、親に師に友に恋人に別れて、己れを保つ重心のないのに耐え難い心持からでもある。親に師に友に恋人に求めるものを、人ならぬ神に求めようとするのである。あるいはこの二つに今一つを加えられるかもしれない、それは思索する能力のあるものが、終極と統一を求めることである。終極統一というおよそ最も抽象的のものを、実在する具体的の存在に求めようとするのである。哲学はこれを人格に求めよという、しかし人格も我々のうちにあり、現実の自我も又我々のうちにあるならば、否定さるべき現実と目指さるべき理想とが、同じ自我にあることが、理論としては承認されようとも、自我の内部的対立に耐えないで、対者の一つを外に求めようとするのである。

神仏を求める心が何であろうとも、神仏の実在を信じるものにとって、神仏と人との関係は二つに分かれる。その一は超越的関係である。この関係においては、全知全能の・絶対無限の・強力者として、神は人の前に屹然《きつぜん》として立ち、弱小無力の人はその前に跪坐《きざ》し礼拝する。人は己れの無力と弱小とを痛感して、自己を無にまで否定した後に、神の御力に頼って再び自己を肯定して、力と命とに生きる。十字架にたおれて後に復活したキリスト、出家遁世して後に開悟した釈迦は、単にキリスト、釈迦の体験であってはならない。何人もその生涯において幾度か体験せねばならない。キリストと釈迦が肉に死して霊に生きたように、人は生きんが為に死なねばならない。死してしかして生きねばならない。現実を脱却して理想に生きねばならない。否定が否定されて肯定が現われる境地である。だが神は威権をふるう暴君のごとくに、人の外にあるのではない。そこで第二の関係は内在的関係である。「御言《みことば》は汝に近し、汝の口にあり、汝の中にあり」といわれるごとく、神は人の中にあって、人とともに生き、人とともに歩む。人が絶対帰依《きえ》するとともに、神は大慈大悲の愛をもって人を抱く。しかもその愛は人の愛でないから、絶対であって制約がない、寛大であって我執がない。およそ愛として考えられる愛が、神により与えられる。

宗教生活に生きるものの境地がこうだとすれば、理想主義を生きるもののそれと、あまりに似るものがありはしまいか。理想主義を生きるものも、現実の自我を理想の自我に対比して、己れの無力と弱小とを感ずる、そして現実の自我を否定して、理想の自我に生きようとする。この超克は苦しい悩ましい惨ましい戦いである、しかも彼はあくまでも人生の戦いを戦おうとする。彼はこの戦いに連なる同志に、戦友としての共鳴と共感とを覚える。そして愛を抱くとともに、己れも愛されんことを憧憬《あこが》れる。この愛を親に師に友に恋人に求め、我執と利己とを脱却して、愛して愛し抜くことを期する。これが理想主義を生きる者の姿だとすれば、神を求めて宗教に生きる者の姿は、彼にとって決して縁遠いものではない。

だが、宗教に生きる者のみにあって、理想主義を生きんとする者に、欠けたるものがありはしまいか。ウィンデルバント*は宗教生活の基調の特徴として、超世界的、超経験的、超感覚的の三つをあげているが、これだけのことならば、この特徴はまさに理想主義の特徴でもある。これは功利主義や唯物論や現実主義に対してならば、あざかな特徴にはなろう、しかし理想主義から宗教を特出せしめることにはならない。これは理想主義が宗教生活から摂取すべきを摂取しているし、同じ地盤に生えた樹木だからでもあろう。しかし理想主義者は現実の自我を叱咤《しった》し鞭撻し、理想の自我を目指してまっしぐらに精進するが、己れを駆る力を、己れ自らより出づるとし己れ自らに帰する。彼は自分の成長を人の前に誇ったりひけらかすほど、馬鹿でもなければ浅墓でもない。しかし己れの内心の真奥に、功を己れに帰する自負心（self-conceit）が抜けきれない。聖パウロのいうように、ギリシャは偉大な哲学や芸術を残したが、ギリシャ人はそれを人に帰し人よりのものとしていた。ユダヤ民族は宗教的な民族ではあるが、神に救われることを自己の特権として自恃《じじ》の念から脱却しなかった。功を人より出たものとして人に帰するか、神のものとし神よりのものとして、これを神に帰するか、これが我々の心を分かつ最大の分岐点であろう。理想主義者は利を去ることを知る、しかし己れを去ることをまだ知らない。神の愛を人に比べるのは冒瀆だとしても、神の愛に浴する信者が人でありながら、身を傾けて同胞を愛する時には、あの愛の中に己れがなく我執がない。理想主義の哲学はその理論的内容を微細だも変容する必要はない。しかしこの哲学を奉じこの哲学を生きる人そのものの心は、より偉大なものの前に敬虔に跪《ひざまず》いて、神より出でて神に帰するまで、我々と己れとが打ち砕かれねばならないのではないか。さらばとて人はただちに神を信じるわけにはゆくまい。ただ運命が我々が胸に何ものかを閃めかせた時に、ただちに胸を開いて神の御前《おんまえ》に跪く心の用意は必要であろう。だがその時でもあの自負心の抜け難き煩悩《ぼんのう》が、ともすればその道を阻むことをおそれなければならない。

一四　読むこと

「なる」為には多くの「する」ことを必要とするが、特に「知る」という「する」ことが必要になる。学問の所で書いたように、学問は科学でも哲学でも、学問それ自身をも対象としうるのみでなく、芸術や道徳や宗教をも対象とすることができる。それと同じように、「なる」ことについてばかりでなく、「なる」ことの諸部門の芸術や道徳についても、さらに宗教についても「知る」ことができる。「知る」ことは一つの「する」ことだから、それが当然に「なる」ことにはならないが、「する」ことは「なる」ことの重要な契機である。知ることに二つの方法がある。一つは読むことで一つは聞くことである。読まれるものは書物であるが、書物は文字で書かれるばかりではなく、画集や写真集も書物の中に含まれるが、これは読むのではなく見るのである。しかし大部分の書物は見られるのでなく読まれるのである。

読むことと聞くこととは、それぞれ長短がある。これは文字と言語との長短である。聞くことは現代に生きている人を必要とする。しかしその人に直接触れることができる、もっともラジオやレコードの場合は別である。したがって自分を動かす積極性がある。聞くばかりでなく眼で見ることができるし、さらに感官を通してその人の心に触れることができる。だから感動を受ける場合の大きさ、強さは、読む場合よりも聞く場合の方が著しい。しかし書物を読む場合には、現代の人ばかりでなく、遠く古代の人にもさかのぼることができるし、現代に生きている人でも、自国の遠方の人や外国の人にも手を広げることができる。そして聞く場合ほどに積極性がない代りに、書物の選択も自分の自由だし、いつ読んでいつ止めてもよい、何らの拘束がない。読みながらも一箇所で感興のままにいつまで停滞してもよいし、又気の向かない時は急いで読むこともできる。要するに読むことには、読む人の自己が働く部分が多く、個性と自由とを享有する余地が多い。

書物は日本語だけでよいか、外国語の書物も読んだ方がよいかと問われれば、私はできるだけ外国の本を読むことを勧めたい。近頃の翻訳には中々優れたのが出るようになったし、場合によっては翻訳ですませなければならないこともあるけれども、やはり原著を読まないと、書物の本当の味はわからない。せっかく、内的の世界を豊富に持ちながら、それぞれの国の本を本当に味わいえないのは、いかにも惜しいことではないかと思う。そこで外国語の問題になるが、学者にでもなろうとする人は、英独仏の三カ国語は当然読めなければならないが、そうでないものでも、少なくとも一カ国語は自由に読めることにしたいものである。二カ国語ができれば申し分がない。私はフランス語について大きなことをいう資格がないけれども、英語の必要はこれからも減少するとは思えないし、政治、経済、外交などの実用からいうと、英国に米国の加わった今日、英語の重要性はほかの国語とは比べものにならないと思う。学問ということになると、ドイツ語の大切なことはずっと加わる。それでもわが国では学問はドイツ語に限るように思い込んでいる人が多いが、それは少し偏見だと思う。英国にはドイツのように巧妙な教科書がないけれども、それぞれの専門の文献になると、ドイツのように体系的《システマチック》に書かれてないので、散漫のような感じを与えるだけで、創意という段になると中々素晴らしいものがある。英語の本の学問的水準は、日本でも老熟した学者になると、初めて得心が行くようである。ひどく英語の贔屓《ひいき》をするようだけれども、周囲が少しドイツ語に偏する傾きがありはしまいかと思うので、誇張しているかもしれない。それで私は少なくとも英語を入れて、そのほかにドイツ語かフランス語かを加えたい。もし独仏の内でいずれかといえば、私はドイツ語をとりたい。

外国語については読むことのほかに、話すことと書くこととがあるが、話すことは特別の人を除いては、念頭におかないでよいと思う。これは必要が起こった時に速成的にやればよいし、平生から勉強しても、努力と効果との釣合がとれないと思う。外国語を話すことは特別の才能で、必ずしも読むことや書くこととは関係がないようである。話の上手な人は頭脳の緻密でない人が多い。話が下手だということは悲観するには及ばないことである。書くことと読むこととは関係が深い、それだから読めれば書ける。そして本当に読むことを稽古するには書くのが必要なので、和文外訳ができないと、外国語の真の意味がわからないと思う。それかあるいは外国語の本を飜訳することが、言葉に通じるには非常に役に立つので、私は今まで飜訳書を出したことは一度もないけれども、学校でも卒業したての若い時に、非常によい本で割合に分量の少ないのを、飜訳しておきたかったと思う。

しかし一般の学生はただ読めば充分である、そして読むことが早くなるには、たくさん読むに限る。それには内容を一々考えなくてすむもので、いろいろの種類の言葉の出てくる本がよい。私は歴史が一番それに該当していると思う。歴史は文化史だから、そこには政治経済も思想も現われてくるし、事柄が面白くてそして、哲学などのように一々首を傾けなくてすむ。歴史はそれ自身必要なばかりでなく、社会科学を勉強する人は、実験ができないから、歴史の材料に頼るほかはないのである。かたがた歴史書をたくさん読むことは、一挙両得ではないか。よく人は小説を読めというけれども、小説に出てくる言葉は日常使用するもので、大変偏しているから、私は必ずしもそれに賛成しない。歴史についでは外字新聞を読むことである。これは歴史と同じ趣意があるからくるので、私は外国にいる時は新聞を好んで読んだ。帰国してからは読みたいと思いながら、ついに実行ができずにいるが、日本ではJapan Advertiser*を読めばいいと思う。記事も日本の新聞よりは統制が少しゆるやかだし、外人の観察を聞くのは為になる。

古典か新刊かというと、いうまでもなく古典を読まなくてはならない。時間と空間を超越して、人である限り何人の胸奥にも触れうる普遍性を持つものが、あの古典である。古典を読んでいると、深山の大森林でも歩いているような気がする、これはとうてい現代書《モダーン》の持ちえない味わいである。それならばこそ長い年月の生存競争に打ち勝って、命脈を維持しえたのであろう。しかし古典には普遍性があるだけに、自分という特殊との繋《つな》がりをつけるのに骨が折れることがある。古典を読もうとあせる人が、読みづらくてかえって古典に遠ざかるのはこの為である。それには、作者の伝記やよい解説書でも読んで、準備を整えてからかかるのが安全である。一冊も古典を熟読したことがないのは、あまりに寂しい。自分を作ってくれたといえるような古典を、人は一巻でも持ちたいものである。

古典はあまりに深くあまりに高いということから、我々はやはり現代の人の書物を読みたくなる。同じ時代に生きて同じ問題を扱う人の作物に接したいのである。これももとより必要でもあり有益でもある。私は昔から古典でも現代書でも読むに値すると思う人のものは、網羅的に読む癖があった。こういう場合には人がわかっているから、その人の著書が出ると、すぐ買って読めるが、一般には現代書を新聞の広告だけで読むのは――ことに買うのは――危険である。できれば手にとって検《しら》べてからにしたい。僻遠《へきえん》な地方などでそれができなければ、新刊紹介でも読んで安心してからにした方がよい。もっとも信頼に値する新刊紹介に乏しいのは遺憾であるが。

書物は買わなくては駄目だ、友人から借りたり図書館で借りたりするのは、あわただしく読書する癖をつけがちである。本の種類にもよるけれども、本を借りてすまそうとするのは、はしたない業《わざ》だと思う。ほかのものは借りてもよいが、本だけは自分のものとして坐右に置いて、いつでも手に取れるようにしたい。そして書き入れをしたり買った日付を記しておくのがいいと思う。私は日付のほかに買った場所も書くことにしているが、私の本にはニューヨーク、ボストン、シカゴ、ロンドン、オックスフォード、グラスゴー、ベルリン、ウィーン、ハイデルベルヒ、パリ、チューリッヒなどの名が見えて懐かしいし、日付を見るとその頃の自分の傾向が思い出せる。読み終わった時にも日付と場所を記入しておくが、たびたび繰り返して読んだ本には、日付が並んでいて、その時々の感想の違っているのがおもしろい。

本を買う場合には、廉価版でたくさんだ。ドイツならば Reclams Universal-Bibliothek. 英国ならば Everyman's Library. 日本ならば岩波文庫、改造文庫、春陽堂文庫、冨山房文庫、新潮文庫などであるが、少し金が自由になると、文字の大きな表装の立派な版がほしくなる。しかし私は好事家のするように、初版のものを集めたり、幾版でも版を揃《そろ》えてみたりする興味を持たない。もっとも有名な本は色々の叢書で出版され、それぞれに有名な人が序文や解説を書いているから、序文や解説を読む為に、一つの本をたくさん買うことはある。本はすぐ読む為でなくとも、いずれ読みたいと思ったら、金のなくならないうちに買っておくに限る。急に本が読みたくなって、買いに出る暇もなく億劫《おっくう》だと思う時に、買いだめておいたものを、すぐにひもとくことができる。

現代書は個々の単行本の外に叢書として出版されるのがある。ドイツの Sammlung Göschen. 英国の Home University Library. 日本の教養文庫、岩波全書、岩波新書などがそれであるが、小冊子である為にこれを見《み》くびるといけない。一体本を書くのは、大きなものはやさしいが、小さいものに圧縮するのは、かえって難しいものである。一つの文章にしても、頭のよくない時でも、ダラダラしたものは書けるが、簡潔で引き締まっているものは、かえって頭がよくて消化していないと書けないものである。それだけ小さい本で読むのはかえって難しいものなので、小冊子だからと思って読んで、わかったつもりでいるのが、実は何もわかっていないことがありがちである。

読書法について昔から多くの人が書いているが、要するに各自が自分で読んでいるうちに、自分に適合した読書法を発明すべきものなので、他人の読書法をそのままに鵜《う》呑《の》みにすべきではない。ただ自分の読書法のできる為に、一つの契機となるにすぎない。私の読書法はと聞かれれば、精読と速読とを分けて、古典とか価値ある現代書は、精読する。多くは机に向かって居住いを正して読む。そして読みながら考え、考えながら読む。だからなかなか時間がかかる。昔は本を早く読み終えることを自慢にしたものだが、このごろは読み方がだんだん遅くなった。多くは原稿用紙をかたわらに置いて、本の一パラグラフの要領を、一行か二行かに縮めて書き留めておく。よく本を読んで終りに近づくと、頁をパラパラしながらまだ終わらないかと催促し顔な人があるが、本というものは最後が大切なので、読み終えたら、今一度感銘を受けた個所を読み返すか、原稿用紙に書いておいた要領を読んでみて、じっと静かに思い返してみる、それで初めて読んだことが身につくのである。一度読んだらすんだと思うのはよくない。名著は生涯に幾度も繰り返してひもとくべきである。その時々に重点をおく所が違ってきたり、感銘の受け方も変わってくる。そこに進歩の跡が歴然として現われる。名著は自分の師である。師の口から漏れる言葉を聞く心持で、敬虔に耳傾けなくてはならない。そして師は一度会ったら、二度会わなくてよいものではないのである。広く読む為の本は速読する。多くは安楽椅子によりかかってか、汽車か電車の中か、あるいは床に入って寝ながら読む。ところが速読するつもりでかかった本が、往々にして居住いを正して読ませるようなのがある、その時こそ嬉《うれ》しいものである。感銘を受けた個所に、線を引いたり書き入れをするのは、誰でもやることだが、あの場合に赤い鉛筆を使うのはよくない、間もなく消えるし反対の頁に映りやすい。少し厄介だが、赤い万年筆を使うに限る。文字の下や横に線を引くよりは、端か上に引く方が、簡単でもあり読み返す時に眼によいようである。読み終わったら感想を、読書録に記入しておくと、後で読み返す時に参考になるし、自分の考え方や読み方の変化がたどられる。読書録は読書人の成長の記録である。

書物は始め五十頁くらいはなかなかピッタリしないものである。この間に本をなげうってしまうと、本は読まないことになる。そこはがまんして読み通さなくてはならない。しかし難解な本というのがある。これにも二つの種類があって、自分の予備智識が不足している為にわからないのがある。私が物理学や数学の本を読んでもなかなかわかるまいと思う。ところがそうでなくて、文章がわかり難くて、何をいっているのか、さつぱりの要領の摑《つか》めないのがある。私は少し大胆ないい方かもしれないが、この場合は著者が悪いのだと思う。よく世の中には自分にもよくはわからないことを書く人があるが、当人にもわからないことが読者にわかるはずがない。概していえば、頭の悪い人の書くのはわからないものである。本人によくこなれていることで頭のよい時に書いたものは、誰にでもわかるものである。難解な書物とか講演とかに接して、わからないのは自分が悪いのだと思い、わからないだけ深さがあるなどと、奇妙な評価をする人々があるが、謙遜のほどは羨《うらや》ましいが、その愚やとうてい及ぶべからざるものがある。難解なことを書いたりしゃべったりする人は、早く思想界から淘汰しなくてはならないと思う。

若い時に読書の趣味が身についていないと、人は一生読書する気持になれない。そして学生時代を経過した後でも、本を読み続けているかいないかで、その人の一生の運命が定まるものである。年をとっても本を読まないと、食わないと同じように、生きていられないというくらいになる人は、学生時代に書物の有難さが身に沁《し》みているからである。若い時はグングンと伸びてゆく時であるから、何を読んでも一々成長の糧《かて》になるが、だんだん自己流の判断が固まってくると、数百頁の本を読んでも、感心する個所が数個所しかなくなるので、ついつい読書に遠ざかりがちである。だから学生時代が一番読書している時なので、生涯の最高の水準がその時代にあるともいえる。その時代にうかうかと暮らしている人は、末恐ろしいと思う。

最後に繰り返していうと、読書するという「する」は「なる」が為である。漫然として読書して、あれこれと智識をかき集めても、その人は偉くもならなければ賢くもならない。真に書を読むものは、自己の問題を探し求めなくてはならない。ここに自己の問題とは、問題の内容が自己特有で他人と共有しえない問題という意味ではない。一人の人間が真に自己の問題とするものは、又あらゆる人の問題である。私のいいたいことは、自分が読んでいるのか他人が読んでいるのかわからない読み方をしないということである。しかしこうした読み方をするものは、世に決して少なくはない。次に自分が何を問題とすべきかを求めあてたものは、自己の問題に対する自己の解答を求めなくてはならない。それが為に先師の門を敲《たた》いて、教えを求める気持で、書物をひもとくのである。ここでも他人の足で立って解答をしていたのでは駄目だ。自己自らの腹に落ちた解答でなくては満足しないことである。こうして先人の書に接すると、書は生けるがごとくに我々に語ってくれる。行間に生命が躍動してくるに違いない。

真に書を読むものにとって、この世界は何と広大なものであろう。宇宙の宝庫は門を開いて、我々の入るに任せ、取るに任せている。この庫《くら》に入ってあれもこれもと胸躍らせるものに、この世は又となく楽しいものである。

一五　考えること、書くこと、語ること

読むことも聞くことも、考えることが加わらないと、漠然とした印象が散漫にはいり込むだけである。考えることは、まず読んだり聞いたりしたことを、それ自身として系統づけ組織化することである。ちょうど認識成立の場合に、感官を刺激した感覚を、雑多に集めただけでは認識が成立しないので、これを総合し統一する悟性の作用が必要であるように、読んだり聞いたりしただけでは、感覚が寄り集まったにすぎないことになる。これを総合統一するものがなければならない。次にそれを己れ自らに吸収し摂取することである。たとえ総合統一されたにしても、なおそれは己れ自らと遊離したものでありうる、それを己れ自らに直接せしめるのは、考えることをまって初めて可能である。

よく世間の玄人《くろうと》が、いくら本を読んでも学問をしても駄目だ、経験を積まなければ何にもならないという、これは本を読んでも考えることをしなければ、自分のものにならないという意味では本当である。又学問の中にあることは普遍的の真理であるから、あらゆる特殊を包摂しているとともに、そのままに特殊に適用されうるものでないから、真理は特殊化されて初めて体得されるのだ。その特殊化が経験によるのだという意味ならば、これも確かにその通りである。しかし学問と経験

とを対立させて、前者を排して後者をとるというならばあたらない、学問はあらゆる経験を基礎として、これを抽象化したもので、経験と学問とは対立の立場に立つものではない。又いかに経験をかさねたからといって、経験したものを考えることをなさなければ、経験も又何の役にも立たない。学問の為に考えることが必要なのと同じく、経験に対しても考えることは必須の条件となる。もし経験がその人を成長させたとすれば、実はその人は経験したことを考えてきたからである。

考える為には、まず周囲の接触から離脱しなければならない。昔、高等学校の寄宿舎にいた時に、夜おそくグラウンドに出ると、あちこちに独《ひと》り静かに歩いている学生を見かけたし、夜おそく教室に入っても、しばしば闇の中に独り座っている学生を見出したことがある。彼らは周囲から離脱して独居を求めたのである。西洋でよく昼間教会へ行くと、ガランとした会堂の中に、独りでベンチに腰掛けて、何か考えている人に出会うことがある。西洋では教会は喧騒な周囲から離脱する為の、かっこうな逃避の場所になっている。日本で地方の青年を勉強させるのに、家庭を離れて都市へ遊学させるが、止むをえない必要からであるにしても、家庭という周囲から離脱させる効果がある。人は人と接するばかりでなく、人と絶って自らと対面する時を持たなければならないのである。

しかし孤独は考えることの条件ではあるが、考えること自体ではない。ところが焦点を定めて、そこに全思索を集中し続けることは、なかなか難しいことである。自分達の経験を振り返ってみても、ものの十分と考えていないことがある。考えているかと思っているうちに、実は他のことを考えているので、きょうはこれから何をしようかとか、明日はどこへ行こうかなどと、あらぬ方向へ自分の注意が散逸《さんいつ》しているのを見出すものである。注意の対象を外界に持つと、注意は割合に集中しうるものだが、内界に対象を持つ場合には、考えることは決して生やさしいことではない。だから注意を外《そ》らさない程度の何かをしていると、かえって注意が集中することさえある。我々が考える時に煙草をすうのはその為であろう。スピノーザは硝子《ガラス》磨きをしていた間に、思索を練ったといわれているが、硝子磨きのような機械的なことをすることが、かえって注意を集中させることになったのである。

考えることの難しさともどかしさが、人をそれに耐えしめないで、ともすれば実践に魅力を感ぜしめる。だから実践を焦慮するものの中には、考えることに耐える能力の欠乏が窺《うかが》われることがある。しかし考えることは、絶対に必要である。そこでただ考えることの難しさを救う為に、何かをなしながら考える、考えながら何かをするという方法をとる。読みながら考え、考えながら読むのはその為である。ところがこの場合は考えることが、読んだことに制約されやすい。そこで別の方法を思案してみると、そこに二つの方法がある、それが書くことと語ることである。

書く為にはすでに何か考えていることがなければならないはずであるが、さて、紙を前に置いて筆をとってみると、なかなか書けないものである。その時に考えていたことが、いかに朦朧《もうろう》としたものであったかが気づかれる。実際書く時ほど我々の注意を集中させることはない。これに比べると読むことは楽なものである。書くとなると、おおげさにいうと骨を削り身を殺《そ》ぐという感じがする。それならばこそ、書くことにより自分の考えが精密に正確になってくる。試験場などで問題を出されて、考えているうちに、自分の気のつかなかったことが、後から後からと浮かんでくることがある。書き始めた時と書いた後とを比べると、自分が自分以上になったように思うことがあるのは、書いているうちに、無意識に潜在していたものが、意識の界に顕在に化したからなので、そのこと自体は書くことからくるのではなく、考えることからくるのであるが、単に考えていると、ともすれば焦点がそれからそれへと移動して、考えが空回りをしているものである。それが書くとなると、焦点が決定されてくるから、注意がそれに集中することになる。同時に書くことや語ることの危険も、そこに伏在しているので、一旦書くなり語るなりして、一定の形態をとってしまうと、それで事が片づいた気がして、それから後の進行を阻止することになりがちである。さらに一歩を進めると、自分の表現したことに囚われて、我とわが身が縛られて、身動きのつかないことがある。しかし自分の成長の為に書いたり語ったりするのだから、常に自分の表現した形態を打破して、いつでも過去の自分を超克する覚悟がなければならない。その為にこそ書くことに意義があるのである。

書いて注意が一点に凝集した後は、物を見る眼が変わってくる。本を読むにしても、話を聞くにしても、自分の問題と密接の連関を持ってくるから、あらゆることに注意深くなる。読む時に自己の問題への解答を求めるといったのは、こうした後に起こるのである。ところがここにも危険がある。それは自分が偶然書いたこと関心を持ったことに限局されて、それからの興味や視野が囚われて狭《せば》められることである。だが我々は青年時代には、伸び伸びと思うさま大きく広く豊かに育たなくてはならない。外延的（extensive）と集約的（intensive）とは、併存し併行して、相互に補完しなければならないと思う。

ここに書くというのは、自分の身辺に起こったこと、本で読んだこと、他人の話で聞いたこと、等々のあらゆることをテーマとして、原稿用紙なり筆記帳なりに書き綴ることをいうのであるが、大学生活では特に学問上の問題について、書くことが起こってくる。それが研究とか報告とかいうものであるが、学生生活のうちに一度はこれを試みないといけない。昔の職人は親方について三年なり五年なり修業して、それから諸所方々を巡歴したものであるが、学生生活もそれに似たもので、一つの題目を決定して、一定のプランを作り、それに必要な書物や資料を集め、研究を進めて行く間にプランを変更する必要も起こるかもしれない、そして一定の期間内にそれを纏《まと》め上げる、一言にしていえば科学的方法が実施される。その間に仕事の骨《こつ》が体得されるので、これは学問の修業であるとともに又人生の修業でもある。

書くことの中には、毎日の日記をつけることも含まれる。日記はわずかな余白しかない帳面よりも、自由日記のような好みに任せていくらでも書けるのがよい。日記というものは規則正しくつけることが望ましいが、ともすれば忙しい時など、放擲《ほうてき》しておいて一カ月も二カ月も真白になっていることがある。しかし毎日寝床につく前に、数分間でも机に向かえないようなあわただしい生活は、健全な生活だとはいわれない。日々の日記につけるにはあまりに大きなことは、別にそれだけを主題とした書きものになるが、私は毎年の大晦日には、一年間の回顧をするとともに、次の年の予想を作ることにしている。書くことが考えることであり、考えることが反省だということは、日記などについて特にいわれうることである。

書くことについてすぐ連想されるのは、文章のことである。私などが少年時代を過ごした明治の末期には、まだ漢文の影響があって、白髪三千丈式の誇張の表現が用いられたけれども、漢文の弊は人の実感ならざるもの、又は実感以上のものを表現させることにある。我々は己れ以上のことをいわないこと、正直にすなおに書くことが大切だろう。文章を稽古《けいこ》することにも二種類あって、いわゆる名文を書くことは第二である。誰にも最小限度に必要なことは、達意の文を書くことではないかと思う。自分の思うことといいたいことを、そのままに書けることは、なかなか容易なことではないが、これは最小限度の必要条件であろう。何をいっているのかわからない書き方、いたずらに冗長で煩《はん》に耐えない書き方、同時にあまりに簡単で潤《うるお》いのない書き方は、いずれも必要条件を欠いているというべきである。それ以上の名文を書くのは、各人の天分に属することで、各人に義務として要求するのは無理だと思う。しかし名文にもいろいろあって、表現の技巧は上手でなくとも、人物、情熱、思想の率直に現われたものが、巧まざるうちにかえって人を動かすものである。ここまでくると、文章は要するに人である。

語ることには少数の人を相手とするのと、多数の聴衆を相手とするのとがある。講義、講演、演説などは後者の場合で、一人の友と語る場合とか、研究会や読書会などの場合は前者に属する。一人とか数人とかを相手とする場合にも主として自分が話し手になって、相手が聞き手になるのと、双方が話し手で同時に聞き手になるのとがある。後の場合がいわゆる対話（dialogue）である。語ることの内容にもニュースもあれば人の噂もあり、ある問題を議論相談することもあり、自分の意思を表現することもある。いずれにしても舌を動かして相手の聴覚に訴える点が書くことと異なり、聞くことと裏表になるわけである。

語ることは書くことと同じく我々の考えることに、焦点をおいて注意を集中させ、考えることを正確にする。語る為には、一応語るべきことを整理しなければならないからである。たとえば他人に何かを相談する時に、相手の意見が役に立つことを別としても、相談する為に考えるだけで、立派に整理されて、相談をしなくともすむような場合がある。相手が聞きながら、二、三の質問でもしてこれに答えている間に、自分で自分の答えが得られることがあるものである。ギリシヤ人は書くこと読むことを嫌って、語ること聞くことを好み、法律でさえも文章には書かないで、歌にして歌わせたということであるが、これは書くことよりも語る方、読むことよりも聞く方が、印象が深いということにあるのだと思う。

語りながら聞くという対話の場合には、自分の考えと他の考えとか対照におかれる。双方を比較した結果として、自己を捨てて他人をとる場合は、自己を否定して他を肯定したことになり、自己の修正進歩が行なわれる。他人を捨てて自己をとる場合は、他を否定して自己を肯定したので、自己は否定を経た肯定として、強められ確かめられる。単なる対照ではなくて対立の場合がある。自分の考えに他人が反駁を試みるのがそれであるが、この場合には反駁を再反駁したならば、他を否定して自己を肯定することになるのは、対照の場合と同じであり、反駁を再反駁できなかった時には、自分の矛盾を悟ることになり、自己の再出発をなさねばならなくなる。矛盾は意識された部分の矛盾もありうるが、多くは無意識の世界に潜在していた部分と、意識されている顕在の部分との矛盾である。我々が自ら怪しむことなく前提としていること（take it for granted）は多いが、これを初めて意識の白日の下に曝《さら》すのは、多くは対話の結果である。これが哲学することであるならば、対話することが哲学的方法だといえる。紀元前五世紀のアテネで、ソクラテスが行なったのは対話の方法であり、それがプラトンの「対話篇」によって描かれている。ソクラテスはソフィストの語る意識の世界に質問を挿《さしはさ》みながら、無意識に前提としているものを掘り出し、それとあれとの自己矛盾を指摘するという方法をとった。テオリアと異なるフィロソフィアは、この方法によらなければ他に方法がないと考えたのである。これが本当の教育の方法である。オックスフォードやケンブリッジで対話の方法を倣《なら》ったのが、あの個人教授《チユートリアル・システム》の方法である。

語ることにもいろいろの種類があって、演説、講義、講演、座談、討論などそれぞれ違った味のあるもので、又それぞれ異なる能力を必要とする。演説の上手な人が講義が下手であったり、講義は上手だが講演が下手であったりする。ことに座談は話題を豊富に持ち合わせていることと、奇警な表現で座を引きずることが必要である。私の知っている人では故後藤新平伯は、実に座談に妙を得た人であった、それかといって演説は決して上手とはいえなかった。討論となると、短時間の内に応酬するのであるから、相手のいうことを速やかにキャッチすること、自分のいわんとすることを速やかにそして力強く簡潔に表現することが必要であり、それに加えて物に臆しない度胸と、興奮しない落着きとがいる。故原敬氏*と故加藤高明氏**とは、議会の討論が上手であったそうだが、討論には頭脳の回転の迅速と一応自分の考えが纏《まと》まっていることが、絶対に要件になる。これが演説、講義、講演などのように、一方だけの活動で、他方は聞くという消極性のみがある場合と、はなはだしく違うことになる。討論は対話の一種として多くの効果を生むものだが、しかし頭の速いことは、必ずしも頭のよさの全部ではない。秩序よき体系を持とうとする頭は、必ずしも速くはない、むしろ遅いものである。自分の考えを速やかに纏めることは、大切なことではあるが、速やかに纏めうるほどのものでしかないこともある。ことに相手の揚足《あげあし》を取ったり、揶揄《やゆ》皮肉をいうことは、低い聴衆を喜ばせ、低い自分の快感を満足させうるかもしれないが、それによって自分は少しも賢くも偉くもならない、それのみかかえって自分が堕落する。

書くことの訓練には小学校以来作文という学科があるのに、語ることの訓練が顧慮されていないのは、不思議に思われる。のみならず弁論の稽古には反感を持つ人さえある。多人数の前に自己を語る厚顔さ、ともすれば陥りがちな誇張したいい方や身振りなどに、嫌悪を覚えるのであろうが、これは何にでもともなうあの余弊の一つであって、当事者が注意することで防ぎうることであり、こうした弊を持つ人は、弁論をせずとも人自身に備わっているので、むしろ弁論でもして他人の批評や注意を受けた方が、かえって矯正する一助になるかもしれない。アメリカ人の身振りは嫌いだくらいに、国民性の好き嫌いの現われるのは結構だけれども、弁論そのものに反感を持つのはよろしくない。自分を人前に語ることを慎めとは、古くからの教えであったが、政治家は国民を指導する為に演説をせねばならず、議員は議会で政策を語らなくてはならないし、総選挙では政党も議員も政見を発表する必要がある。新しい社会制度が輸入されながら、好き嫌いの感情だけは古いものを持ち越すのは、わが国でいたる所に見受けられることで、そしていたる所に制度が生かされていないことになるが、弁論に対することもその一例であろう。デモクラシーの政治は、ひそかに待合《まちあい》で相談したり、暗い所で闇取引をすることに対立する政治である。公《おおやけ》に明るい所でする政治は、公に語り公に聞く政治である。

書くことに上手下手があるように、語ることにもそれがある。何よりもまず、何をいわんとするのか、考えを整理することが大切であり、次にいわんと欲するところを、簡に失せず冗にわたらず、達意に表現することが望ましい。よく会合の挨拶や祝辞などで、何をいうのかわからないくらいに支離滅裂であったり、本人も始末にあぐんでつづまりがつきかねて困っていることなどがあるが、あれなど他人は迷惑千万で気をつけて貰いたいものである。

書くことと違って語ることは直接に他人と対面しているから、場数を踏んで度胸をこしらえることが必要である。私は中学の三年生の時に初めて、学校の生徒全体の前で演説をさせられたが、その時には人の顔が見えず自分が何をいっているかもわからなかった。次の四年生の時には、もう人の顔がよく見えた。自分が喋ったことの速記を見ると、見るにたえないほど、反復があったり冗言があったりする。語ることは書くことと違って、後から後から消えてゆくものだから、ある程度の繰返しや丁寧さは必要であるが、それでもあまりに酷《ひど》いのは、語ることに原稿を作らないからである。高等学校の時分に竹越与三郎*氏の演説を聞いたことがあったが、演説がそのまま文章になるほど、無駄もゆるみもなかった。私は今でもできるだけ原稿を作って、それをすぐ雑誌などに載せられるようにしたいと思うけれども、ついぞ実行したことがなくて、要領を網目だけ一枚の紙に書くくらいしかできない。中年になると何か話せるものだから、原稿を作ることが億劫《おっくう》になるものだが、少なくとも若い時には原稿を作って達意の弁を稽古する必要がある。

文章に文学的の芸術美があるように、弁論には音楽的の芸術美がある。それは音声美の抑揚の美である。ある有名な文豪は声が悪く、人が評して烏のようだ、烏は汚いものを食ってるから声が悪いのだと評したことがあるが、声というものは健康を表現するばかりでなく、心情をも表現するようである。故新渡戸博士が亡くなられる年の講演を聞いたが、その声は七十を越した人の声とも思われないほど、澄んで綺麗で青年のように若々しかった。声は修練することができるので、せめて美しくないまでも、大きく通る声で、そしていつまでも続く声であってほしい。拡声器というものは声の美をなくするもので、心なき業《わざ》である。コップの水を飲む癖はつけない方がいい。水を飲むとかえって続かなくなるものである。声だけは七十になっても八十になっても、かすれた低い濁った声でなく、すき通った銀鈴を振ったような美しい声を続けたいものである。しかし声も弁論も文章と同じく、結局はその人である。

一六　講義、試験

聞くことと読むこととを前に比較したが、聞くことのよさは読むと違って、ただ文字を見るという視官だけが働くのでなく、語る人の顔を見ること、姿を見ること、声を聞くことなど、たくさんの感官が働くことである。ちょうどオペラや芝居が、音楽も絵画も舞踊も入り、音楽にも楽器と声楽と両方が入るのと似て、感官が複雑に作用する。そして語る人の心情に触れることができる。語る方も特定の人に接する場合には、多少なりとも聞く方の傾向や要求に適応する形式をとることができる。あるいは顔や姿を見なくとも、言語というものがすでに文字とは違った作用を発揮するのであるかもしれない。それにしても言語だけならば、レコードでもラジオでも聞きうるが、それでは本当に聞くことの味を持ちえないところを見ると、見ることが必要なのであろう。

聞くことの中で学生諸君に一番近いのは、毎日の教室の講義である。私は「学校」の項で今日の学校の講義をかなり苛烈に批判した。そして学校に頼らずに、自己による教育をなさねばならないといって、自己教育の内容と方法とを述べてきたのであるが、それが一応わかったものとして、再び学校を振り返ってみると、それにはそれとしてのよさがある。まず講義のよさは聞くことのよさであって、聞いて取ったノートは印象深いが、欠席して友人から借りてノートを写した場合には、印象の薄いことは誰でも感じることである。ケンブリッジ大学の教授ヘンリー・ジジウィック*は講義というものの価値を否定する講義（lecture against lecture）をしたというので有名であるが、講義に反対することにさえ、講義の形式を借りねばならず、学生をして聞かせねばならなかったことは、講義の価値を裏書きしたことになる。次に講義の内容や仕方はよし完全ではないとしても、それでもともかくも一応は考えて、組織立ててあり、それに好き嫌いをいわせずに、学生を聞かせるのが、講義のよい点で、独学生は視野が狭く独り呑み込みの多いのは、講義のよい点が持てないからである。この点で講義のよさは規則というものの他律のよさである。よく学校への往復の時間が惜しいからといって、自宅で本を読んだり、友達のノートを借りた方がよいという学生があるが、そのくせ、ともすれば自宅でブラブラと暮らしてしまい、往復の時間を超えた無駄をしているなどは、他律のよさを知らないのである。しかし他律のよさを自覚した時は、すでに他律ではなく自律である。

講義は科目の全体一般にわたらなければならないし――又それが必要である――聞くものは学生一般であるから、すべて一般の持つ物足りなさがある。そこでこれを補うものが、演習とか実習とか、あるいは特定の教師を中心とした研究会とか読書会である。ここではテーマが特定されているから、一段と深い所へ突込むことができるし、人数が限られているから、学生の個性や性格を呑み込んで、特殊性に適応することができる。これを教師と学生との人格的接触などといって、「人格の陶冶《とうや》」ができるように思うのは、「人格の陶冶」の何ものかを知らざるものであるが、すべては教師その人に係るにしろ、講義の場合よりは学生の腹に落ちる話し方ができるのが長所である。演習（Seminar）という制度は、ドイツの大学で盛んに行なわれ、英国の大学にもクラス（class）と呼んでこれに類したものはあるが、英国の大学ことにオックスフォードとケンブリッジで行なわれる特有の制度は、個人教授法《チューートリアル・システム》である。各カレッジにチューターの任にあたる人が十数人いて教授《プロフェッサー》はこれをしないが、フェロー（fellow）リーダー（reader）ティーチャー（teacher）という職名で呼ばれるものが、この任にあたる。一人の学生を一人のチューターが一時間ずつ教育するので、もちろんこれ以外に講義も並行して聞かせる。カレッジの寄宿舎のチューターの室で、学生と教師と差向いで、教師が語り問い答え、学生が聞き答え問うので、ソクラテスの対話を現代化したものである。ここでは諸君といわれずして君といわれる。これが本当の教育の方法である。英国人の教養がこの制度に負うとは、多くの人の伝記が一様に語ることである。しかしこの制度は両大学のように財産がないと――両大学は私立であるが英国金持番付の十番目の中にはいる――たくさんのチューターがおかれない。たくさんのチューターがいても、一人のチューターは月曜の朝から土曜の正午まで、数十人の学生を相手とするので大変な時間を潰《つぶ》すことになり、これがドイツの若い学者に比べて、英国の新進学者に労作の足りない理由だといわれている。チューターは一人一人の学生を受け持って、その学生の個性に適した教育をせねばならないし、学生の質問に答えなければならないから、講義のノートだけ作って喋《しゃべ》り放しにするのと違って、何を問われても何か答えられねばならない。そして質問応答をするとなると、だんだん深い根本的な問題にいたらざるをえなくなるもので、そこで人生観の問題に触れてくる。それだけの用意がないと、チューターが勤まらないが、これが本当の教育である。教師もそれ相当の要件を備えたものでなければならないが、彼もチューターに教えられた学生だから、その要件はできているとみてよいのである。私は日本の学生の勉強の努力は、英米の学生以上だと思うし、智識の分量もより以上だと思うが、英国の学生の智識の分量は少ないが、智識が己れ自らのものになっている。これはチュートリアル・システムの賜《たま》物《もの》である。

私は英国でバーミングハムのウッドブルック・カレッジに一学期いる間に二人のチューターにつき、オックスフォードに二学期いた間にはマックマレーとプライス——二人とも今英国有数の哲学者になっているが——の二人について、哲学のチューターを受けたことがある。二度目にドイツへ行った時には、ベルリン大学の教授グスターフ・マイヤー——エンゲルス伝の著者として有名な——とカール・コルシュ——マルクス哲学の著者として有名な——の二人をチューターとして、毎週一回御宅に通ったが、いずれも本当に有益であった。それを適用して日本人をチューターとして、ドイツ文学史とエンゲルスの「フォイエルバッハ論」とのチューターをして貰って、これも自分の為になった。日本でも、学生中か卒業後に、チューターを頼むことが、もっと盛んになるといいと思う。一方では若い新進の学究に、よい職業を与えることにもなり、一挙両得でもある。

講義の一般性を問題の方から補うのが、講演である。講演は学校の中でも外でも行なわれる。又一回限りのものもあるし、数回連続するのもある。一回限りの講演は明治の初年頃から行なわれたらしいが、数回連続の講演は、講義の変形として、大学拡張運動《ユニヴァーシテイー・エキステンション》の結果として生まれたもののようである。今から二十数年以前に、新渡戸博士が後藤新平伯に勧めて、長野県の軽井沢と木崎とに、夏期大学を設けたのが、最初ではないかと思う。その後は夏期のみでなく、平生でも連続講演の催されることの盛んになったのは、喜ぶべきことである。しかし今日の講演について多少の注文が出されないことはない。自然科学の講演には、限られた聴衆を相手とする為もあろうが、学問的水準の高いのがあるが、哲学や社会科学では時の問題に囚われたり、水準が低かったりする。せめて「教養文庫」くらいの水準の高さの講演があってほしい。講演の項目と参考文献とが印刷されていると、一層効果的であり、夜間に催されれば、学生も卒業生も聞くことができる。男学生は学生生活が長いし、卒業後はすぐ職業につくが、女学生は女学校を出てから専門学校を卒《お》えても二十一歳位で、嫁入まで一、二年の間がある。その頃に一番向くのは、高等の講演ではないかと思う。

講演のよさは聞くことのよさであるが、講演会というものは、講演だけであってはよくないので、講演者のほかに有名な人を司会者として、開会の辞と閉会の辞とを述べて貰うといい。それも紋切型のものではなくて、講演者と講演とに触れたものだと、聴衆は二つを比較対照することができる。講演の後では、聴衆から質問を許すといい。これは会場でも別室でもよいが、その時に司会者が質問応答の整理をするのである。それは講演者の為にもなり聴衆相互の為にもなる。講演は講演者と司会者と聴衆と三位一体でなければならない。

再び学校の講義に戻ると、講義には試験が結びついている。これが学生を悩ますものであるかもしれない。その中には単に試験は苦痛だからという、意気地《いくじ》のない悲鳴もあり、試験があると学問のよさが味わえないという、やや感心なのもあり、又試験の準備に忙殺されると、本当の教養の暇がないという、高尚なのもある。試験に対していかなる態度をとるがよいかは、現実に学生の問題であり、又問題とすべき値のあることである。

試験に対する態度に、およそ三種類が考えられる。第一は試験大事と心得て、朝から晩まで年がら年中、試験のことのみ念頭において、その為に講義も聞くし参考書も読む。その代りに試験に必要がなければ、随意科目も聞かないし、本も読まないし、ましてなまじ教養など心掛けると、かえって試験の為にならないと、怖《お》じ気《け》を震う一派である。これによるとなるほど成績はよくなるかもしれず、卒業後の就職も思うようになり、無邪気な親や兄を喜ばすこともできる。この派の学生が一意専念している心掛けは奇特といってもいいが、されどその愚や測り知るべからざるものがある。就職を最高価値と考え試験を後生大事とする心理には、もともと最高価値が何かを考えたこともなくわかってもいないし、物件を価値転倒してそれにしがみついているのだから、彼らは本来は功利的な性格である。偶然試験という目的が眼前にある限り勉強しているから、ちょうど学問を楽しむのと似た外形は呈するが、真実はおよそ似もつかないものである。その長所は模倣と暗記であって、これは人間の頭脳の程度からいうと、劣等の品質に属するものである。こうした成績の良い学生いわゆる秀才の中に、味も素気《そつけ》もない辛《から》くも酸《す》っぱくもない、面白味《おもしろみ》も可笑味《おかしみ》もないのがある。こういうのから教師を採用するから、学問と教育とが振るわないのである。彼らは学校を出て試験がなくなると、本も読まないし学問を弊履《へいり》のごとくに捨てる。功利的な性格だから、場合によると詐欺をするかもしれず賄賂も取るかもしれず、人を突き落とすかもしれない。いわんや時局の見通しをつけることなどの創造的の頭脳はないし、職を賭してまでもなどという信念など、薬にしたくもない。

第二はこれと正反対で、試験を徹底的に無視して、眼中におかない態度である。これには二色《ふたいろ》あって、一つは怠惰な為に試験を正視するに耐えず、これから逃避するのである。秀才が試験と互角で取り組んでいるのにこれは試験以下の敗者である。これは学生にして学生に非ざるもの、世の毒にして地の屑である。第二の中の別の学生は、人間の成長が至高の価値なることを知る、あるいは少なくとも学問の真理の価値を知る、だから最高のものに近づこうとして焦慮し、日も是《これ》足らない、試験の為に準備をするの馬鹿らしさに耐えないのである。だから試験にあくせくする同輩と離れて、超然と試験を眼下に見下すのである。彼等の成績は悪いかもしれない、しかし彼らは人生における価値あるものを捕えている。彼らの価値は今は現われないが、遠い未来に現われるだろう、彼らは此岸の敗者に終わるかもしれないが、彼岸の勝者になることはできる。我々は優れた人の伝記を読むと、しばしばこうした例に接するし、我々の周囲にも現にその実例がないことはない。我々は彼らを俗世の標準で評価せず、最高価値を標準として、彼らを評価し同情しなくてはならない。だが彼らの態度が最上の態度ではない。彼らは試験に囚われまいとして、試験を否定している点でかえって、試験の小乗に囚われているのである。

先に秀才を苛烈に批判した私は、ここで秀才からのよさを拾わなくてはならない。秀才の眼のつけ所は的を外れている。しかし試験を目標として一意専念しているところには、克己、勤勉、節制等々の「諸徳」(virtues)が発揮されてもいるし、又育成されてもいる。試験の答案には、創造的のものは見られないが、間違いのないこと、細心周到なこと、他律に服する従順さ等が現われている。なるほど彼等の目標は外れている、しかし目標を他の人が与えさえすれば――すなわち人に使われる場合には――目標が外れていることは、有害でもないし、又不足にもならない。そして秀才の持つ性質は、使われる場合には絶対的に必要なので、これなくしては人に使われることはできない。目標の正しいことは人としては正しいが、それだけでは使用人としては不足でもあり有害でもある。彼らが光りを発揮するのは、他人を使う場合であって、他人から使われる場合ではない。そして人間は一足飛びに人を使うことはできないし――又よくもない――一定の期間例えば卒業後二十年、三十年は、使われなくてはならない。だから第二派の学生は学問や芸術に従事するならばよいとしても、一般の場合には人を使うことはできるが人に使われることができない。秀才とは使われる為に育てられる人間である。彼らは使われている間は、それですむが、人を使う時になると見当が外れてくる。学生は一旦その地位が与えられた時に、自己の目標を目《め》がけて実行のできる人にならねばならないとともに、他方において人に使われることもできなくてはならない。英才を抱きながら知己なきを嘆じ、世の轗軻《かんか》不遇を怨《うら》むのは、賢《さか》しい人のやることではない。秀才のあの性質――克己、努力、勤勉、節制、規則正しいこと、間違いのないこと、細心で周到なこと、命令に従う忠実さ等々――は、世の為人の為に尽すに――職業人として――必要なばかりではない、自我の成長すなわち教養の為にも必要な条件である。第二派の学生の中に、往々にして放逸、放恣《ほうし》、無軌道にはずれて、半途空《むな》しくぐれるもののあるのは、この条件を欠くからである。

そこで第三の態度が考えられる。最高価値を見失わずに、しかも試験を無下に貶《けな》すことなく、試験の以上にあってしかも試験に適当に善処するのである。これが第一と第二との総合であり止揚である。

それではそんな都合のよい方法があるかと問われるかもしれない。それは各自が己れに適した方法を工夫しなくてはならないが、私の案を提出すれば次のごとくである。まず一学年を二つに分けて（学年試験の場合として）、一つは四月の始業期から大体十二月中旬くらいまでとし、他はそれから三月の試験期までとする。第一の期間には、毎日に八時から三時まで六時間三科目の授業があるとして、三時に授業が終わってから、約一時間ないし一時間半、教室なり図書館なり自宅なりで、その日の講義のノートを手っ取り早く復習する。これは暗記などに至る必要はないので、印象のまだ鮮やかなうちに、一度目を通して線を引くなり、要領を書き入れるなりする。これを逆にすれば予習ということになるのだが、テキストが定めてあれば、予習するのが最も効果的である。そしてその後はすなわち四時か四時半以後は、試験準備を念頭におかずに、教養の書を読むなり学問の勉強をしたりする。これが十二月の中旬まで続くのだから、一年間の暇はかなり大きなものである。いわんや二カ月の暑中休暇もある。そして十二月の中旬から一切他のことを放擲《ほうてき》して、試験準備に没頭するのである。試験という眼前の目標を前にして、一定のプランを作り、これによって克己、努力、勤勉、節制を実行し、間違いのあるをおそれ、細心周密たることを心がける。そして一つの科目から他の科目へと、一つずつ試験を克服する、まさに山また山を越えて（mountains over mountains）大自然を克服するがごとくである。こう考えると試験は学生生活における人生の事業である。これに敗れるものは、やがて人生の敗者とならなければならない。

一七　日常生活

毎日の生活は一見平凡のようで、考えてみるときわめて興味のあるものである。一日一日を楽しく朗らかに送ることは、容易なようでその実《じつ》なかなか難しいことであるが、是非とも必要なことだと思う。何よりも大切なことは、一定の計画《プラン》を立てて、規則正しく生活することである。プランを立てるなどすると、縛られて窮屈だという人があるが、自分のプランで動いていない人は、多くは他人のプランで動かされるものである。プランで動いていることは、いずれにしても同じことである。意のままに任せて自ら矩《のり》を踰《こ》えずというのは、過去のいつの時かに、計画の下に規則正しく暮したことの結果に違いない、それが習慣となり自然となったのであろう。計画的に生活するので、浪費が省《はぶ》けて暇が出る、そしてかえって自由な生活ができるものである。毎日の生活を無雑作に送ることと、主義方針もない機会主義《オツポアチユーニズム》との間には、一抹の連関があるともいえる。しかしプランで生活する人は、プランを作った過去に囚われやすい。プランはいかなる瞬間も持たねばならないものであるが、常に毀《こわ》して新しいプランに組み直していなければならないものである。

毎日の生活のプランも、各々が自分で工夫せねばならないものだが、仮に私にいま一度学生生活を送らせるとしたら、こんなプランで毎日を暮してみたいと思う。これは高等学校の寄宿舎にいるとしてのプランである。朝はなるべく早く起きる、六時か六時半である。顔を洗ってから二、三十分朝の爽《さわ》やかな空気を吸いながら校庭を散歩する。朝飯を食べてから、ざっと新聞に眼を通す、ここでゆっくり読むのは無駄だと思う。授業の始まるまで約一時間、本でも読む暇ができる。学校の講義が正午に終わったら、中食を食べてから、新聞を少し詳しく読む。三時に講義がすんでから一時間か一時間半、前項に書いた復習をする。それから六時まで運動をしてぐっしょり汗をかく。戻ってから湯風呂か水風呂に飛び込んで、汗を流して夕飯につく。食後に友人と一緒にブラリと散歩に出て買物でもする、これは三十分くらいである。そして七時から十一時まで、真剣に読書にかかり、十一時には寝床に入って、前後不覚の眠りに落ちる。いろいろの会合や催しがあれば、その時々に変更するのは当然である。土曜の午後か夜は、映画、芝居、音楽会、展覧会等々の芸術の観照に費やし、日曜は朝から夕方まで、独りか友達とともに、弁当を持参してピクニックに出かける。もし雨でも降れば部屋に閉じ籠もって、会心の小説でも読み、夜は先生、先輩、友人などを訪問して、ゆっくりした話をする。これが一日の又一週間のプランである。

新聞を読むとなかなか智識が得られる。外交、政治、経済、学芸、社会の記事に、一応眼を通して世界と日本の状勢を心得ておくのは、国民の義務でもあり、なかなか考えさせる問題があるものである。しかしこれに多分の時間をさくのは、老人の銷閑《しょうかん》で、若い人のすることではない。ことに早朝、新聞の隅から隅まで読んでいるのは感心しない、一日の事は朝で定まるのである。評論雑誌は同室のものと金を出し合って二、三冊買えばよいので、特別に読みたい人の作物でもない限り、あれを一円出して買うのはばからしい。一円という金は、近頃ではなかなかいい本が買える金である。

午後の運動は絶対に必要である。撃剣でも柔道でも野球でも庭球でも蹴球でも何でもいい。もし散歩をするなら、ブラリブラリとした散歩では駄目で、大急ぎで汗をぐっしょりかかなければいけない。一日のうちに一回全身汗に塗《まみ》れることが、健康の為にいいばかりでなく、気持の上にも必要なことである。私は中学の時にランニングの選手をしたことがあり、高等学校では柔道を少し稽古したが、足を腫らしたのでやめ、その後は相撲を取ったこともある。大学入学以後最近に至るまでは、旅行に出て歩く以外は、ほとんど運動らしい運動をしたことがない。外国に滞在している時に、六十を越えた老人がテニスをやるのを見て、羨ましいと思い少しテニスをしたことがあるくらいである。ところがこの三、四年夏軽井沢で暮している間だけ、鶴見祐輔氏のコートを借りて、家族のものとテニスをすることにしているが、一、二時間汗をかいてから戻って、冷たい水で身体をぬぐい、浴衣《ゆかた》に着換えて水を飲む時は何ともいえない。世にあれほどの爽《さわ》やかな気持があろうとは思えない。

学窓を出てからは運動が心に任せないから、身体を鍛えるのは、まず学生時代でないと望めないことである。もし病気にでもなれば、自分のみでなく家庭の生活を破壊するし、ただに健康がよいばかりでなく、精力がみち満ちていることが、人生を渡る上には、決定的の要件である。数日徹夜同様を続けても、びくともしないくらいに身体を鋼鉄化しておくのは、どうしても学生時代の任務である。夜床についてからすぐに、深い眠りにはいれるのは、昼間適当に運動をして疲れがあるからである。暗闇《くらやみ》の床の中でいつまでも眠れない時に、人はともすれば不健全な妄想に支配されやすい。夜はすぐに眠り朝は床を蹴って起《た》つことは、心の純潔を保つ上からも大事なことである。かつて一高の寄宿寮にチブスが流行して大騒ぎをした時、興奮した学生の議論を聞いた後で、狩野亨吉校長は冷然として、病は自己又は祖先の罪悪の結晶だと喝破されたそうだが、先生のこの言葉はなかなか含蓄の深いものだと思う。

不規則、不節制が病気となる一番大きな原因のようである。若い時に暴飲暴食をして、生涯を通じて消火器の不良で苦しめられる例はいたる所にある。ことに消化器の故障は、気持に影響することが大きく、自分も周囲も陰鬱にするものである。私は昔から無茶苦茶な生活をする癖がついていて、高等学校時代には丼を二つ食べるのは平気であったし、お汁粉を十杯、氷水を十杯飲んだこともあった。それで時々下痢をして困ったが、四十二の厄年をドイツで送り、その時は万事具合が良かったけれども、翌年日本で大きな消化器病にかかり、丸一年悩まされた。その後ピタリと直って、今は消化器は実に具合がいい。どうも厄年というのは生理的に根拠があるので、身体の組織の変り目をいうとみえる。私は今はよくなった方だけれども、これなどは珍しい例で、暴飲暴食は慎んだ方がいいと思う。人が割合に気づかずにいるのは、眼鏡から来る神経衰弱である。眼鏡の度は眼と合っていないと、神経を疲労させることがひどいから、信頼のできる眼科医に度を測って貰うことが必要だと思う。

学生時代に多いのは、呼吸器の病気だが、これは後々までも残るから、是非とも根治しておかなくてはならない。病気の徴候が見えた時は、できるだけ早く医者に見せるに限る。病気の時はついつい億劫《おっくう》になり無精になって、だんだん病気を重らせるものだが、そこが大切なので、迅速に機敏に医者に行くことが必要である。これは本人のほかに周囲の友達が気をつけて、本人を促さなくてはならないところである。私は無茶の生活を今でもするけれども、その代りに少し具合が変だと見た時には、最悪の結果を予想して、それが為にどんな事でも放擲《ほうてき》することにしている。人間はともすればよい方にと楽観的に考えやすいが、それは姑息《こそく》な臆病な心理で、むしろ悪い方を見越す方が正しいのではないかと思う。要するに毎日が爽々《すがすが》しい晴々とした心持で暮らせるということは、健康も良くなければならないし、生活に無理や不自然がなく、心に咎《とが》めも疚《やま》しさもない時に、初めてできることなので、心身の状態の揃うことを条件とするものだから、容易なことではないとともにそれのできる人は偉いと思う。

人にはよく何となく気が晴れず、鬱々として楽しまず、何をするでもなくしないでもない、勉強をしたいと思いながらする気になれず、さりとて捨てるのは惜しくて、捨てもならずというような、妙な心理に襲われることがある。これがいわゆるスランプの時である。こういう時が一週間も十日も続くことがある。そんな時に学校の授業があるとか、試験があるとかすると、かえって気がそちらに向いて、気分の転換になることがある、これが他律のよさの場合である。しかしそれでもどうにもならない場合には、思い切りよくさっと何もかも捨てて、気の合った友達を訪問して打明け話をするか、さもなければ旅にでも出るのがいいと思う。しかしそうさっと捨てられれば、もう気分が転換したので、それができないところがこの心理の特徴である。ともかく本人がさっと思い切る努力をするのが必要だし、でなければこれも周囲の人達が気をつけて転換を促すところだろう。それほどでなくとも、高まった感激の心が消えて、気持のだれた弛《ゆる》んだ時がある。こんな場合には、心を鼓舞する書物を読むか、素晴らしいレコードでも聞いて、張り切った心を取り戻すことである。

酒も煙草も口にしない方がいい。酒を飲まないと、交際ができないで仲間はずれになるとか、人からいわれる。それを口実として酒に親しみがちであるが、余計なことだと思う。金もかかるし健康にも害があるし、精神が朦朧として抑制力の欠けた時に、行かなくともよい所へ出かけるものである。よく酒に酔って感激しながら、肩を敲《たた》いたり手を握ったりして、一緒にやろうぜなどと誓っているのがあるが、白面《しらふ》で誓った友でさえ軽薄のが多い世の中に、酒に酔っての上の誓いなぞが何の役に立とう。飲まないと交際ができないというけれども、飲まない人だと定まれば、それで人は諦めるもので、こちらが飲みそうでうずうずしているから、人が誘いをかけるのである。私は今も一滴も飲まない、別に努力するわけでもなく、ただ飲みたくないから飲まないだけなのだが、役人をしている時でもそれで通った。飲まない人は固苦しい、どうでもいいことにこだわるというが、これは近頃私にも少しわかるような気もするけれども、それは中年になって考えてもいいことで、青年は固苦しく直向《ひたむき》で結構だと思う。煙草も金がいるし健康にもよくない。私は三十六、七まで喫《す》わずにきて、甘いものが食べられない病気になってから、ふいと喫煙をするようになった。今の私が煙草をどうしようとも、学生時代に金を煙にすることはないと思う。碁や、将棋、マージャンなどに凝る学生があるが、忙しかるべき学生時代に、悠々《ゆうゆう》としていられる身分は、羨ましいとともにあさましい。

学生は質朴剛健、勤倹質素であってほしい。服装などをかまってお洒落《しゃれ》をするなどは問題外であるが、都会ことに東京の裕福な家庭に育つ学生が持物に金をかけた好みをするとか、どこの天プラがうまいどこのビフテキがおいしいなどと、食べ回るのがあるが、心なき業《わざ》だと思う。日本の武士道や西洋のストイシズムが勤倹質素を教えたのは、外的のもの、肉的のものに心をひかれると、より価値あるものへの志が鈍ることを戒めたのであろうが、いかにももっともだと思う。若い時の生活水準は卒業後にも引き下げ難いもので、ついつい贅沢《ぜいたく》することになる。しかし人間はいつ死ぬかもしれず、いつ財を失うかもしれない、自分の為にも家族の為にも将来を顧慮して、不時の必要の為に、節約貯蓄をしなくてはならない。その用意がない人は、地位や金に気が取られて、節操を曲げたり進退を過《あやま》ったりする。

質素にするからといって、礼儀に反することはよくない。人を訪問する時、西洋料理を食べる時の作法などは、家庭なり教師なりが、機会をこしらえて教えた方がよいと思う。学生は金の乏しい方が多いと思うが、困った時に人から金を借り、又人に貸すのは避けた方がよい。金を借りて返さない習慣はよくないし、よし返したにせよ、よくよくの親友でない限りは、人から金の世話になるのは卑屈と考えた方が健全である。貸す場合はいいようでも、金を借りた方がともすると僻《ひが》んだ気持になって、貸す方が無雑作にいった言葉を歪《ゆが》めて解釈したりして、金の貸借がかえって友達の関係を気まずくするものである。どんなに親しくとも、金の貸し借りには手を触れないものと、不文律を守った方がいい。

春、夏、冬の長休みはできれば、帰省するのがよいし、夏休みなどは帰省してから、後の一カ月くらいを海岸か山間で、独りか親しい友達と暮らすといい。その時は数百頁の大部の書物と取り組むのである、平生の切れ切れの時間では一息で読み切れないからである。それから周囲と離れて孤独になって、我れ自らと対面する。そして英気を養って再び従来の生活に戻る。集団と孤独との双方を交錯して送るのが健全だろう。休みでも平生でも金が余ったら、旅行に出るのは望ましいことである。大自然の美を観照する為にも、健康の為にも、旅ほど楽しいものは少い。温泉宿で本などを読むよりも、学生の旅は歩いて歩く旅、山また山を越える旅がふさわしい。人生は重荷を負って坂道を登るごとしともいうが、マクドーナルド*は人生の勾配の緩やかな坂を登るごとし、いつの間にか頂上に着いているというが、いずれもが正しいのではないかと思う。山道を登る時の有様が人生の旅に似ている。息をはずませる急坂があるかと思うと、平坦の道が続く、やがて又峻嶮な峠にかかり、これを登ると又ダラダラな下りがくる。一つの峠を見上げてあれが頂上かと思うと、やがて又別の峠が向うに見える、まさに山また山（Alps beyond Alps）の面持である。とうとう夕陽の落ちかかる頃、山頂近くの宿屋に着いて、風呂に身を浸すか、晩食の箸を取った時、一日の苦しさ楽しさが陶然として思い偲《しの》ばれてくる。人生の晩鐘を聞く老年の心境は、まさにあの旅の心ではないかと思う。

一八　修養

日常生活の外形を語った私は、ここで再び心情の態度、方向に戻らなければならない。ここに修養というのは、必ずしも剴切《がいせつ》な用語ではない。この言葉の的確な内容はわからないが、広くこれを解釈すれば、我々のいう教養を意味することとなり、狭くこれを解釈すれば、道徳的活動に対する訓練を意味するようである。私はここで後の意味に使用する。我々の道徳的活動について依拠すべき準則を「徳」(virtue, Tugend) といい、私はこれについてすでにあるいは「教養」のところで、あるいは「道徳」のところで触れたことがある。修養とは必ずしも「徳」の訓練のみをいうのではなく、「徳」よりもより広い範囲にわたるであろう、何故なれば古来「徳」といわれたものは、古来の人生観又は道徳観念に基づいて作られた準則であるから、これと異なる人生観又は道徳観念の上に立つものは、異なる「徳」を必要とするかもしれず、又従来の「徳」を是正するかもしれないからである。修養が「徳」と範囲を同じくする場合でも、この項は「徳」について全部を語るのではない。本書の以下のいろいろの観点から「徳」に触れるのであり、ことに「徳」の社会共同生活に関するものについては、後の「社会」の部分で、比較的にくわしく述べる機会があろうと思う。ここでは学生生活において最も起こりうる二、三の問題を捕えて、これに対する道徳的批判を加えようとするのである。

しばしば青年の提出する問題は、自己の天分に対する懐疑と、乏しさに対する失望である。しかしこの場合にまず問いたきことは、天分が乏しいとは、何の天分が乏しいかということである。学問や芸術を天職とするほどの天分に乏しいというならば、人は誰でも学者となり芸術家とならねばならぬ義務はない。彼は天分を問題とする際に、各人の個性、性格を忘却しているのではないか。何に天分が乏しかろうとも、道徳の問題に対しては天分はない、何故なればそこには才能が問題ではなくて、意欲が問題であるからである。その意欲する能力が乏しいというならば、道徳の問題を自覚する以前の自然のままの人間は、道徳の意欲が乏しいかもしれない。すでに意欲の能力が乏しいという時に、道徳の問題は彼の自覚にまで到達しているのである。それならば後は意欲への努力があるのみで、意欲への能力が問題ではない。もし天分の乏しさを嘆ずる心理が、未来に功業を立てることができないからというならば、彼は功業を最高価値としている。もし名声をあげることができないからというならば、彼は名声を最高価値としているのである。もし彼が級中で他に劣るからというならば、彼は級中に優越することを最高価値としているのである。人間の価値は、人格への自我の成長の志念にあり過程にある。だから与えられた天分が何であるかは、我々の喜憂《きゆう》を左右すべき問題ではない、与えられた地盤の上に、どれだけの努力がなされたかだけが、我々の問題でなければならない。

　のみならず、人間の与えられた天分の差は、少なくとも高等の教育を受けつつあるような人々にとっては、人の往々考えるほど大きなものではない。よし差異があるとしても、それは努力により補い得る程度のものである。ジョン・スチュアート・ミルの伝記者ヒュー・エリオットはいう、ミルは決して天分の豊かな人ではなかった、彼がいかに刻苦努力して創作したかは、あの額の皺《しわ》がこれを物語っている。これに反してスペンサーは天才ともいうべきものを恵まれていた、彼は構想たちまちに成り一気呵成に創作したと。よしスペンサーに天分が恵まれていて、ミルにそれが欠けていようとも、ミルのなした学問的業績がスペンサーに劣るとは、何人も断言はすまい。ミルは確かに努力勤勉によって、スペンサーに匹敵しもしくばこれを凌駕《りょうが》したのである。

天分の乏しさを嘆ずる心理の中には、罪を天分の乏しさに帰して、絶望の形態をとることによって、自己の努力の不足を弁護しようとする狡猾さが潜《ひそ》んでいないとはいえない。少なくとも天分の乏しさを嘆ずることの中には、自己の水準の低さを認識することにおいて、一応謙虚であるがごとき外形をとりながら、実は自己の才能のより高かるべきことを予期している傲慢がある。この傲慢を満足せしめうるほどの才能がないと見たことから、傲慢からくる卑屈感を紛《まぎ》らす為に、責を天分に帰そうとするのである。それは傲慢の変態的表現である。

幾人かの集団の中で、強情のものは嫌われ、温柔《おんじゅう》のものは好まれる。強情とは自己の主張を是なりとして、容易に人に譲らないことである。温柔とは自己を主張しないか、あるいは容易に自己の主張を撤回して、周囲に適応することである。強情なものは、自己の今日までの成果に対して矜《きょ》持《うじ》の念を持つ。過去の努力を知るから過去の己れに執着を感ずる。彼は過去と現在とを持続して一貫性を保持しようとする。それだから容易に自己の主張を撤回しまいとする、何故ならば自己の主張を撤回するとは、現在の自己と過去の自己とを切断することであり、過去の自己を否定することだからである。彼には強い性格がある。思うに彼はあるいは内面にあるいは外部に、強き戦いを触発すべき対立物を持っていたのであろう。その対立物を克服する戦いを戦いつつある間に、性格の強さが形成されたのである。温柔なものは、自己を主張するほどの自己を持たない、あるいは主張した自己を主張し続けるほど、自己に対して自信を持たない。彼はいつにても喜んで過去と切断する、何故ならば執着するほどの過去を持たないからである。彼は周囲の反対を恐れる、何故なれば反対を押し切れるほどの自己でないことを知るからである。彼は容易に周囲に譲歩する、周囲に優越を感ぜしめて、周囲の歓心を求めたいからである。これなくして独り立つには、あまりに自己の弱さを知るからである。

これを神より人格より見れば、強情なものと温柔なものと、いずれが喜ぶべきかは、一見して明らかである。しかし人の眼に映ずる時は必ずしもそうではない。強情のものは嫌われ、温柔なものは好まれる。何故なれば強情のものが現われると、彼の主張が我々の主張に脅威を感ぜしめるからである。彼の強さが我々の弱さを意識せしめずにおかないからである。彼の存在が我々に圧迫感を喚起するからである。温柔なものには同情がある、何故なれば彼の弱さは我々の弱さと分有するところだからである。彼には愛を感じる、しかしこの愛の中には、劣者に対する憐愍《れんびん》の心持が潜んでいる、自己の優越を満喫した快感がこめられている。少なくとも彼には不平や反感が向けられない、不平や反感を向けなければならないには、彼の存在はあまりに稀薄だからであり、あたかもあれども無きがごとくだからである。強情なものと温柔なものとは、人の世に受ける待遇を喜んでよいか悲しんでよいか、にわかに判断ができかねるだろう。それほど人の好悪と神の評価との間には、深い溝がある。

それでは人の好悪は全然誤っているだろうか、必ずしもそうではあるまい。強情なものは、己れの過去に執着を持つ、しかし己れの過去は、それで充全だという自信がどうして持てよう。彼は断ちがたいという己れの過去を、今一度反省したであろうかどうか。彼は己れの過去に執着を持つが、己れの未来に憧憬を持ち合わせているかどうか。よりよき己れをとらずして、ただ過去の己れに囚われてはいまいか。よりよきものの前に、過去を悔い改める正直さが欠けていないか。あの強き性格が過去に己れを縛らずして、未来に直進することに現われないのであろうか。彼の過去を形成した努力は多とされるが、未来の成長の希望性が彼にはとざされている危険性がある。温柔なものが自己を主張しないのは、自己を充全なものと比較して負目《おいめ》を感ずるからではないか。彼が自己を撤回するのは、よりよきものに敏感なことからくるのではないか。彼には過去がないが未来への期待がある。強情なものを嫌い、温柔なものを好む人間の評価が、もしも以上の点にあるならば、人の好悪は必ずしも神の評価と性質上に異なるものではない。

強情なことがよいか、温柔なことがよいかは、それ自体では決定することはできない。ただその人のその強情と温柔とが、何に基づき何をともなうかによりてのみ決定される。これをそれ自体で決定しようとするのは、すでに人間が強情だからである。

世にエゴチスト（egotist）といわれる人がある。エゴチストはエゴイスト（egoist）ではない。

後者は己れの利を欲するのであるが、前者は必ずしも己れの利を欲するのではない。彼は己れの利を捨てて、他人の為に幸福を図るかもしれない。だから彼の求めるのは利ではない、ただ他人の為に幸福を図る方法について、彼は自己の方法を正しと信じて疑わないのである。その方法の当否が、他人との間に争われた時に、彼はあくまで自己の方法を固執するだろう、これが強情と呼ばれるのであるが、強情がエゴチストの全部ではない。たとえば集団の中で、自己がその中心とならなければ承知しないのは、エゴチズムではあるけれども、強情なのではない。この場合に中心となることは、必ずしも優越的の中心となることだけではない、きわめて劣等な道化役を引き受けることもありうるのである。あるいはあまり親しくもない他人との会話で、始めから終りまで、自己又は自己の夫や妻や子供について、話題を独占することがある、これもエゴチズムである。この場合にも必ずしも自己又は自己の縁者を誇るとは限らない、かえって自己を批判し自己の縁者を酷評することもありうる。だからエゴチズムの特徴は、利にあるのでもなければ、優越にあるものでもなく、又誇示にあるのでもない、要するにエゴーに、己れにあるのである。

エゴイズムすなわち利己主義については、我々は幾度か批判した、エゴイズムは利をもって最高価値とするものだからである。ではエゴチズムは是認してよいのであろうか。もし否認すべきだとすれば、いずれに非があるのであるか。我々の活動は己れの活動であり、己れ以外の活動ではない、そしてこれは否定すべからざる心理的事実だといわれた。もしエゴチズムを否認するとすれば、否定すべからざる心理的事実を否定することではないか。これはもっともらしい提問である。しかしよし我々がエゴチズムを否認するからとて、活動の根拠が己れにあることを否定するのではない。

ただ己《い》れにあるという心理的事実の上に立って、いかなる己《い》れであるべきかは、事実の問題ではなくて権利の問題であるから、これを問題とすることはできる。ではエゴチズムが常に持ち歩くエゴーとは何であるか、いかなる己《い》れであるのか。

エゴチストのエゴーは現実の自我である。彼が現実の自我を理想の自我に対比させているならば、彼には謙遜が現われる。しかし彼は理想の自我によって、現実の自我を肯定しているのでないから、現実の自我にうめ難き空虚を覚える。この空虚をうめる為に、彼は理想の自我との対比に求めないで、現実の自我に対する他人の態度に求める。他人の前に自己を特出（distinguish）することにより、いささか自らの存在を自覚して楽しもうとするのである。そのあるものは他人の前に、自己の優越を求める。しかし自己の実力に自信を持てないものは、たとえ劣等な道化役なりとも、他人と異なる存在を持たねば承知ができない、いずれにしても自己を特出しうるからである。他人の前に自己を批判し自己の縁者を酷評するのは、自己批判を彼が求めているのでなく、批判に対する他人の肯定を求めるのでもない。批判をなしながら他人の反対を求めているのである。もしくは批判をなさない部分を自己が肯定し、この否定を暗に他人が承認することを求めているのである。要するに人に求めて自らの理想に求めず、仮現（appearance）の自己に囚われて、実在（reality）の自己を放擲《ほうてき》しているのである。

名誉心、功名心、名声欲も又仮現の自己に囚われる一つの例である。自己が満足する対象を、理想の自我に、あるいは自我の成長におかないで、世間の評価に求めるからである。もし自己の成長と世間の評価とが一致しているならば、世間の評価を求めることと、自己の成長を求めることは同じことになる。しかし人間の真実の価値と世間の評価とが、異なることは事実である。善人がしばしば不遇に陥り、悪人がかえって栄えることは、現に我々の目撃しているところである。両者が齟《そ》齬《ご》する場合に、名誉心、功名心、名声欲は世間の評価を選んで、自己の成長を捨てる。彼は鏡に映す自己の姿を美しくあらんことを望まないで、映る鏡の影の美しくあらんことを求める。自己が成長を停止しても、世間の評価の高いことを求める、「鶏口《けいこう》となるよりも牛後《ぎゅうご》となるなかれ」とは、これを意味するのである。自己の成長を停止するどころか、自己を堕落せしめる方が、世間の評価が求められるならば、彼は喜んで自己を堕落せしめる。かくのごとくして価値の転倒が行なわれるのである。名誉心、功名心、名声欲の危険なるはここにある。名誉心と名誉を重んずる心との差は、前者が世間の評価を第一位におくに反し、後者が世間の評価を無視するのではないが、自己の真実の価値を忘却しないことにある。

世に徳望のある人、必ずしも真実の価値ある人ではない。彼は温柔にして謙譲である。名声を求めず功を人に譲る。しかし温柔は他人の不快を挑発することを避ける為かもしれず、謙譲は他人の快感を触発する為かもしれず、名声を求めず功を他人に譲るのは、露骨に名声を求めるのが、かえって名声を失うことを知り、功を他人に譲れば再び他人が功を自己に譲ることを、知るからかもしれない。我々の周囲に徳望家として許されるものの中に、かえって油断のならない食わせ者がある。いわゆる徳望家の徳望を持つ強味は、彼が何事もなさざる不作為にある。不作為は周囲に波紋を投じないからである。彼をテストする為には、彼が果して大事に処して作為するか、依然として不作為にとどまるかを見ればよい。不作為をもって人を評価するのは、往々にして人を見誤る。人間の真実の価値は、彼がなさねばならぬことを作為するにある。

我々に嫉妬《しっと》の情のあることは、否定すべからざる事実である。もし嫉妬を持たないものがあるとすれば、彼は図抜けた豪物《えらぶつ》か、あるいは嫉妬さえも持ちえないほどの劣等者かである。だから嫉妬にはよさがあるとともによくなさがある。嫉妬は三つの要素から成り立つ。第一に嫉妬するものは、人間のあるべき姿について一つの形象を描いていることである。第二にこの形象に照らして考える時に、相手が自分よりも優れていること、自分が相手よりも劣っていることを認識していることである。第三は相手にけちをつけ、彼の信用を落とすことによって、彼と自分とが同位になるか、あるいは自分が彼を凌駕《りょうが》しうると考えることである。嫉妬にはただ第一、第二の要素だけあって、後《あと》は胸中に悶々の情をやるのみで、第三の要素にまで至らないことがある。これは嫉妬するものが、あまりに自己のはしたなさを恥じるが為に、手を出すにいたりかねるからである。又第三の要素も第三者に働きかけて相手の信用を落とすに至らなくとも、自分の心の中に相手の弱点を工夫して、自ら慰めようとする場合もある。嫉妬のよさは第一、第二の要素にある。彼はあるべき人間の形象を忘れない。もし彼にあるべき人間など、毛頭考えたこともなければ、嫉妬は起こりえない。彼は相手と自分との優劣を正直に認識している。もし自分が相手よりも優れていると確信するならば、軽蔑は起ころうとも嫉妬は起こらない。したがって第一、第二は人間なればこそ、持ちうるのであって、人間以外のものには持ちえない。しかし彼は自己の地位を上げようとする為に、自己の価値を上げようとはせずに、相手の地位を落とそうとする。相手の地位が落ちさえすれば、自己の地位が上がるものと錯覚する、これが嫉妬のよくなさである。これが錯覚であるのみでなく、彼の眼は相手との比較に囚われて、自己の理想と自己の現実との対立におかれてない。この点は第三の要素を欠いて第一、第二の要素のみある場合にも、妥当することである。彼の努むべきことは、相手との比較上下から脱却して、自己の真実の価値に着眼することである。彼はあるべき人の姿について、すでに憧憬を持ち形象を描いている。これを焦点として相手との比較を超克するならば、彼の前途には希望がある。

嫉妬には単に自己と相手とが現われるのでなく、多くは第三者が存在して、その評価に触発されて、相手と自己との比較が問題となるのである。たとえば先生の評価とか、世間の評価とか、恋人の愛とか、これらを機縁として、これらに対する競争が始まるのである。したがって嫉妬はただに相手との比較に囚われているだけでなく、第三者の評価に囚われている。嫉妬するものは、外なるものの二重の桎梏《しっこく》に縛られているのである。嫉妬はそれ自身として率直に現われるのみでなく、扮装を変えて隠密の間に暗黙のうちに、姿を見せることがある。人に対する好き嫌いとか、他人の噂に興味を持つとか、皮肉、揶揄《やゆ》、揚足取り、小股掬《すく》い等は、いずれもその中に嫉妬が隠されている。そして人をよくもしなければ自分もよくはならない、いずれのところにも積極的の何ものも生むことなく、ただ人を貶《けな》して蹴落とすことにより、自己が自己を貶して自己を蹴落としているだけである。

人はともすれば他人の批評を気にしがちである。ここにも人のよさがあるとともによくなさがある。気になるのは自己の弱点を自ら意識して、自らがすでに気にしているからである。他人の批評を自己も肯定して、これに共鳴共感を覚えているからである。しかし他人の批評を気にして、自らの意識を気にしないのは、他人の評価に囚われているからである。この心理が発展すると、他人の評価をよくする為には、虚偽をもあえてするかもしれない、ここで名声欲や功名心や名誉心と似たものとなる。

他人の批評なるものは、何人《なんびと》に対しても起こるものではない。何らかの存在価値があり、その存在を無視しえない人物に対してのみ起こる。したがって批評なるものは、批評される者の価値を認識して、その前提の下に、多くは弱点を突くことになるのである。批評される者は、自己の価値に対して、何らかの自負心を持つものである、しかし彼が自己を全部的に肯定しているならば、批評は気にならない。自己さえも否定する自己の部分が、自己に存在することに、我ながら負目《おいめ》を感じているのである。自己の否定を他人が観破するから、参ったといわざるをえない羽目《はめ》にあり、しかも自分の存在価値を自認しているから、にわかに他人の批評をそのままに承服できない。一部は批評を肯定しながら、一部はこれを否定したくなる、この、とつおいつの心理を気になるというのである。これを客観的に見れば、批評される者と批評する者との間には、多くの場合齟齬《そご》はない。批評する者も相手の価値を肯定している、ただ相手の弱点を突いているだけである。批評される者も、自己の弱点を承認している、ただ自己の価値を肯定してほしいのである。批評する者が相手の価値を肯定しているものの、それを明白にいわないで、暗黙の間に前提としているのは、弱点を見るに急だからであり、あるいは嫉妬が働いているからである。批評される者は自己の価値を肯定してほしいのに、それがないのは、自己の価値をも否認されていると思うからである。批評を気にするのも、人間なればこそありうるので、人間以外のものにはありえない。さらばとて彼が神なれば、批評もされないし気にもしないだろう。ここに人間が神でなく又動物でない中間性がある、そしてここに人間の可愛さがある。

では他人の批評に対して、我々はいかにすればよいか。他人の批評に囚われずに、理想の自我を目標として、一路直進すればよいのである。それは他人の批評を無視することかというに、決してそうではない、喜んで他人の批評に耳傾けるのである。そして自己を反省する契機たらしめるのである。真に自己を反省する習慣のあるものは、いかに他人の批評のない時に、我々が眠りがちであり、いい気にすましがちであるかを知っている。では他人の批評に囚われないとは何を意味するかというに、他人の批評は自己全体の成長の契機とはするが、他人が突く弱点に対しては囚われるなということである。

人間の今ある状態は過去からの必然の結果である。必然だからといって、如何《いかん》ともすることができないというのではない。ただ、今の状態を問題とする限りにおいては、自我は過去の必然の産物である、したがってこの弱点、かの弱点も、実は全体の自我の一部であって、一つだけを引き抜いて他がそのままではありえないほど、自我全体が有機的連関をなしている。この弱点も何かの長所の裏であるかもしれない。これを抜くことは彼の長所をも亡ぼすことにならないとはいえない。他人の批評に囚われて、突かれた点のみを直そうとする人は、ともすれば「角を矯《た》めて牛を殺す」の類である。不自然な歪められたひねくれた自我ができ上がる危険性がある、だから他人の批評は突かれた点に働かしめずして、自我全体の自然な成長を為すべき契機として、刺激として、これを還元すべきである。これが批評に耳を傾けて、しかしてこれに囚われないことである。

青年時代に問題となるのは、性欲のことである。何人《なんびと》も口にすることを好まないでいて、しかも本人にとって無視しえない問題である。第一に起こる疑問は性欲は悪であるかどうかということである。性欲はそれ自身においては悪ではない。性欲のみでなく、およそあらゆるものは、それ自体において善でもなく悪でもない。それ自体についていいうるのは、ただ人格だけである、これだけがそれ自体において善である。その他のものは、人格に対する関係においてのみ、善か悪かがいいうるだけである。だから性欲もそれ自体では悪ではない、人格との関係――直接にしろ間接にしろ――において、善ともなり悪ともなりうる。現に夫婦関係における性欲は、是認されているのである。それではいかなる場合に、性欲の満足が是認され、否認されるか。今私はここでこの問いに対して、全部的に答えようとは思わない、何故ならば我々の問題は、学生時代における性欲だからである。問題をかく限定すれば、学生の性欲は学生が結婚生活をする場合に是認され、他の場合には否認される。学生時代に結婚するがよいかどうかといえば、私は特別の場合を除いては反対であるが、これについては「恋愛」の所で触れよう。そこで学生の性欲はいかなる場合でも否認されることになり、その理由如何ということだけが残される。

第一に考えられる性欲は、職業婦人との接触においてであるが、この場合は相手の人格性を金銭で左右し、人格の成長を阻止することであり、かかることをなす自己が、自己の人格性を潰《けが》すことになる。あるいは相手がすでに職業婦人であり、特にその場合にのみ人格性が無視されるのではないというならば、かかる意見があればこそ、職業婦人の存在が継続されるので、相手の人格性の無視が許されないという立場が、普遍的に実行されるならば、その存在は消滅するだろう。職業婦人との性欲行為は、行為自体が否認されるだけでなく、その原因と結果とにおいて、悪はさらに倍加する。職業婦人との接触は、初めは性欲にあるのではなく、多くは他に悶々の情があって、鬱《うつ》を晴らすが為である。あくまで突きつめなくてはならない問題を、性欲により目潰しをくわして逃避しようというのである。さらに彼は心に疚《やま》しさを感ずるが為に、一旦禁を犯した後は、一つは気の咎めを回避する為に、一つは自ら資格なきものとして謙遜して、人格の成長に面を背けようとする。かくして彼の人格性の堕落は二重となるのである。

次は互いに愛し合う男女の場合であるが、この場合は愛すなわち人格性の結合を前提としているから、一応は人格性の無視がないのかのごとくである。しかし問題はその愛の品質にある。起こりうる結果に対して充分の考慮をしたかどうか、静かに落ちついた状態における――結婚生活における――まで待つことができないのは何故か。普通にかかる場合に良心の躊躇がありうる、この躊躇と性欲とが対立した場合に、良心を捨てて性欲を選んだ場合に、後者をより価値あるものとしてはいないか。ここまでくると、愛のゆえにといいながら、実はその愛は真実の愛――深くして高い――ではない。したがって愛なき場合の性欲と同じである。

善良なる学生にとって以上の二つは例外的のことであろう、ただ彼に残されたいま一つのものがある、それは自瀆である。この場合は相手を持たないから、相手の人格性云々はないかのごとくである。しかし彼は現実的にではなく、抽象的に人格性を汚毒しているのである。彼をこの習慣に駆り立てたのは、肉のほかに彼を牽引する世界がない為であり、同時に肉を追う間、彼はいよいよ肉ならざる世界に面を背ける。かくして彼にも又人格の成長が阻止されることになる。

青年は幾多の神秘の世界を持つ。性欲も又神秘の一つである。この神秘の幕を開いて、現実化しようとする時に、彼は神秘の世界より現実世界に下落し、しかして得るものは、はかない感覚である。縹渺《ひょうびょう》たる神秘世界にとどまる時に、彼の前に道徳と学問と芸術と宗教との世界が開かれ、彼はそこに高められ深められる。青年は性欲に直面して、彼は右するか左するか、重要な人生の分岐点に立つ。

しかし性欲は我々の事実だとすれば、我々はこれにいかに対処したらよいか。性欲を真向に回してこれと必死に取り組むことは、得策ではない。禁欲をそれ自体としてのみ戦っている時、人は強き性格となりうるとともに、偏した歪《ゆが》んだ人間ができ上がりがちである。むしろ人は性欲の価値を低めるほどに、より高き境地に自己を引きあげるべきである。かくして巧まず努めずして、性欲は注意からそれるであろう。更に淫猥《いんわい》なる小説、絵画、場所に身を近づけないことである。敵を招いて闘うよりは、敵を遠ざけて戦う必要をなからしめる方が、軍略上にも賢明であろう。しかし性欲についての智識を持つことは必要でもあり有益でもある。だが冷静な学問的態度と、これに加うる気高き道徳的教えとがあわされていることが、絶対に必要である。私はかかる適当の書物として、Sylvanus Stall; What a Young Man ought to know. What a Young Husband ought to know. Mrs; M, Wood-Allen; What a Young Woman ought to know. Mrs, EF. A. Drake;　What a Young Wife ought to Know. の四冊を推薦する。

いろいろのことがいわれたが、要するに青年は青年らしくあればよい、これが青年の権利であり義務である。青年らしいとは、高きものへの憧憬、価値あるものへの感激、深いものへの魅惑、魂を震わすものへの涙、これである。浮世を渡る巧拙は、浮世の玄人に任せてもいい、やがて浮世の苦労がそれを教えるであろう。青年が青年らしい時、野中の一本杉のごとくに、真直であり単純である。それが青年という年齢と境遇と釣り合って、調和の美を発揮する。しからざるものは、不自然と歪曲《わいきょく》といびつとの醜さを免れない。

一九　親子愛

人格性を持つ故《ゆえ》をもって人間に対する尊敬が起こり、我も人も人格の成長をなしつつあることから、同情共感が湧きこれが愛となる。この愛を同胞愛又は一般愛と名づけるが、これに対して特定の一人又は二人に対して、特に深い愛を感ずる、これを特殊愛という。愛するものは互いに補完の作用をなしつつあるが、特殊愛において補完は一層顕著である。愛なき場合には、努めず巧まずしてはなされないことが、愛のある場合には、自《おの》ずからしかも喜びをもってなされる。しかし他方に愛は愛することのゆえに、往々にして特殊の問題を生ずる、これがいわゆる「愛すればこそ」の問題である。特殊愛の例として、親子愛、師弟愛、友情、恋愛の四種が考えられる、そしてこの四種の特殊愛はそれぞれ似るところがあるとともに、又それぞれに特殊性がある。私は以下の四項でそれについて略述してみたいと思う。

特殊愛としてまず第一に浮かぶのは、親子の愛である。以下三つの特殊愛を持たないでも、この愛を持たないものはない。現に学生諸君を今の二十歳前後まで養育してくれたのは親であり、今でも学生生活を営みうるのは、主として親からの仕送りのおかげである。特殊愛としての親子愛の特徴は、双方の意思により自由に選択して作られた関係ではなくて、出生という事実によってすでに親子の関係が結ばれていることである。この点でこの関係は最も根本的で、他の特殊愛はもちろんのこととして、あらゆる他の関係は、この根本的関係を前提として出立する。出生という事実により結ばれるから、この関係は対等の関係ではなくて上下の関係である。これが師弟愛と似て友情、恋愛と異なる点である。又この関係は子に対する親の教育的方面を持つが――先に「教育」の項で述べたごとくに、家庭は重要な教育の主体である――子の物質的条件を供与することが特徴である。幼少年時代から今日まで、親からの物質的条件がなければ、生存の継続が不可能であったばかりでなく、教育の継続も又不可能であった。これが海山に比すべき親の恩といわれる。

親子の関係は血と肉とをもってつながれる関係である。出生と同時に別れた親子は、生活をともにしたのでもなく、又意見が一致したのでなくとも、親は子を求め子は親を求める、これは血が血を呼び肉が肉を呼ぶからである。親にとって子は自己の分身であるのみならず、子は長い間生理的に生きる能力もなければ、それ自身の判断もなければ意志もない。したがって絶対に親に依存する。これが親をして自己なくして子の存在がありえないという自覚を生ぜしめ責任を意識せしめる。かくして親の愛は愛の中でも特殊のものである、人はこれを慈愛という。この愛は努めず巧まずして自《おの》ずからになる愛であり、愛に居らざる愛である。この愛の前には親子の区別がなく、親は子の為に尽すのが己れの為と同じく、自らの為にすることが子の為にすることである。かかる絶対的な愛は、他の特殊愛に見られない。ややこれと似たものが神の愛であろう。しかしこの愛は自ずからなる愛だから、意識し反省した愛ではない。ここにこの愛の長所があるとともに又危険性がある。この危険性は子が自己の判断、自己の意志、自己の生活を持ち始めるまでは、現われずしてすむ。しかしその時に親は初めて子の独自の存在を意識する。今までは親と子は二にして一なるものであった。今は一ではなくて二つである。しかしまだ子の独自性はきわめて稀薄なものであるから、この時機は著しい画期とならずして通過しうる。やがて子が高等の教育を受けるようになると、初めて子はただに肉体的に独立しているのみでなく、独自の精神的存在となる。ことにこの時において、子はことさらに過去に対して、反省的懐疑的批判的であり、過去よりの解放離脱を求めようとする、そしてそこに自己の進歩を認識しようとする。彼は再び親の胸に帰るのではあるが、少なくとも一時的には、彼は親からさえ独立しようとする。親は子を自己から独立したものと認識せざるをえなくなる、これは子の成長に対する喜びであるとともに、又ある意味において別れの寂しさでもある。この以後、親は単に親であってはならない――単なる親であっても、その愛は深くその恩は大きいが――親は親であるとともに、師であり友でなければならない。しかしもし親が親でありさえすれば、この事は決して困難なことではない、親の慈愛は努めずして巧まずして、親をして師たらしめ友たらしめうるのである。大きな愛は何ものをも抱擁しうるし、何ものにも自己を適応させることができるからである。

しかし親（ことに父親）が特殊な性格の持主であり、子がこの性格の遺伝を受け、この性格から教育されて、やはり特殊な性格である場合に、往々にして親子の関係が、円滑にゆかないことがある。ことに偶然にも将来の志望、学校の選択、職業の決定などが実際問題となる時に、親子間の対立が顕著に現出する。かつては思想問題がこれに加わったが、今はこれはなくなったようである。もしここに子の恋愛問題が加わるならば、その対立は一層激化する。何故なれば志望や学校や職業は、親子の利害を対立的ならしめずしてすませうる問題である。多くの親は子の個性についても、学校の性質についても、職業についても、子よりも以上の智識を持ち合わさないから、親は権威をもって子に臨めないし、子の自由に任せようという親の寛容は、この程度の問題ならば子の自由行動を承認しうるのである。ところが恋愛の問題となる時に、そう簡単には片づかない。子の生涯に及ぼす影響が大きいということ、女性に対する評価の標準の異なること、親を無視したふしだらだという憤慨、これらが湊合《そうごう》して親を異常の興奮に駆り立てる、その挙句《あげく》の果てに、親は親を捨てるか女を捨てるかという、二者択一の窮地に子を追い込むのである。この場合に母は特殊の役割を演じうるはずである、しかしわが国では多くの母は父から独立した判断もなく意志もない、ただ父と子の間に介在して、狼狽して策の出づるを知らないのである。ここに親と子は一ならずして二であり、女を加えて三である。人はこれを親子の葛藤といい、世代の相剋という。

私自身は親においてまたとなく幸福であった。両親とも教育らしい教育を受けてはいない中産の商人であった。けれどもそれは私の親をして完全な親たらしめることに、何の妨げにもならなかった。母は親として申しぶんなかった、父は親として申しぶんなかったのみでなく、人としても優れた人であった。私は今までに結局父ほどの優れた人に会ったことがない。これは子の贔屓目《ひいきめ》からのみではないと思う。少年時代から親に信頼され、充分な自由を与えられた私は、親子の葛藤について、何ら自らの体験を持ち合わさない。父とは学生時代に別れて母だけが残ったが、ある問題の時に、母は一言それでいいのかいと暗に不服をこめて駄目を押したのと、私が農商務省参事官を辞した時に、帝大の助教授という噂《うわさ》があった、母は一言役人の方がいいねと漏らした。私の生涯に親が私に反対したのはただこれだけであった、しかもこの二つともきわめて消極的の反対でしかなかった。こうした私の親子関係について多少の智識があるとすれば、それは親しい学生の為に、親子の間に口をきいた経験によるのである。

私には親子の間の対立は、克服のできないものとは思えない。これは一方は親の努力に、他方は子の努力にまたねばならないが、本書は親に与える書ではないから、主として子のなすべきことについて述べようと思う。

子は親が子を理解してくれないという。なるほど親は子の教育の進歩とともに、子供の学問や思想や趣味について、一々その跡をたどってはいまい。しかし親が六十、七十の老人であれば、子とともに読み、子とともに語る閑暇もあろう。しかし親子に対立の起こりうる子の二十歳前後の時は、ちょうど親は五十歳前後の働き盛りである。その忙しさが子を理解するだけの余裕を与えないのである。子は親に不平を持つ反面、親にこうした事情を同情しなければならない。親がこうして忙しく働けばこそ、子は悠々《ゆうゆう》として勉強もし、親に不平を持つことさえもできるのである。他方において子は親に己れを理解して貰うだけの努力をしているだろうか。彼は必要な金を親にねだることはする、しかし友達に対すると同じように、又師に対すると同じように、親に対して自己の思想を語り性格を語っているかどうか。少しでも理解を深める為に、友に手紙を書くように、親に手紙を書いているかどうか。私ははなはだ疑いなきをえないのである。

子はまたいう、親とは時代が違うからと。しかし時代がさほどに大きな対立の種になろうとは思われないし、よし差があったとしても、親子の対立の間に、時代の差が覿面《てきめん》に現われるほど、問題が突きつめられているだろうか。対立の主たる理由はかようなところにあるのではなく、一言にしていえば、親は子が危《あぶ》なくて見ていられないのである。子のいうことは理論が通ってもいよう、親よりも子の方が書物を読んでいるかもしれない、しかし親はまだそれだけでは納得ができない、まだ腹に落ちない。その咎《とが》めは親にあるのではなく子にあるのである。子の智識は豊富であろう、いうことは論理的でもあろう。しかしそれは抽象の理論であって、子の所有物となるほど特殊化されていないし、咀嚼《そしやく》されてもいない。子の表現が難解なばかりではなく、その内容が生硬ではないのか。よしや思想としてはできていても、さらにそれを実行に移すには、俗世の智慧がなければならないし、浮世の玄人《くろうと》でなければならない。親の豊富な経験から見ると、ここでも子は危なげに見えて不安でならなくなる。しかし理論よりも経験よりも何よりも大切なことは、子が親から信用されることである。難しい理論はわからなくとも、わかりうるような事柄で、わが子ながら偉いと思われている子は、まさかの場合に親の同意を獲得できるに違いない。謙遜な親も子を賞められる時には、相好《そうごう》を崩して喜ぶ。親は他人に対して子の自慢をしたがる。その親が子の美点を認識することを拒むはずがない。最も親の同意を必要とする時に、成功しえないのは、子が平生において子として充全でないからである。子にとって親は試験官であり稽古台である。友の間では共通の前提があるから、話はすぐ通じる。師に対してもそういえる。けれども親は襁褓《むつき》の間から子を育てて、いつまでも幼児《おさなご》のような気がしてならない。だが親に対して自己の意見を説得ができないような子の意見は、どこかに無理があり不自然があるに違いない。近親のものは最も説得が難しいが、近親のものを納得せしめえない子は、飜然としてやり直しをするがいい。人を動かす情熱と意見の威厳が欠けているのである。

私は親の代弁者でありすぎたかもしれない、しかし親に対してもいいたいことが一つある。親の愛は底の測りしれないほど深い。しかし親の愛は血肉から生まれた愛であるから、自然のままの愛である。自覚し反省を加えた愛ではない。いわんや親には子を育てたという自意識がある。年の功で豊富な経験を味わったという優越感がある。子は自分から親から離れては生きられまいという権力意識がある。こうして親は自らも気づかざる間に、子の幸福を図る独占者をもって任じてくる。親が子を愛しないというのではない、ただ愛の仕方に自らの仕方を主張するのである。ここで強情になり依怙地《えこじ》になり我執が出てくる。一言にしていえば親はエゴチストになりがちである。いわんや親子が対立して、子が親に服従しない時に、親には子を圧服しえない無力感からくる不快があり、親子の隔離を嘆く寂しさがある。これが親の心を柔げないで、かえってエゴチズムを唆《そそ》り煽《あお》るのである。だが子の側から見れば、親の我執に触れた時ほど冷たい感じがすることはない、この時ほど親を持ちながら、孤独のひしひしと身に迫ることはない。

学生が二十歳前後に自覚の境地に来ねばならないように、親も又ふと立ち止まって、親の愛を自覚し反省にまで持ち来さなくてはならない。そして愛とは何か、子の幸福とは何か、子を幸福にするに、自由と強制とはいずれがよいか、我執と寛容とはどこで異なるか、というあの問題に答えなければならない。これは人生の最深の問題である。子を育てるに苦労した親に、さらにこんな難しい問題を課することは、情において忍びないところである。しかし親が子を愛することも又、人生の難しい問題の一つである。子の側から見れば我執は辛いかもしれない。だが我執は親の自らの為にするのではなく、子の為にするのである。我執は醜いが、我執をさせる愛は美しい。愛せずんば冷淡にすましていられる、愛があるから我執になる。これは「愛すればこそ」起こるのである。我執の裏に潜《ひそ》む親の愛に涙することのできない子は、子でないのみならず人ではない。

私は子としての学生諸君にお勧めする。諸君はできうる限り帰省して、親に接しなくてはならない、これは諸君の思想と理論とを現実に戻す為に、又諸君の現在を過去から切断させない為に、又とない絶好の機会である。又できうる限り頻繁に、友に書くと同じように、親に手紙を書かなくてはいけない。さらに諸君は自己の親友を親に紹介し、友を介して親と語り、友と親とを結ばねばならない。もしできれば、ここに師を入れるのが一番望ましい。

親が子を人として評価し、子が親を人として尊敬することができれば、彼らは単に親子でなく、互いに知己である。子が家庭から受ける影響は大きい、いかに子が学問をし理窟をいおうが、結局子はその親の子でしかない。親の子に与える感化は、ソクラテスやプラトンやカントやフィヒテをあわせても、なお及ばざるものがあろう。のみならず息子は母について、娘は父について、将来の恋人の形象を作るという。要するに親の恩は大きくその愛は深い。子はいかに親について愚痴をこぼそうとも、やがて浮世の苦労をなめ紙のごとくに薄い人情に接した時、彼の思いは常に親の元に走るだろう。そして慈愛の有難さを今更に偲《しの》ぶだろう。子が親の恩を感謝して、これに報いるの情これを孝という。東洋は孝について幾多の伝説的の美談に富むが、親は祖国や故郷と同じく、我々を本然の我に返らせるインスピレーションを持っている。親に孝を尽す時の子は、現世の爵位も勲等も忘れ、学問も芸術も脱いで、ただ襁褓《むつき》の幼児のごとくになる、ここに人は現実を超克する。すべての子は親の長生を願わなければならないし、親はその子の為に長寿を保つ義務がある。

二〇　師弟愛

伸び盛りの青年は、己れを導く手を必要とする。友は友として別の意義があるが、同輩の間では導き導かれることはできない。導かれる為には、一段と丈の高い先輩を持たねばならないが、先輩を押し高めたものが、師であり先生である。ここに師というのは、入れ代わり立ち代わり教壇に現われるあの教師をいうのではない。あの教師の中から師の現われることもある、しかし教壇に現われる先生が、当然に師ということにはならないし、教室に並ぶ数十ないし数百の学生がそのままで弟であるわけではない。師も弟も選ばれて、特殊な個性的な関係に立った時に、我々はこれを師弟というのである。師弟は自由意志をもって互いに選択された関係である。これが親子と異なる点である。しかし親子と同じく上下の関係に立ち、教えるもの導くものと、教わるもの導かれるものとの関係である。師弟も補完の役目を果たすのは当然であるが、補完はやや一方的であって、双方対等の授受の関係ではない、これが友人や恋人の関係と違う点である。

私は学校の教師に失望したら、書の中に師を求めよといった。確かに書は幾多の師、しかも古今東西にわたる偉大な人類の師を、我々にもたらしてくれる、しかし我々は人間である。文字を通し紙を通してでは物足りない。この眼で見、この耳で聞き、この心臓で触れうる師を、生きた人の中から求めたい。この師が学校の教師の中に見出されれば、何よりも幸福である。しかし我々の祖先は、師の名と徳とを慕い、三年門前にたたずんで、弟たるの許しを請うたこともある。師を求めるには、これほどの熱心と懸命とを必要とする、しかし得られた師は、その労に値する。

学校の教師であろうと、著書・講演の教師であろうと、およそ教師は常に弟子を求めている。彼が教師の道を選んだのは、単に衣食の為ではない、又学問の研究に興味を持つからだけでもない、教育者として教育に関心を抱いたからである。人生の門出に立つ青年に、その心霊に点火することの、聖職たることを信じたからである。それならば数十数百の学生を前にして諸君というのでは、靴を隔てて痒《かゆ》きを掻《か》くの物足りなさがあろう。誰か特定の弟子をとらえて、これに精魂を傾けたいに違いない、なぜならばそれでこそ初めて教育ができるからである。それのみか人は自らの任務を思うて、懸命であればあるほど、長生長寿を欲する。しかしそれが不可能だとすれば、自己の衣鉢《いはつ》を伝えて後の世に継ぐものを求める。もしその子にそれを求められれば一番幸福だろうが、子は肉の分身ではあるが、必ずしも精神の分身ではない、してみると他人《ひと》の子を求めて、自らの相続を托さなくてはならない。

だがすべての教師が必ずしも良き教師でない。良き教師として人の師たるには、彼は世のいわゆる学者であるだけでは足りない。彼はその学問を全自我の活動として、人格の成長として学問を扱うものでなければならない。彼自らが成長を念としているならば、成長の門出に立つ若人に、同情の湧《わ》かないはずがない。一人の心臓の鼓動が、他の心臓の鼓動とならずにいられない。しかしこれだけではない、師は学生一般を対象とするのでなく、特殊の学生を対象とするのであるから、己れが心魂を打ち込みうる対象であるかどうかを、洞察しえなければならない。あらゆるものを弟子となしうることは、偉いことではあろう。しかし人間の能力には限界がある、この限界を弁《わきま》えないで、甲も乙も誰でも彼でも弟子とするものは、実は本当の師ではない。そこで学生の個性を弁別するだけの、人を見る眼がなければならない。しかし何よりも師は愛の持主であることを要する。冷たい孤独の性格は、師たるには適しない。彼には誰かを求めて己れを打ち込み、それの反応を楽しむだけの「共」を得たい情操がなければならない。もし師が学窓の師であるのみでなく、生涯の師であれば、さらにこの上に俗世を渡る智慧を持つことが望ましい。弟子は学問や教養について教えを請うだけでなく、恋愛についても結婚についても就職についても辞職についても、師の門を敲《たた》くに違いない。その時迂遠な仙人のような人では、問いに対して剴切《がいせつ》な答えを与えることができない。もちろん師は渡世出世の福音を説く世間師であってはならない、彼は理想を持ち信念を持し、超世間的の仙骨を帯びなければならないが、同時に理想を現世に実現するに必要な智慧を持たなくてはならない。彼は鳩のごとくに柔《やさ》しくあるとともに、蛇のごとくに敏《さと》くあらねばならぬ。そのゆえに真の教師は真の政治家であり、真の政治家は真の教師でなければならない。そのいずれもがなければ、教育も政治も貧困をかこつのほかはない。

　師たる条件がいるように、弟子たるにも条件がいる。彼は自己の成長を志して、焦り踠《もが》くものでなければならない。そして自らの力の足りなさを見て、導く手を求める。酔生夢死《すいせいむし》の学生は、師を求めもしまいし、師の方でも振り向きもしまい。しかし成長に志すものの中にも、独りで成長することをもって、満足するものもあるかもしれない。その独立自助の精神は多としてもよいが、自らの手を過重視するのは正当でない。かかる自恃《じじ》の学生は師を得ることはできない。弟子たりうるものは、理想に対する憧憬の志を持ち、より高きものに近づかずにいられない感激の心を持ち、すがらずにいられない「可愛さ」がなければならない。その上に誰でもを師として奉じうるわけではないから、師が終生の師に値するかどうか、その人柄を個性とを選ばねばならない。もし師としてその人を定めたら、彼は意を決して師の門を敲《たた》く。その時彼は神に祈る時のような敬虔と、恋を打ち明ける時のような不安とを、持たなくてはならない。もとよりあの面会病者の軽易な心とは、相去るはなはだしきものである。もし師に容《い》れられたら、弟子入りをする。そして「六尺去って師の影を踏まざる」尊敬と、終生の運命をともにするだけの誠実とを、覚悟しなければならない。師の親切な指導の中にと同じく、その叱咤《しった》の中にも怒りの中にも、師の愛の閃《ひらめ》きを望んで、いそしみ励み勤めねばならない。ここに彼はウイルヘルム・マイスターのいわゆる「修業の時代」「遍歴の時代」とをあわせ送るのである。

今ここに師と弟子との姿を思い浮かべてみる。師と弟子とは影の形に添うがごとくにともにある。師は弟子を知り弟子は師を知る。彼らは互いに知己である。師は弟子の成長を見守って、己れの為なるがごとくに、弟子の成長を祈る。弟子は師の前に伏して、その口より漏れる一言も聞き洩らすまいとする。一は懇切な指導をもってし、他は敬虔な感謝をもってする。我々の国は、宗教上、学問上、道徳上、芸術上の、さらに百工技芸の上の、師弟の麗《うるわ》しい物語に富んでいる。彼らは肉体と肉体とをもって相対していながら、遠く宗教の世界、道徳の世界、学問の世界、芸術の世界に、その魂はつながれている。彼らの間には俗気もなければ名利もなく、又もとより試験の成績もなければ就職の斡旋もない。良き師を持てるもの、良き弟子を持てるものは幸いである。この師にしてこの弟子あり、この弟子にしてこの師ありといわれるほど、師弟ともに優れたものであればなお幸いである。世に美しい人と人との結合があるとすれば、それは師弟の結合であろう。

だが親子の間においてすら現われた人の世の煩悩《ぼんのう》が師弟の間に現われないとは、誰が保証しえようか。尊敬は祭りあげ煽《おだ》てあげと隣する。感謝は阿《おもね》り諛《へつら》うこと垣一重である。だから師はともすれば、いい気になりがちである。それならまだいいが、弟子が示す従順に慣れると、弟子は己れの自由になるものと思い込みやすい。ここで人の心に根深く巣食う支配欲、優越欲、権力欲が、小首をもたげてくる。さらに修業の方法や結論について、師と弟子と対立するとなると、師は己れの経験と博識との名において、己れの方法と結論とを弟子に強制しようとする。彼が自信の強い人であり、弟子の為を思う人であればあるほど、師の強制の圧迫は加わる、そしてついには師の名において過去の情誼を楯《たて》にとって、弟子を押さえつけねば承知しなくなる、これがあの我執でありエゴチズムである。師も又ここで愛における我執と寛容との分岐点に立つ。もし師が本当の師であるならば、彼は弟子に指導も忠告もしよう、しかしその後は弟子の行くに任せるだろう。自らをして行なわしめ自らをして悔いしめること、これが最上の教育であることを彼は知る。彼は遠く離れて弟子を見守り、万一の失策を救う為に、それとなく用意をするにやぶさかではあるまい。これが恩師のなさけである。

しかし寛容は決して甘さと同じではなく、又それは厳格と矛盾することにはならない。親しいものは自ら知らざるうちに、ともすれば互いに媚《こ》び甘やかすものだが、これは師において特に戒めねばならない。現代の甘すぎる教育においては、鞭を振い、面を殴った往昔の教育も又懐しまれる。師は怒ることを忘れてはならない。己れの何かの疳癪をぶち撒《ま》ける為でなく、愛の為に涙をためながら、怒ることのできないものは、真の師の資格がない。故内村鑑三氏は宗教上の異見に対して、多くの弟子を破門したので有名であるが、人は氏の狷介《けんかい》偏狭をとがめるかもしれない、しかし師として沢山の弟子を持ちたいのは山々である。弟子を捨てうることは、生やさしいことではない。大切な根本的の問題について、ことに弟子の誠実や節操について、峻厳に許さないことは、寛容とともに、真の師の要件である。

弟子はあくまで誠実を持ち続けなくてはならない。彼は師のきびしい鞭撻の中にも、つらい皮肉の中にも、師の指頭に閃《ひらめ》く愛を見失ってはならない。最後までその跡を追う愛着と執拗がなければならない。利の為に師を捨て裏切るがごときは、弟子として恥ずべきのみならず、人として葬られねばならぬ卑劣漢である。今日の日本において、日本精神の語られること、いよいよ多くして、師弟の道の廃《すた》れること、いかにはなはだしいことよ。だが誠実とは阿諛追従《あゆついしょう》ではない、弟子は師に阿《おもね》る幇間《ほうかん》であってはならない。彼は己れの為でなく、人格の名において独立と威信とを持たねばならない。忠臣は争臣であると同じく、自ら守るの気節気魄を持つべきである。これは師の為であり師弟をつなぐ道の為である。師が弟子を捨てる時があるように、弟子も又師の門を去らねばならぬ場合もあろう。己れの為でなく道の為に別れる弟子は、道の為であるならば、別れてもなお師への感謝と感恩とを忘れはしまい。人の交わりは初めが大切であるよりも、別れが大切である。もし弟子が真の弟子であるならば、師は別れの辛さを耐えながら、別れにまでこられた弟子の成長を喜ぶだろう。真の師は己れに満足する弟子を欲しない、自己の屍《しかばね》を越えて進む弟子を求める。偉大な師は弟子の刃《やいば》に倒れることを誇りとする。この師にしてこの弟子あれば、別れは辛かろうとも、別れは現実の世の別れであって、永遠無窮の世界において、彼らの手は離れずに結ばれている。それにしても別れは辛いものである。愛は喜びであるとともに寂しい。

二一　友情

友達も又師弟と同じように、互いの意志をもって選択される。これが親子と違う点である、しかし友達は師弟のごとくに上下の関係をもって立つのでなく、対等の立場で結ばれる。もとよりここにも互いの尊敬がなければならないが、この尊敬は互いの人格性に対する尊敬か、あるいはその友の特殊的価値に対する尊敬であって、親や師のごとくに立体的関係における尊敬ではない。又友情こそ個性をもって結ばれる愛だといえる。親子は出生をもって結ばれるから、個性により選ばれるのではない。師弟には個性の結合という要素は存在する、しかし師弟は指導と享受との関係であるから、この関係に必要な限りの個性の選択があるので、全き個性の結合ということはできない。ところが友にはなるほど指導も享受もないことはないが、これを目的として友が選ばれるのではなく、これは友が選ばれてから生ずる結果である。友は結果を目的として結ばれずして、人その人の性格が牽引の対象である。人はここに彼のものを捨てて、彼自らを捧げ、又彼自らを求める。もし友の求める結果があるとすれば、それはただ友より受ける愛である、だが愛を目的とすることは、他の結果を目的とすることとは全く異なる。もし愛というものが、人と人との結合から生ずるものとすれば、友情こそ最もよく愛を象徴するものでなければならない。恋愛も又人と人との結合から生ずる、しかしそこでは端的に人が現れないで、男性であり女性である性別が前面に現われて、人の影は薄められる。これが友情と恋愛との異なる点であろう。

私がこういうならば、私のいう友が世俗のいわゆる友と異なることはあまりに明らかである。世にはたくさんの種類の友がある。食い友達、飲み友達、利益の友、事業の友、趣味の友、学友、芸友、俳友、政友、等々枚挙にいとまがない。しかしこれらは人の持つものを対象として結ばれて、人そのもので結ばれるのではない。これらを友といいたければいうもよろしい、しかし友の中に二つが明らかに区別されねばならない。私のいう友とは心の友《ブズム・フレンド》である。アリストテレスはその「ニコマコス倫理学」の中で、友について卓抜な意見を述べているが、彼は友を三種に分けて、有用性、快楽、徳のそれぞれで結ばれるものだといい、カントも生活の必要を満たす友、趣味の友、心術の友と、友を三種に分類している。そしてアリストテレスもカントも、徳の友・心術の友を真の友とすることは、いうまでもない。

人は何故に友を求めるのであろうか、「共」にあるものがほしいのであろうか。人は人格性の主体として、人格への成長を念としている、その点において各人は普遍性を有し普遍を志している。この普遍的なるものがなければ、およそ人という同一性、人を他より区別する特殊性を考えることはできない。だが人は又各人それぞれ一様ではない、この特殊性を私は個性といい性格といった。しかし個性は人としての普遍性の上に立っての個性であって、普遍的なるものがなければ、およそ特殊は考えられないであろう。人は個性を持ちつつ普遍につながれ、普遍につながれつつ個性を持つ。各人は人格への成長を歩む時、同じく普遍へと志しながら、個性の限界からくる欠乏を意識し、寂しさを感ずるに違いない。その時彼は身辺を見回すと、同じ目的へと志す人生の同志を見出す。かかる同志の中から、己れの個性が他の個性を呼び、他の個性は己れの個性を呼ぶ、かくして結ばれたものが友人である。よく人は「あの友とは性《しょう》が合う」という。性が合うとは二つの場合が考えられる、同じものがあるから理解ができるというのと、異なるものがあるから互いに食い合って調和するというのとである。しかしよし同じであるにしても、異なる仕方で同じものがあり、異なるものがあるにしても、共通の基礎の上に立っての異なるものでなければならない。したがって友は普遍の上に立つ同志でなければならない、かかる友の結合は堅くして解けない、これアリストテレスが徳の友といいカントが心術の友という所以《ゆえん》である。しかし友はそれぞれの鮮かな個性の上に立つものでなければならない。なぜなれば個性がないとは独自の存在がないことであり、独自の存在のないものは、与えるものも持たないし、受けんとするものもないからである。個性を保ち独立でありながら、他を求め他と「共」ならんことを欲する。そして他なくして自己が満たされず、自己なくして彼が全からず、これが本当の意味における補完（Ergänzung）である。

友ができるには、普遍性と特殊性との二つが必要だというならば、友のできる時期は自《おの》ずから明らかである。幼少時代は友ができるには、あまりに幼稚すぎる。たとえ幼《おさな》友達は美しい回想の種ではあろうとも、真の友ではない。中年になってからは、世俗への関心があまりに身に纏《まと》いすぎる。だから事業の友、利益の友、趣味の友はできるかもしれないが、真の友はでき難い。こうしてみると、ある時期以後でなければならず、又ある時期以後であってはならないことになる。そのある時期とはいつか。それが学生の時代であり、しかも高等の学生時代である。しかし学生であるというだけで、友ができるのではないのはいうまでもない。友のできる学生は、自覚した学生のみである。自己に目覚めた時、彼は普遍性に目覚め、同時に特殊性を意識する。かかる学生のみが友を求め、又友として求められる。だから友を持つことは我々の誇りである。友を持たないことは我々の恥辱である。彼が何であるかを知ろうと思うなら、彼が友を持つかどうかを見るがいい。持てる友はいかなる友であるかを見るがいい。それこそ彼の人となりを彷彿《ほうふつ》として浮彫に現わすに違いない。男性は友を持つが、女性には友がまれであるのは、男性は高等教育を受けうることが多いが、女性にはそれが少ないからである。女学校を卒業しただけでは、友を作るにはまだ足りない。こうしてみると、諸君が学生生活を送りうることすでに幸いであるが、さらに友を、しかも終生の莫逆《ばくぎゃく》の友、刎頸《ふんけい》の友を、持ちうることにおいて、さらに幸いでなければならない。

しかし自覚した学生のすべてが、友を持ちうるとは限らない。自覚した学生は、知において意において情において、全からんことを望むであろうが、彼らはまだ自覚の初期にあるから、あるいは知に偏し意に傾くかもしれない。あるいは学生のあるものは、冷たい不幸な家庭に育って、情味に触れた経験を持たないかもしれない、彼は猜疑をもって人を見る、彼は横目で人を盗み見る、彼はひねくれて歪んでいる。彼はやがて徐々として直るに違いない。だがたとえ一時なりとも、彼は友を得ることが難しい。そこで友を得るには、すでに豊かな情操を持ち合わせて、呼べば応える人を求めるものでなければならない。そして友を得た暁に彼はさらに、その情操が豊かにされる。あたかも芸術的活動における美的観照と似て、すでに美的感情を持つものが、物象に美的価値を見出し、物象から己れの美的感情を触発され、そして美的価値に陶酔するがごとくである。だがまだこれだけでも友は得られないかもしれない。友は個性的な全自我の結合だから、友は互いに友の全自我を知らなければならない。もし虚偽の心があって己れを隠しおおうとするならば、友はできないし、できた友は幻滅を感じるに違いない。ところが友を得たいが為に、友の失望を招きたくない為に、人は往々にして自己を隠そうとする、そして美しい自己だけを見せようとする。しかし友は裸の上に作らねばならない、そうでないと砂浜の上に築かれたバラックのように脆《もろ》い。幸いにして自覚の境地にきた学生は、あまりに大きな内的世界を見出した喜びの前に、取るにも足らぬ自らをおおい隠そうとはしない。自覚した学生に友の得られるのは、この理由もある。寄宿舎生活は、いろいろの意味で学生に必要だが、この点からも意義づけができる。人が自我の全体を暴露するのは、寝食をともにした場合である。さもないと我々は自己を胡魔化《ごまか》すことができるが、一年中同室で、寝食をともにすると、ついに胡魔化し切れなくなるからである。女性に友が少ないのは、単に教育の程度が低いからだけではない。女性は己れを化粧することを好むからである。以上のことが備えられた後で、友ができるかできないかは、一に運命である。友においても恋においても、運命の働く神秘な力を感ぜさせられるものだが、ここでも友情や恋愛には宗教に通ずる道がある。

「友の憂に我は泣き我が喜に友が舞う」とは、私が学生時代に好んで歌った寮歌の一節だが、人の憂いに泣くことは人でありさえすればできるが、人の喜びに舞うことのできるのは、友でなければできない。ところが友でさえ友の憂いに泣くことはできるが、往々にして友の喜びに舞うことのできないことがある。なぜなれば憂いに泣くのは、友の落目、弱みに同情することであるが、喜びに舞うのは、友の盛り、強みに共鳴することだからである。友は同年輩のものとして友でありつつ競争者である。競争は学校の成績、就職で行なわれるかもしれず、師の愛において恋において行なわれるかもしれない。友の喜びは我が悲しみである、友の勝利は我の敗北である。かくして友の間においてすら嫉妬が起こりうる。それはまだ真の友ではないからだというならば、人間は成長しつつあるのだ、友情にだって成長があると答えよう。嫉妬が往々にして友を分かつのみではない。友と友は二にして一でありながら一にして二である。ここに友の妙味があるのだが、二にして一なる友は、一にして二になるに耐えずして、すべてにおいて一ならんと焦る、なぜなれば「愛は惜しみなく奪う」ものだからである。ところが二にして一ではあるが、又一にして二である友は、己れの全自我をあげて友に没することはできない。なぜなれば互いに独立であればこそ補完が可能であるのに、一方が他方に没我することができれば、補完は不可能である。かくて友は、友であるが為には二たることを必要としながら、又友であるが為に一ならんとする、ここに主我と没我とが交錯する。一方が他方の没我を求めて、他方がそれを拒む時、友は別れにくることがある。私が学生時代に愛読したヒュー・ブラックの「友情論」（Hugh Black: Friendship）の中では、これを「友情の破綻」（wreck of friendship）と呼んでいる。ここでも又あの「愛すればこそ」の我執が現われる。そしてここでも又我執は打ち破られねばならない。友の自由と独立とを尊重する寛容が、これに代わらねばならない。だが友の我執は個性の間の補完を全うせんが為に起こる我執であるから、親や師の我執のごとくに、簡単に破砕《はさい》することはできない。砕《くだ》かれた自我は友に寛容でもあろう。だが再び我執は首をもたげるだろう。そしてついに我は友をあげて奪うことはできず、友に対して我をあげて捧げることのできないことを悟るに至る。これがおよそ人間の持つ限界である。この限界を越えては、友でさえ「共」にあることはできない。かくしてこの限界の外において、人は常に孤独（einsam）であらねばならない。この孤独に耐えられないとすれば、人の愛に求めては駄目だ、ただ一つの愛だけが、彼の孤独を救って絶対に彼と合一することができる、それが神の愛である。ここで再び愛情から宗教への道が通じる。

友情において人と人とは、互いに自由であり独立でありながら、結ばれて一となる。ここには結合があってしかも対等である。愛があってしかも尊敬がある。特殊であって普遍が求められる。一言にしていえば人はここに個であって全である。かかる関係は単に友と友との間にだけ限局されてよいものだろうか。否、あの一般愛も又友情にならわなければならない。否、一般愛のみでなく、すべての特殊愛に友情が理念とされねばならない。親子も互いに友であり、師弟も互いに友であり、恋人も又互いに友でなくてはならない。これがおよそ人と人との結合の基礎である。

二一　恋　愛

恋愛は男女間における特殊愛である。愛は恋に限らないのであるのに、愛といえば恋を意味し、英語の love も一般の愛を意味するとともに、恋を意味しているのは、恋が愛の中で最も代表的なものだからであろう。恋と他の特殊愛と異なる点は、恋が男と女という性別に基礎をおいていることである。特殊愛はすべて自我の特殊性によって成立するが、男女の性別はおよそ特殊性の内の最も顕著な特殊性であるから、まずこの特殊性が恋愛の成立する前提要件となり、ついで相互の個性が問題となる。したがって特殊性が最もあざやかだということから、恋愛が特殊愛の代表的なものと考えられるのである。よく女でさえあればいい、男でさえあればいいといわれるが、これははなはだ色も艶《つや》もない浅ましい考え方ではあるが、これでも一応成立しうるのは、男であり女であることだけで、結合の基礎としての特殊性が存在するからで、たとえば友情について男でさえあればいいとは問題とならないことで、当然に男の個性が考慮に入らねばならないのに、恋愛においてはそれが可能であることに恋愛の特徴がある。

ここに性別というのは、必ずしも生理的のことのみをいうのではなく、男の強さに対する女の優しさとか、男の論理に対する女の直観とか、心理的精神的の特殊性をも包含する。恋は性欲から発生したのだ、だから恋から性欲を除けば何も残らないという人があるが、恋が性欲から発生したことは事実であろう。しかし発生論的説明は恋の本質の全部的説明にはならない。たとえ性欲から発生したにせよ、現在においていかに性欲と精神的要素とが結合されているかが、大切なのである。精神的なものは美しい衣だから、これを剥《は》げば性欲だという論法は、むしろ逆に取るべきで、美しい衣をまとわせねば承知ができないところが、人間の進歩を証明しているので、そこに自然に対する精神の勝利をとらえるべきである。日本で昔から男女間の関係を現わす言葉に「色」というのがある。色と恋とはどの点が違うのであろうか。男女間の関係として、日常行事的の方面と生理的方面とが考えられるが、日常行事的の方面を除いて、生理的方面だけを見た時に「色」という言葉が使われるので、したがって夫と妻との間では、日常行事的の方面を除くことはできないから、この方面の除かれた生理的方面のみの女との関係、すなわち家庭以外における男女間の関係を「色」というのではあるまいか。私はこれについて特別に研究したわけではないから、自信をもってはいえないが、仮に私の考えたことがあたっているとすれば、色と恋とは生理的方面のみに限局するか、精神的方面をも包含するかに差異があることとなる。精神的方面にも二つあるので、これを芸術的と人格的と分ければ、日本の和歌などで恋を歌った場合には「色」を脱してはいるが、芸術的な要素がこれに加わったので、必ずしも恋を人格的に見たのではない。男女を人格成長の主体として、個性の結合による補完と解釈するのは、西洋のギリシャ思想とキリスト教との思想によるもので、日本の従来にはなかったことではないか。色から恋へと進化することは自然から精神へとの進化にほかならない。

恋が性別を基礎とすることから、恋には他の特殊愛に見られない要素が認められる。それは美的要素である。親子の関係は選ばれた関係でないからこれは論外としても、師弟や友人の間には美的要素は全然考慮に入らない。ところが恋の場合にはこれを無視することはできない。女性から男性を見た場合は、これを比較的に軽視するが、男性から女性を見た場合には、これはかなり重要な要素となり、顔形、姿、色、声、さらに顔でも眼、鼻、眉、額、口元、顎《あご》等が考慮におかれる。もし私は美人でなくともよいという男性があれば、他の要素が償って余りあるというのでない限り、無欲恬淡《てんたん》は羨ましいが、美的能力の欠格者であることは、はなはだ遺憾である。もしその人のいう意味が、いわゆる美人でなくともよいということならば、遺憾なことはない。実際に恋における美の標準ほど、主観的なものはないからである。各人は相手を好くか嫌うかを先に決定して、好悪を美醜に代置して美的価値を相手に投入するので、いわゆるあばたもえくぼというのがこれである。女性が男性の美的要素を軽視するのと並行して、男性の女性美には精神的要素を加味する程度が向上する。各人の美的標準は主観的であるが、これを総合すれば時代色となる。今日の女性美に対する時代色を徳川時代又は明治初期のそれと比べると、隔世の感があろう。要するに恋には美的要素が加わる、しかし何が美であるかについては精神的要素が参加する。ここにも色から恋への進化と同一の進化が認識されるのである。

恋は性別の特殊性を出発として、女性として女性の中における個性、男性として男性の中における個性、が合致して成立する。したがって性別の特殊性を除いては恋愛と友情とは類似する。ところが性別の特殊性だけですでに恋が成立して、男女の人間としての個性にまで考慮が至らないことが多い。私が前に友情は恋の中にも生きねばならないといったのは、ただに恋の成立した後の過程においてのみならず、恋の成立の当初においても、等しくいいうるのである。真の恋愛が成立したならば、およそ特殊性が最も顕著な特殊愛であるだけに、相互の補完は一層顕著である。彼女なくして彼が全からず、彼なくして彼女が全からず、二にして一、一にして二である。プラトンの「饗宴《シンポジウム》」の中でアリストファーネスが、男女は初め一体として作られ、その後に二身に分かたれた、だから半身は他の半身を呼び、相合して再び元の一体とならんとするのだといったことは、恋における補完を最もよく表現していると思う。ことに恋の中には美的観点の要素が加わるから、美的観点において自我を形象に没入するがごとくに、他の特別愛とは比較にならないほど没我の程度は大きい。没我は美的観点におけるがごとくに、現実の自我の超克である。これに加えて恋の相手の男(女)性が、客観的に人格価値が高いものならば、恋するものは、恋人にふさわしいものになりたいと、現実の自我を鞭撻する。恋愛が当事者に影響するところは、かくのごとく驚くべきものがある。

だが恋するものの道は、決して平坦ではない。英語の love は leave(己れを捨てる)と語源的に同じだと聞いているが、愛することと己れを捨てることとが当然に連想されるほど、愛は没我を必要とするものである。否、必要とされる没我が、喜び勇んでなされるところに、愛の愛たる所以《ゆえん》がある。たとえば他人を救う為に、己れが犠牲となることは、義務としてはなそうとも、喜び勇んでするとでないかもしれない、ところが恋人の為には、己れを犠牲とすることが喜び満足してなされ、ある場合には進んで犠牲を受けようとさえする。こうした価値の転倒《てんとう》を当然に行なわしめるのは、愛の魔力であるが、これは恋において特に顕著である。しかし恋に居《お》ろうとも、人々は結局一にして二である。最後には否定することのできない個が、ここでも首をもたげて、没我を拒み主我にこもろうとする。特殊愛のすべてに現われた、あの愛するものの我執である。ただ恋において現われる我執は、他の特殊愛におけるそれとは、やや異なる径路と姿において現われる。

およそ恋するものほど、自信に乏しいものはない、天下を睥睨《へいげい》する英雄も、恋においては一喜一憂する少年である。もし恋するものが、相手は自分を恋していると、自惚《うぬぼ》れ切ってるとすれば、あまりに浅ましく醜い。彼の恋は懸命ではないのだろう、彼は恋を弄《もてあそ》んでいるのかもしれない。もし真面目に恋していれば、人は自信が乏しからざるをえない、いい換《か》えれば恋において人は常に謙虚である。だからこそ恋において人は現実を超克して育つことができるのである。ところが自信のなさは人の神経を敏感にする。相手の一挙一動に、恋の証《しょう》憑《ひょう》と恋の消失とを見ようとする。相手はこれを見て自分の恋が疑われていると見て、プライドを傷つけ、安心を与える為に恋の証憑を示そうとしない。これがいよいよ彼を焦慮させる。この焦慮は相手を不安に導き、今度は相手の神経を敏感にする。各々が我執を張って、己れに譲ることを求めて、その譲歩の中に恋の証憑をつかんで安心しようとする。かくして我執は我執を生み、神経はいよいよ募って、ついに収拾のつけがたき紛糾に陥る。これがあの解けがたき愛欲のもつれである。これは客観的に見れば、双方が恋を求めているのである。恋を求めるがゆえに恋を複雑ならしめ、あげくの果ては恋を失う悲劇にさえ到達する、ここにもあの「愛すればこそ」の所産がある。

ではもつれの中に陥った場合に、どうすればよいか。恋の出立に、さかのぼって、相手の人格性に対する尊重、自己の人格性に対する威厳に、思い至るがよいと思う。高山に登って、脚下に展開する平原を俯瞰《ふかん》するがごとくに、もつれの中から自己を特出して、出直すことができるだろう。しかしこれがむつかしければ、思い切って読書なり運動なり旅行なりに没頭して、紛糾の渦中から脱却するのである。しかしもしこうしたことができれば、すでにもつれに対して余裕はできたので、それができないのが、もつれのもつれたる所以《ゆえん》である。この時に友を呼び先輩を呼び恩師を呼ぶがいい。人間は生涯に第三者の意向を敲《たた》かねばならない場合は多いが、この場合がその一つであろう。第三者の意見忠告なりがそれだけで効果を持つが、さらに第三者が渦中に投じてもつれを解いてくれるならば、最も望ましい。しかしその場合は友であってはならない、家庭を持った先輩か恩師でなければならない。

恋愛には心の潔いことを必要とするばかりでなく、ある種の性格を必要とするものである。それはしばしばあのスポーツマンに見られる性格である。スポーツマンは大まかで小さい事に囚われない、単純で生一本で率直である、そしてある強さと男らしさがある。これがスポーツで養われるよさである。この性格はいかなることにも必要であるが、ことに恋愛において必要である。真面目な青年はこれをスポーツマンから学ばねばならない。しかしスポーツマンのよさは反面によくなさが伴う。大まかなのは囚われるほどの深みがないからであり、単純なのは複雑な思索が欠けているからであり、男らしさはそれを牽制する対立物がないからである。我々はスポーツマンのよくなさを学ぶ必要はないが、よさは学んでよいことだと思う。

恋ほど人間を魂の底から震撼するものはなかろう。学問も芸術も事業も、とうていこれには及ばない。それだけに恋するものは、恋によって伸びることがあるとともに、恋の痛手によって癒《い》えがたき心の傷を負うか、あるいは再び起《た》ちがたき絶望の底に陥って、生涯を棒に振るかもしれない。私は若葉のごとき青年に、何故に恋の重荷を負わせるのか、造物主の心に疑いを持ちたくなることがある。六十、七十の世故にたけた老人にして、初めて抜き切れるような苦しみに、青年をおくには、あまりに痛々しい。しかし青年なればこそ、この苦しみを負わせたのかもしれない、苦しみの中から苦しみを契機として、彼を成長させようとする心かもしれない。人を愛することは楽しい、しかし同時に人を愛するとは苦しいものである。安易な軽薄な気持で恋を求める態度は、断乎として退けられねばならない。

恋愛は当然に結婚を伴わねばならない。結婚は必ずしも恋愛あることを必要としなくとも、恋は結婚を前提として覚悟してなされねばならない。結婚の覚悟なくして恋愛を楽しもうとするのは、恋を弄《もてあそ》ぶものである、相手の人格性を弄ぶものであり、自己の人格性を弄ぶものである。恋するものが結婚にゆかないとすれば、双方の恋が醒めるか、あるいは一方が他方を捨てる場合かである。恋やがて醒めることを予期して恋をする者は、はじめから真剣な恋をしているのではない。一方の恋が醒めて他方を捨てることは、結果としてはありうる。しかしそれを予期して恋するとは、恋をしながら恋の不成立を希望していることである。恋が深ければ深いほど、恋の破綻の当事者に与える傷は大きい。もし恋が破綻してもよいほどの浅薄なものであれば、傷はなかろうが、恋擦《ずれ》の堕落をもたらす。

恋が当然に結婚を伴うとすれば、恋する者は結婚の覚悟がなければならない、終生の運命をともにする伴侶を選択することになる。青年学生がこれだけの選択をなしうるであろうか。相手を洞察する明が充分だといい切る自信があるか。選択をした自分が、これから性格も志向も変わらないという自信があるか、一人の人間の運命を担《にな》うだけの、精神的経済的の確信がついているか、まして日本のように多くの異性を知って、その中から個性を識別するのでなく、偶然にも運命が最初にもたらした異性を恋することの多いところでは、恋は個性で成立するのでなく、性別で成立するとさえいえる。やがて個性に目覚めた時に、彼らの恋に破綻がくるのは、いわずして明らかである。よし結婚する決心をつけたにしても、婚約から結婚に至る過程のあまりに長いことは、多くの実例の示すように、決してよい結果を生まない。こうして考えてみると、恋した責任を果たすが為に、好まぬながら結婚するか、あるいは結婚に怯《おび》えて恋を捨てるか、いずれか一つになる。前者ならば終生の不幸である、我々はその例をあまりに多く承知している。後者ならば恋を裏切ることであり、相手の運命を蹂躙《じゅうりん》することである。

私は学生諸君に恋愛について語ることが必要だと思って語ったが、人あってそれでは学生時代に恋愛することに賛成か反対かと問うならば、私は反対だと答える。あるいは恋愛はするものでなくて成るものだというかもしれない。しかし成る為にはすることがなければならない。一目見て恋心が萌《きざ》すことはあろう、しかしそれだけで恋は成るものではない、必ず一歩踏み出すので成るのである。私はその一歩の踏み出しに反対するのである。それはなぜかというならば、一つは恋は当然に結婚にゆかなくてはならない、ところが結婚を決定するには、学生時代はまだ準備が整わないからである。それよりも有力な理由は、恋は楽しいとともに苦しいものである。この苦しみは結果として人を成長せしめるであろう、しかし苦しみの中から成長しうるのは、すでに相当の条件を備えた学生で、すべての人にそれを予期することはできないし、万一の場合は回復のできない痛手を負うからである。高山の峻嶮を命を賭して踏破するのは、成功した暁は快美でもあろう、しかしその快美を狙うが為の犠牲はあまりに大きい。いわんや学生生活にはなすべき重大な問題がある。それを看過して恋に身を投ずるのは、学生生活の重要性を忘却したものである。あるいはいうかもしれない、恋は楽しいこともあるから、その楽しさの中で二人でともに、教養を志すのだと。しかし学生時代の教養は、生温かい甘美の中でできるような生やさしいものではない、それは寒風の中に咲き綻《ほころ》ぶ梅花一輪のごとくに、凜然《りんぜん》たるものでなければならない。思うにそこでは教養ということは、あのあれもこれも漁《あさ》り歩く教養を考えているのであろう。しかし教養とは惨《いた》ましい人生の戦いである。この戦いへの出立は、学生時代をおいて、又と再びくるの時はないのである。

それでは今すでに恋を持つ学生は、どうしたらよいか。答えは単純である、なされた恋は、あくまで真剣に、あくまで懸命に、体当りをもって突き通せよということである。人は一事を企てるまでは熟慮しなくてはならない、しかし決断が下された後は、悔いなきように全我をあげて戦い抜かねばならない。恋をいい加減になす人間は、学問も道徳も人生も、いい加減にお茶を濁す卑劣漢である。恋を契ったものとは、壇の浦まで運命をともにする覚悟がなくてはならない。利の為に恋を捨てるものは、恋人を裏切るだけではない、自己を裏切ることである。自己を平気で裏切りうるような人間は、人の見ないところでは、詐欺も盗賊もするかもしれない。

恋の中にある者は、決して性欲を求めてはならない。男性は彼が女性を真に愛するなら、性欲を考えることも、潔《いさぎよ》しとはしまい。性欲を求めるかどうかは、恋の品質を測定するバロメーターである。女性は賢ければ性欲を許すまい。性欲を許した後は、女性は男性に囚われる。これは女性の独立を失うことである。性欲を得た男性に対して、女性の牽引力は減少する。男性の要求を拒《こば》めば恋を失うとおそれる必要はない、拒まれても男性は女性を捨てることはない。それでも捨てる男性は、許されても捨てる男性である。

一旦恋した者が恋の醒めた時は、どうすればよいか。彼は相手を失恋に陥《おとしい》れた時に、相手の運命がどうなるかを思うて、その良心は震えなければならない。相手は人の世に失望し異性に絶望するかもしれない、彼女を世につなぐ絆《きずな》は断たれるかもしれない、これだけの悲境に相手を駆って、それでよいのか、しかも赤の他人でなく、今まで愛し合ったその当の相手である。彼は眠られぬ幾夜を賭けて、最後の決定を反省し熟慮しなければならない。この場合に恋を続けることは、自分に不幸だという考えは、捨てなければならない、彼は恋を誓った時、自己に責任を負うたのである、自己の不幸は当然として諦《あきら》むべきである。彼の念とすべきは、ただ一つである、これを続けることは、相手を不幸にすることではないかと。理窟をいえば、この場合に相手の不幸と自分の不幸とは当然に伴うので、いずれでも結局は同じようであるが、必ずしもそうではない。己《い》れを去って、相手の立場をのみ考えた時、心眼開けて心の変化もありうるからである。それでもどうしても、相手の為に恋を断とうと決断したならば、彼は逃避の卑怯さをとらずに、相手の前に卒直に心境を吐露して、軽卒の誓いを詫び、相手の決定をまたねばならない。もし相手が詰問し嘆願した時に、動揺するくらいなら、最後の決断は延期しなくてはならない。人の交わりは始めよりも、終りが大切である。この時の彼の態度の真剣さと誠実さが、相手の心に影響することは大きい。相手の未来がどうなるかは、一にこの際の彼の態度に係ると思う。しかし大切なのは終りだけではない、恋の全過程である。あくまで誠実であくまで真剣で、終始一貫していたなら、相手は最後の宣告を諒《りょう》としうるだろう。人間はいつ死別するか生別をするかもしれない、人は常にいかなる瞬間を切断されても悔いなきように、生涯を送らなくてはならないが、恋においてもまさにその通りである。有島武郎氏の『宣言』に描かれたY子は、恋の醒めた女性の態度として立派であったと思う。あれだけの態度をとりうる男女性が、何人いるであろうか。

特殊愛は一般愛の基礎の上に立つ。恋という特殊愛は去っても、人としての愛は持ち続けなくてはならない。もし何かの必要があって、今は赤の他人であるかつての愛人に、人としてなしうべき事があったなら、彼は喜んでなす心の準備を整えておかなくてはならない。それは相手より受けた恋に対する感謝の為でもあり、又恋を裏切った自己の罪滅《ほろ》ぼしでもある。しかしこれは心の持方のことであって、実際は心を現わす機会はなかろう、又軽卒に現わすのが賢いとも思わない。

では失恋の宣言を受けた時はどうすればよいか。彼は心の変化の真相を突きとめねばならない。思い違い、食い違い、いらぬ遠慮、由なき義理立て、およそこうしたものがあるかどうかを、科学者の冷静さをもって突きつめるのである。それは己れの為でもあり、又相手の為である。真相が突きとめられて、すべての事を終わっていると信じたら、男らしく運命の宣告を受けなくてはならない。愚痴も不平も怨言《えんげん》も何もいわずに、ただ男らしくである。相手との関係の限りでは、事はそれで片づいたのである、その後において彼が独りで、いかに嗚咽《おえつ》し慟哭しようとも。そして彼は自らの失望に面を背けてはならない、他の快楽でこれを胡魔化してはならない。ここでも男らしく、自己に直面して、飽くまで自己を突きつめて、その中からそれを契機として、奮然として起ち上がらなくてはならない。彼が仆《たお》れるか起き上がるか、潔《いさぎよ》く起き上がるか汚れて起き上がるか、ここで彼は運命の試練の前におかれている。私は二度も男らしいという言葉を使った。すべての道徳律は男女の性別を問わず、普遍妥当的でなければならないが、時として男性は女性よりも特殊の「徳」を課せられることがある、男らしいという「徳」などがその一つである。女性はどうあろうとも、男性は男らしい（manly）という言葉にふさわしく、男性的でなければならない。それが男性の負う特殊の義務である、そして彼は女性に対してこの義務を誇りとしてよいと思う。

再び前に戻ろう。恋は楽しいが又苦しい。恋の門出に立つ青年は、戦場に立つ古武士のごとき心を持たなくてはならない。

学生時代に恋することに反対だとすれば、結婚はどうなるのか、恋は永久になしてはいけないのか、と問われるかもしれない。私は答える、学窓を出でて、精神的にも物質的にも一応の用意ができた時、人は結婚の用意にかかるがいい、そしてその前提の下に恋愛するのは自由である。否、することが望ましい。これについていいたいことは多いが、これ以上を語ることは、学生に語る本書の範囲外に属する。

二三　学　園

今まで私は四つの特殊愛について書いた。これから進んで一般愛・同胞愛に行く前に、特殊愛と一般愛との中間に位する学園の愛について、簡単に触れておこう。特殊愛は特定の対象に対する愛であり、一般愛は不定多数の対象に対する愛である。ところが学生諸君が、現にその中に生活しつつある学園を見ると、そこに数百の同僚を見出すであろう。これらの人々について、諸君は友情を感じているわけではない。しかし学園という一つの社会の中に住んで、同一の目的に向かって生活している。講義や会合や儀式の時には、一同が一カ所に集合することもあり、毎日何かにつけて顔を合わせ、大部分の名前も顔も知っている関係である。こういう関係にいる同僚は、不定多数の対象とも異なるものである。ここにもまた一種の愛が湧く、また湧かなくてはならない。

私は学校について二カ所で触れたけれども、ここでは学校といわないで学園という。学園は学校よりも意味するところがやや広い。学校というと、教育を直接目的とした社会を考え、そこでは校長はじめ教師と学生との立体的関係が思い浮かべられるが、学園というと学校を包含するとともに、寄宿舎とか学友会とか、研究会、読書会のような、直接には教育を目的としないが、かえって教育の目的にかなうような設備をも包含される。

学校は多数の学生が集合するから、異なる個性のものが見出される。これらの個性に接すると我々の個性が意識され、個性と個性とが互いに補完の作用を務《つと》めると、前に書いたが、これが最もよく発揮されるのは寄宿舎であろう。寄宿舎では学生同志が机を並べて勉強し談話するばかりでなく、ともに食事しともに床につく。しかもそれが毎日継続して行なわれる。家庭から通学するものは、教室や会合で学生同志と顔を合わせるだけだが、寮生は朝から晩まで生活をともにする。だから各自の性格、個性は隠そうにも隠し切れないし、個性と個性とは密接に触れ合う。その中から気の合った友人もできるだろう、また自分の好ましくない性癖が暴露されて、周囲の批評や反発を受けることにもなろう。家庭で甘やかされた息子や娘は、寄宿舎では他人の中にはいって、初めて自己を意識し反省させられる、また他から学び教えられる。私は商人の家に育てられ、子供の時によく「奉公に出す」という言葉を聞かされたものだが、他人の雇人にして他人の釜の飯を食わせるというので、これが恐ろしくたまらなかったが、寄宿舎に入るのは、他人の釜の飯を食う為に丁稚《でっち》奉公に出るのと似ている。もちろん多数生活の中から悪習も植えつけられるだろう、しかし寄宿舎にあるくらいな悪習は、大社会にはザラにある、やがては大社会に出なくてはならないのだ、悪習を恐れては人は生きてはゆかれない。悪習に抵抗することを習わせた方がいいと思う。

どの学園にも学友会とか校友会とか呼ばれる団体がある。これは半官半私の団体であるが、そのほかに私設団体として、一人の教師を中心とした、あるいは学生のみの読書会とか研究会とかもある。学友会、校友会の中には、運動部や文芸部や弁論部などの部が分かれる。ここで「読むこと」「書くこと」「語ること」が行なわれ、「考えること」をする。また健康の維持向上の為に運動が行なわれる。それぞれの仕事にそれぞれの意義がある。こうしたことは多くは独りではできないものである、よし独りでできるにしても、人は独りの時にともすれば眠りがちである。多数が協同すると、一定の雰囲気が生み出され、自分はその雰囲気から眠りを覚まされ、刺激も受ける。諸君はかかるいろいろの団体に参加して、活発に働きかけもし、働きかけられもすることが望ましい。団体には執行の任にあたる役員がいるもので、役員の選任について醜い競争も行なわれるが、諸君はあえて他人を蹴落として役員になる必要はないが、その地位につくことを求められたなら、喜んでその任を果たした方がよい。役員に就いて責任を感じると、懸命に仕事をするし、人間は一生懸命にやった事からは必ず貴重な経験が得られるものである。夢中に仕事に没頭して、学生生活を生きる本務をゆるがせにするのは愚であるが、適当の余暇をさいて、団体の為に尽すのは自分の為になるばかりでなく、団体の為に同僚の為にする義務である。役員には先走った事業家的のタイプの学生があるもので、団体の品位を低くしがちであるが、この責任は一つは真面目な学生が、逃避しているからである。真面目と逃避とが連想されるのは、決して健全なことではない。悪貨が良貨を駆逐《くちく》することは、どの社会にもあることだが、駆逐する悪貨も悪いが駆逐される良貨もよくないし、駆逐される第三者もよくない。己れ自らの仕事に忠実であれば、団体を愛し守《も》り立ててゆくことは、仕事に対する義務である。

団体には多数者が属しているから、それぞれ意見の差異もあり対立もある。意見の対立があることは、団体の恥でないのみか、むしろ誇りである。平凡な一色で塗りつぶされた団体は、死滅したも同じである。異なる意見を持つものは、決して沈黙していないで、堂々と男らしく自己を主張するがいい。しかし言うだけのことをいって、最後の決定が多数決でなされた場合には、たとえ自分の意見が通らなくとも、それが団体の為によくないと信じても、男らしく多数決に服しなくてはならない。多数は必ずしも正当でもなく正義でもない。愚なる多数という言葉さえある。しかし多数決という方法以外に、意見の対立を決定する方法がない、これが団体の秩序を保つ唯一の方法である。自分の意見の敗れたことは口惜しくはあろう、しかし団体の為に多数決に服することは、団体の為を思う自己に服することだと思って、淡泊に快活に服して、再び他日の勝利を待つがよい。個性（individuality）を生かして、しかも統一（unity）が保たれることが、団体の持味である。否、持味でなければならない。しかしそれが日本の市町村でも府県でも国家にでも完全に成功しているとはいわれないが、諸君は日々の新聞で好ましくないことを見るにつけ、自己の周囲に小さい縮図が行われていることに、思い至らなくてはならない。私は今よりももっと学園の中で、団体的訓練、自治的習練をしなくてはならないと思う。ここらに学校当局の尽すべきことが多いのに、いたずらに抑圧政策のみをとる当局は、測りしれないほど愚である。

寄宿舎や学友会から眼を移して、広く学園全体を眺めると、諸君の顔も名も知らない数百の同僚がいる。彼らと諸君とは話をしたことも、仕事を一緒にしたこともないかもしれない。しかし彼らも同じ学園につながれる同志である。彼らの中で苦しみ悩んでいるものがあれば、諸君はそれを分有することを心がけなくてはならない。彼らの中から破廉恥なことをするものが出れば、それは諸君の共同の責任である。彼らの中で善人が苦しめられ悪人が横行しているとすると、それを袖手《しゅうしゅ》傍観しているのは、善人の為にはもちろん、悪人の為にもならない。それのみか、それを傍観しているもののうちに善が萎縮し悪が台頭することである。さらに同僚ばかりではない、学園の中の食堂には給仕があり賄方《まかないかた》があり、学校や寄宿舎には小使があり婆やがいる。彼らも又学園の一員である。彼らに対しても、学園の成員だという同類意識が起こらなくてはならない。私が一高の寄宿舎にいた時分に、寮の食堂の賄人を集めて、読み書きを教えた学生がいた。彼らは一高の垣の中のすべてを美しくしたいというのであった。道は近くにある。すべて偉大な事業は、まず小さな家庭の団炉から燃えて、やがて村に町に次いで府県に、やがて国民にまで広がるものである。それでこそ根蔕《こんたい》が堅いのであり、近くに現われない善事は、どこかに無理があり不自然があるに違いない。

美しくしたいのは人事ばかりではない、学園の自然である。建物や校庭のことは、主として当局のすることで、学生はこれと関係がないかもしれない。しかし校庭の一角に、美しい花園を作ったり、記念の樹木を植えたりしても、差し支えない限り当局が許さないはずはなかろう。校庭に紙屑《くず》が落ちているのでも、小使が掃除するだろう、誰かが拾うだろうと思うのがよくない、自分がなさなくてはならない。自分たちの学園だ、自分たちの手で美しくするのだ、という気持が必要である。学園の自然は美しくしたいものである。

自然の美しい学園は、英国のオックスフォードとケンブリッジだと思う。寄宿舎――中世の僧院の建物――と食堂とチャペルとに囲まれて、きれいな芝生の庭がある。中央に大きな楡《にれ》の木がある、庭の周囲に並木を植えて、ベンチを据《す》えている。あちこちに教師と学生とが歩きながら話したり、学生が芝生に寝転びながら何か論じている。美しい小鳥が来て盛んにさえずる。ここにミルトンもニュートンもロックもテニソンもハラム[*]もグラッドストーンも暮したのだ。かつて数人の学生が芝生の上で当時の宗教の堕落を憤慨して、我々が奮起しなければ駄目だと誓った。それがあのジョン・ウェスレー、チャールス・ウェスレー、ホイットフィールド[**]等であった。彼らの起こしたのがメソディスト運動であった。又ある時に芝生の上で歴史を論じた二人の学生があった、一人は英国人だが、他の一人はロシア生まれであった。二人は当時学界に勢力のあったサー・ヘンリー・メーン[***]の歴史的研究法を批評して、あれは本当の歴史的方法ではない、結論を先にこしらえて歴史でそれを例示しようとするにすぎない。我々が本当の歴史的方法を開こうと誓った。この一人はメートランド[*]で他の一人はヴィノグラドッフ[**]であった。彼らはともにケンブリッジ大学の教授となり、法律学界に画期的の業績を残した。

学園を去った卒業生は、母校を中心として卒業生の団体を作る、これも校友会とかいろいろの名で呼ばれている。彼らは年度を異にすれば、顔も名前も知らない、しかし同じ学園で育ったという思い出と、学園の建物や寄宿舎にともなう連想とで、結び合わされている。さらに自分らが卒業した学園に、今学びつつある学生にも、親愛の感情を感じる。こうなると学園の学生相互の場合よりも、もっと一般愛に近づいてくる。彼らがかつての教師を中心として、かつて机を並べた学友と、古い思い出話に耽ることは、もとより美しいことである。しかしそのほかに母校の為に、母校の設備や自然の為に、惜しまずに骨折と金銭とをさいて貰いたい。いわゆる校友というものが、無用の干渉や束縛をするのは、断然排斥しなければならないが、金と地位とを獲得した彼らが、後輩の為に尽すべき余地は多いのである。英米の大学は私立が多いから、卒業生が寄付したり遺贈することはおびただしいもので、オックスフォードやケンブリッジは、その為に十億円以上の財産を所有している。ことに望ましいのは、貧困学生に対する給費制度である。およそ世に惨《いた》ましいことは、英才を恵まれた青年が、金のない為に高等教育を受けられないで、育たば育つべき英才を、むなしく埋らせることである。本人の為にも社会の為にも莫大な損害である。金を使う道はいろいろあるが、人を育てる為に使うことくらい、意義のある使い方はあるまい。我々は貧困家庭の青年がもっと、高等の学校に入学のできるようにしたいものだと思う。

二四　同胞愛

人間は人格となりうる能力、すなわち人格性の主体である。先に引用したカントの言を再びここに引用すれば「なるほど人間は非神聖なものでもある、しかし人間にある人そのものは神聖なものでなければならない」と。人間をただ人間として見れば、他の生物と異なるものがないかもしれない。しかし人格性を所有することのゆえに、人間は尊敬に値する。この尊敬は人格性に対するものであるから、我々は自己に対しても尊敬を持たねばならない。己れはたとえ能力もなく天分も乏しくあろうとも、しかし己れにある人格性は疎略にしてはならない。かくしてここに自敬、自重、自愛の心が起こる。もし人格性を尊敬するならば、同じく人格性の主体たる他の人に対しても、尊敬を持たなくてはならない。人格性の主体たる我々は、現実の自我を鞭打って、理想の自我たる人格にまで、成長しつつあり、又成長しなくてはならない。自己が成長するとともに他の人々も又、自己と同じく人格への成長をなしつつある。同一の目標を目指す人々に対して、我々は共感共鳴を感ずる。これが同情である。英語の sympathy とはパトスを同じくするの意味であり、ドイツ語の Mitleid はライデンシャフトを同じくする意味である。肉体は異なろうとも、肉体の中に動いているパトス、ライデンシャフトは同じである。やがて同情は愛を喚起する。彼を不幸にして我は幸いでありえず、彼を幸いにして我は我がことのごとくに喜ぶ。もし食物に飢えて路傍に苦しむものがあれば一杯の食を贈ろうとする。彼の苦痛は我が苦痛であり、彼を苦痛において我は晏如《あんじょ》たりえないからである。人格性の主体なるがゆえに感ずる愛を、我々は同胞愛又は一般愛として、これを特殊愛から区別する。

一般愛と特殊愛とは対立するものではなく。特殊愛は一般愛の上に立って、これを基礎とした特定の対象（人）に対する愛である。なるほど個々の特殊愛をとらえてみると、一般愛の基礎の上に立つと意識していないかもしれない、しかしそれは特殊愛が強烈にして一般愛を包含しているからである。だから何かのことで、特殊愛の当事者の間に対立が起こると、一般愛に立ち返る。我々は親子、師弟、友、恋人の間において、時として個の持つ我執が、特殊愛を裏切ることを見た。そしてその時にすべての特殊愛に友情が生きなくてはならないといった。しかし特に友情を引いたのは、友情が同じ特殊愛だから、理解に便宜だと思ったからである。友情を生かすとは、一般愛を生かすことである。人格性に対する尊敬、人格性の主体としての対等意識、成長に対する同情と愛、これに立ち返る時に、囚われていた我執から解放されて、その元に返り、轍《わだち》をはずれた特殊愛を再び正道に戻すことができる。

特殊愛の対象は特定の人であり、自分の周囲にいる人だから、補完が最もあざやかに現われる。しかし人間の精神的身体的の欲望が向上するにつれて、特殊愛の対象を越えて、補完を求めねばならなくなる。かかる拡大された補完の相手に対して持つ愛が一般愛である。そこで特殊愛と一般愛とが区別されて、別のもののように思われるが、実は特殊愛も一般愛の上に立ち、一般愛は特殊愛の要素を帯びている。今日に必要なことは、特殊愛の中に一般愛を意識せしめ、一般愛の中に特殊愛を意識することである。

一般愛を感ずる対象を同胞という。今日我々が同胞というと、当然拡大された人間の集団を考えるが、実は同胞の範囲は、徐々として拡大されてきたのであった。西洋の倫理学者のいうところによると、同胞の範囲は初めは家族であった。家族以外のものには同胞愛を感じなかったそうである。この時代には、特殊愛の対象（親子）を中心として、一般愛が限られていたので、家族の中では善をなし悪をなしてはならないことが守られたが、家族を越えると善悪の適用は別になった。悪をなしてもよく善をなさなくともよかった。やがて同胞が家族から部落へ、部落から種族へ、種族から国民へと拡大した。今日我々は自分の家族だから殺してはいけない、しかしほかの家族なら殺してもよいなどとは思わない。国民であるならば、東京の人であろうと九州の人であろうと、自分の家族に対すると同じように、善をなさねばならず、悪をなしてはならないことになった。この道徳観が外部に具体化して、道徳的意見となり法律の規定となっているのである。

同法すなわち一般の対象を、家族から国民へと拡大せしめたのは、何によるかといえば、いろいろの原因があげられるであろう。しかし思想的原因が最大なるものであった。西洋ではこれに貢献した最初の思想家はソクラテスであった。ソクラテスは初めて最高善を「人格」に求めた。もし「人格」が最高善だとすれば、人格の主体は皆いずれも尊敬されねばならず、尊敬は対等でなければならなくなる。かくしてアテネの中でのいろいろの不平等の制度が改められることになり、アテネ以外のギリシャの人々もともに同胞となった。「人格」の発見は人間のうちにある最高善の発見だけではない、同時に一般愛の対象の拡大を意味した。さらに従来の特殊愛を反省せしめて、特殊愛を「人格」の上に基礎づけることになった。一言にしていえば「人格」の観念を把握した時に、同胞の範囲は外延的に拡張するとともに、内包的に根拠を深めることになったのである。しかし発見は直《ただ》ちには実現にはゆかない。ソクラテスもプラトンもアリストテレスも何ら怪しむことなしに、奴隷という制度を是認していた。奴隷にも人格はあるはずである、しかし奴隷の人格を認めるには至らなかった。それは一つは奴隷が外国人の捕虜であるからであり、外国人は同胞の中に数えられなかったからである。この制約を脱したのは、ストイックの自然法の思想であり、自然法の上に立ったローマの法律であった。ローマ人は武力によってではあるが、ヨーロッパの世界を構成した。ローマ帝国という大帝国がなかったら、キリスト教の世界宗教は生まれえなかったとは、世界史家ランケのいう通りである。しかし「人格」の観念を徹底したのは、キリスト教の思想であった、ソクラテスを継承してこれを発展させたともいえる。それ以来「自由平等博愛」をモットーとしたフランス革命の思想、「最大多数の最大幸福」を旗印としたベンサムの功利主義、「人は常に目的であり決して単に手段であってはならない」と教えたカントの理想主義、いずれも「人格」の観念を明白化し、同胞の範囲を狭い所から今日まで拡大するに貢献した。かくして我々は特殊愛を人格の結合、個性の補完と説明し、一般愛の対象を横に外延的に拡張して国民に至ったのみならず、国民の中においても縦に人格の対等を実現するに至った。

国民とは言語、風俗、感情、思想、歴史等々を共通にする人間の集団をいう。これらの共通性があるから、我々は同情が可能であり、愛を持つことができる。一般愛の対象すなわち同胞は国民である。国民の中の我々は、我々の言葉で書かれた『太平記』を読んで、楠正成や楠正行の事績について、ともに喜びともに悲しみともに嘆きともに泣くことができる。外国の人々はある程度までは理解もできるかもしれない、しかし我々と同じく感じ動かされることはできない。我々の「物のあはれ」とか「寂び」とか「渋さ」とか、俳味禅味などは、外国の人々にはなかなかわかるまい。反対に我々は英国人の「自由」(liberty)や、フランス人の「平等」(egalité)というような言葉が与える響きは、最後のところまではわからない。これは言葉が違い感情が違い歴史が違うからである。

我々個人は生まれてすぐに国民の一員である。我々は長い祖先の伝統を受けて、生まれた時にすでに国民的である。それがまた潜在的であるのが、家族や学校の教育によって顕在的となる。各個人が同一の感情、思想、歴史を意識しているのでなければ、同感同情を起こすことがありえないから、国民なるものは存在しえないわけである。国民的意識は我々各個人のうちにあるので、我々個人のうちにあるものを除いて、個人と対立し並立する国民なるものがあるのではない、もしかかるものがあるとすれば、それは国民ではなく一つの個人である。だから各個人を離れて国民なるものはない。我々に特定の個人を示すがごとくに、国民を示してくれといわれても、個人を示すと同じ意味で、国民をとらえて示すことはできない。よく国民の重要性を力説する為に、あたかも国民と個人とが対立して、個人の外に国民が個人と並んで存在するがごとくに説くものがあるが、個人の外に国民があるならば、国民の存在の根拠はこれくらい脆《もろ》いものはないので、国民が個人のうちに立脚しているからこそ、個人がある限り、国民は不動確乎たる存在を保持するのである。国民と個人とを対立させるのは、個人なるものを快楽主義者のように解釈して、己れの利を追うものとなし、かかる個人と国民すなわち個人の総体とを対立させ、個人を捨てて国民につけというのであろう。しかし個人は己れの利のみを追うのではない、かく見たのが快楽主義者の誤謬なので、個人はなるほど己れの利を追うことはあるが、だが同胞の為に愛を持つ個人である。国民を愛しておかざる個人である。かく見られた個人は国民と対立するものでなく、個人の中に国民への関心が存在している。個人と国民とを対立させるのは、我々のいい方にいい直せば、汝の中にある国民的意識を昂揚せよ、汝の中にある己れの利を追う念を駆逐《くちく》せよということである。国民的利害に反した個人を非難するのは、かかる非国民的個人の中にさえ、国民的利害の関心の存在することを前提としているので、非難とはその関心に訴えて反省を求めることである。

各個人には共通の国民的意識がある、これを個人は国民的意識を分有するともいう。共通の意識があるからといって、各個人は一様一態で一色で塗りつぶされているのではない。共通な意識を持ちながら、分有の仕方に特殊性がある、これを我々は性格、個性といった。もし各個人が一様であったら、国民は単調無味なものであろう。ところが各個人に特殊性があって、特殊の仕方で国民に関心を持ちうるので、特殊であってもしかも普遍につながれる集団が成り立つ。ここに個性を生かして、しかも統一が見られる。もし特殊だけなら統一がない、統一だけならば個性は生きない。国民とは個性を生かして統一の成り立つ交響楽のごときものである。これを個人の方から見れば、個性を持つがゆえに、各々の特殊をもって互いに補完することができるので、補完については次の項で説こうと思う。

国民を別の言葉で祖国ということがある。同一の対象をやや異なる側から見た名称である。「我々日本国民は」というように、個人個人の側から見た時に国民といい、集団の方面を見た場合に、祖国というのであろう。だから「我々日本国民は」と、我々という個人から見るから国民というが、「我々日本の祖国は」とはいわない。祖国という場合には、「我々の祖国」といって我々の属する集団を指すのである。祖国を又別の言葉でいえば、国家である。「祖国日本の為に」というと同じく「日本国家の為に」という。この場合の国家は国民、祖国と同一の対象に対する名称であって、ただ異なる見方から見たにすぎない。ところが国家という言葉には別の意味がある。それは政治社会を意味するのである、そして政治社会という国家の土地人間の範囲は、国民、祖国の範囲と同じである。すなわち日本国民、日本の祖国は、内地、朝鮮、台湾、樺太、南洋諸島、関東州等々の土地及び人間を包含するのであるから、祖国という意味の国家と、政治社会という意味の国家とは、往々にして混同されることがあるが、概念上は区別されねばならない。たとえば「これは市町村のやることではなく国家のやることだ」という場合の国家は、政治社会を意味し、祖国という意味の国家ではない。もしこの場合に祖国を意味するならば、祖国が市町村と対立するはずはない。政治社会を意味するからこそ、地域的に又権力的に、市町村と対立してくるのである。これに反して「我々の国家を守れ」という場合の国家は、祖国と同じ意味で、国民を集団の側から見た名称である。

国民すなわち同胞は、我々の一般愛の対象である。だから国民の一人が他から侵害された場合には、我々の特殊愛の対象が侵害されたと同じく、我々の愛の感情が衝撃を受ける。祖国（国家）が他から自由独立を侵害された時は、我々の人格性に対する尊敬が傷つけられ、我々の矜持の念が許さない。ゆえに「祖国を守れ」「国家を守れ」とは、言葉の真実の意味で「我々の祖国（国家）」を守るのである。祖国（国家）の中では、我々は自己の共通の意識の中で生活している、これが我々の自律の生活である。もし他から祖国（国家）の自由独立が侵害されるなら、我々は他の意志の下に生活する、これがすなわち他律である。我々が人格性を尊敬するならば、他律に甘んずることはできない、それは自由人たることを捨てて、奴隷となることだからである。祖国（国家）を守る為には、我々は財を捨て命をなげうたねばならないとは、人格を最高価値とすることからくる、必然の帰結でなければならない。

だが我々に祖国を愛する情があるとともに、我々の中に己れの利を追う念のあることも、否定することはできない。祖国を愛せよとは、祖国への愛をして、己れの利を圧倒せしめよということである。人は己れの利を忘れて祖国の為に起つ、しかも往々にして己れの利が、執拗に首をもたげることがないとはいえない。己れの利を克服すること、これが人格成長の内容であった。だから真に祖国を愛して愛し抜きうるものは、人格成長を念とする教養の士でなければならない。

政治社会の意味の国家は、必ず元首を有する。元首は内外に対して政治社会を代表する。元首が歴代世襲の場合に君主といい、選挙される場合に大統領という、君主を元首とする国家を君主国といい、大統領を選挙する場合にこれを共和国という。元首は元首として政治的権力の所有者にともなう尊敬を受け、国民の感情にある地位を持つことは当然である、しかしたとえばフランスの大統領の場合と、英国の国王の場合とは、国民的感情に持つ地位は、著しく異ならねばならない。これは世襲であることと、選挙によることとの差異である。たとえある国のごとく君主国でも、ある時は国王をオランダより、ある時はドイツより迎える場合には、国王と国民とは言語を異にし感情を異にし歴史を異にするから、国民的感情に共感することは困難である。

日本の国家の元首は天皇である。天皇は二千六百年連綿《れんめん》たる万世一系の皇統を継承され給う。天皇は政治社会の元首であらせ給うのみならず、わが国民の一大家族として発展してきたことから、あたかも家族における親の子におけるがごとき位置に立たせられる。政治社会の元首は威権の主体であるが、必ずしも国民の感情の中心に立つとは限らない、共和国の大統領はその例である。我が国において天皇は元首であらせられ、統治権の主体として万機を総攬せられ給うのみならず、単に威権の主体であるばかりでなく、国民の感情の中心に立たせ給う。国家に対して我々を人民といい、天皇に対して我々を臣民という。

わが歴代の天皇は臣民を愛撫し、臣民の幸福を聖慮となし給われた。明治天皇は明治二十三年発布せられ給いし憲法の勅語に、「朕祖宗ノ遺烈ヲ承ケ万世一系ノ帝位ヲ践ミ朕カ親愛スル所ノ臣民ハ即チ朕カ祖宗ノ恵撫慈愛シタマヒシ所ノ臣民ナルヲ念ヒ其ノ康福ヲ増進シ其ノ懿徳良能ヲ発達セシメムコトヲ願ヒ」と仰せられた。懿徳《いとく》良能を発達せしむとは、すなわち人格の成長ということであり、康福を増進すとは、人格成長の為の条件たる康福の増進を意味すると拝察せられる。民の竈《かまど》の賑わうを喜ばせ給うた仁徳天皇が、臣民の経済的条件を御軫念《しんねん》あらせ給うたごとくに、歴代の天皇は臣民を民草と宣《のたま》わせられた。草の伸びるがごとくに、臣民の人格成長を叡慮せられたのである。

しかもこの臣民かの臣民という特定の臣民ではない。数千万の臣民が一様に天皇の叡慮の対象であった。これに対して臣民たるもの誰か感謝し感激しないものがあろう。いわんや御一代の天皇がかくあらせられたのでなく、歴代を通じ万世を経て、常にそうであった。かくて臣民の感情は凝集して、崇敬の感情に化した。君に対する臣の「徳」これを「忠」という。忠とは一身を奉ずるの意味である。天皇は臣民の成長を図られ給い、臣民は天皇に対し忠ならんことを願う。かくて日本において天皇は元首であらせられるのみならず、国民の自然に流露する感情の中枢にあらせられ、しかも臣民の感情は高められて崇敬の感情となる。君臣のかくのごとき関係、これをわが国体の精華という。

我々の一般愛の対象すなわち同胞は、往々にして国民を越えることがある。日本人だから殺してはよくないが、米国人なら殺してもよいとは思わないし、日本人なら暴利を貪《むさぼ》ることは慎むが、インド人なら暴利を貪るとも差し支えないとは思わない。正直なれ約束を守れという「徳」は、日本国民の間にだけ守られるのでなく、いかなる国民に対しても守られる、これなくして外国人との交際は、初めから成り立たないだろう。だが国民が一般愛の対象であるがごとくに、国民の区別を問わず、外国人はあらゆる点で、我々の一般愛の対照となりうるかというに、必ずしもそうではない。これは言語、風俗、感情、思想、歴史等々の共通要素が欠けている為に、同胞としての意識が、そこまで及ばないからである。現在において全き意味の同胞は、国民であり、ただ国民である。

人は往々にして人格と人類とを連想し、人格と国民とを対立するかのごとくに考える。もし人格を理想の自我と解するならば、人類は理想の自我ではない。国民を構成する我々個人が、現実の自我であって、理想の自我でないと同じく、人類の一員としての我々も、現実の自我であって、理想の自我ではない。現実の自我たることにおいて、国民と人類とは何ら異なるところはないのである。理想人格という語を人格性の主体と解しても、人類の一員としての我々も、国民の一員としての我々も、人格性の主体たることに変りはなく、特に国民よりも人類を人格と連想するものはありえない。もし現実の自我が成長する過程において、国民の範囲に停止するよりも、これを越えて人類にまで拡大する方が、成長の条件として好ましいという意味に解釈すれば、問題は国民と人類という対立が成り立つかどうかである。市町村と国家という対立はありうる、なぜなれば国家は統一体として成立しているからである。しかし国民に対して人類なるものがあるかというに、人類という統一体は現在において存在しない。国民に対立するのは、ただ他の国民があるだけである。したがって国民と人類との対立はないので、国民と国民との対立があるのみである。その際我々の国民よりも他の国民が、我々の人格の成長とより密接な関係があるはずがない。もしも国民を唯一最高のものとして、他の国民を手段とするならば、人格の成長に反するという意味ならば、理解しえないことはない、しかしそれならば、国民と人類とが対立しているのではない。対立しているのは、理想の自我(すなわち人格)と現実の自我とであるか、あるいは現実の国民と理想の国民とであるかである。いずれにしてもここに人類を持ち込む理由はないのである。

思うに人格と人類とを連想するのは、次のごとき推理的過程によってであろう。第一に人格は理想の自我である、第二に現実の自我は理想の自我と対立する、第三に国民は現実の自我たる個人より成立する、第四にゆえに国民は人格に対立する。第五に人類は国民に対立する、第六にゆえに人類と人格とは同一である。この過程において第一より第四までは正しい。しかし第五に現実の人類なるものを、国民に対立させることに誤謬があり、第六に人格と人類とを同一視することに誤謬がある、なぜなれば、ここでは国民は人格に対立し、人類は国民に対立する、ゆえに人格と人類とは同一だという推理がなされているが、一つのものに対立する二者は必ずしも同一ではない。あたかも赤も黒も白に対立するが、さればとて赤と黒とは同一だということにならないがごとくである。この推理的過程が論理上に誤謬であるにかかわらず、もっともらしさを感ぜしめるのは、人類を現実の人類としないで、無意識のうちに、理想の人類理念としての人類に解釈しているからで、自我と国民とは現実の自我、現実の国民をとりながら、人類の場合には現実ならざる理想の人類を、脳裏に描いているからである。そして、理想の人類を、カントのいわゆる共同体社会と解釈しているからである。

それでは人類を理想の人類と解釈して、人類と国民と人格とは、いかなる関係に立つかというに、理想の人類と理想の国民と理想の自我（すなわち人格）とは一線に並立する。では理想の人類と現実の国民とはいかにというに、この関係はあたかも理想の自我と現実の自我との関係に似ている。理想の自我が普遍であり、現実の自我が特殊であると同じく、理想の人類は普遍であり、現実の国民は特殊である。特殊の自我を通してのみ、人格へ成長することができると同じく、特殊なる国民を通してのみ、理想の人類に達することができる。しかして普遍は特殊に表現し、特殊に表現した普遍があるのみで、特殊に対立した普遍はない。もしあればそれはすでに普遍でなく、一つの特殊である。特殊の国民に表現した理想の人類があるのみで、特殊の国民と対立した人類があるのではない。我々が人類に生きようとするならば、特殊なる国民を通してのみ、それが可能である。我々の前にある対立は、現実の人類と理想の人類、現実の国民と理想の国民、現実の自我と理想の自我との対立があるのみで、現実の国民と現実の人類との対立はない。現実の国民と理想の人類とを対立させながら、これを現実の国民と現実の人類とが対立するかのごとくに錯覚し、国民を否定して人類を肯定するのは、論理の誤謬である。現実の自我を克服することが、現実の国民を理想の国民たらしめることであり、それが自ら理想の人類たることである。

二五　社　会

社会とは複数の人が何らかの関係を持つ状態をいう。何らの関係も持たない複数の人がいても、それは社会を成すに至らない。たとえば孤島に漂着したロビンソン・クルーソーは単数の人だから、もとより社会を成さないが、同じ孤島の近い場所に、別の漂着人がいたとしても、二人の間に何らの関係も交渉もなければ、彼らは社会を成してはいない。社会の中に二つの種類がある、一は共同社会（Gemeinschaft）であり、他は目的社会（Gesellschaft）である。*共同社会とは、その成員が共同の感情、思想、歴史の下にある社会で、その目的は広汎で一般的である、現代の共同社会は国民であり、ただ国民だけである。目的社会とは特殊の限定された目的を持つ社会であって、学校も学園も学友会も寄宿舎も、それぞれ一つの目的社会であり、国家――政治社会の意味の――も又一つの目的社会である。家族も政党も株式会社も商工会議所も労働組合も消費組合も、皆、目的社会である。学術団体、芸術団体、教会もそうである。普通に社会といえば、たとえば、学校を卒業して社会に出るという場合の社会は、共同社会たる国民を意味する。無数の目的社会が存在していることは、現代の特徴である。

私は前に我々には共通の意識があって、しかも特殊性があるといった。共通の意識がなければ、およそ人と人との間に、何らかの交渉関係はありえない。同時に各人に特殊性がなければ、社会における交渉関係もありえない。なぜなれば特殊性があればこそ、相互の補完が可能になるので、それなくして交渉の意義がないからである。補完はあるいは自我それ自体による補完もあろう。家族における親子の間のごとき、学校における師弟の間のごときが、それである。いわゆる特殊愛も又社会の中において行なわれるのである。補完は又精神的条件を供与して、自我の活動に参加することもある。たとえば学問、芸術、道徳、宗教、教育等々がそれである。また物質的条件を供与して、自我の成長を可能にすることもある。たとえば衣食住に必要な商品を提供するがごとき、あるいは軍事、警察、司法、交通等々の施設によって、我々の生活の不安を除去し、あるいは生活の便益を増進するがごときである。

我々がいかに社会に負うか、いかに社会から補完されるかは、仮に社会から孤立した個人を考えてみるのが一番いい。我々の出生は社会がなければありえない。出生があっても、養育されねば死亡するほかはない。少年時代まで育てられてから、絶海の孤島にでも漂流した場合を想像すると、彼を教育するものはない、学問も芸術も宗教もなく、人との交渉がないから、道徳的活動は停止する、そして道徳的能力は萎縮する。他との接触がないから、個性の自覚がない。雨、風、雪を防ぐが為に、食い飲むが為に、彼自らあらゆることをなさねばならない。さらに猛獣毒蛇の襲来があるかもしれず、これに対する防備を整えねばならない。およそこれらの煩累《はんるい》と欠乏とを思いみただけで、我々の自我の成長などは夢みることもできない。これが可能なのは、実に社会の賜物である、換言すれば社会における補完の賜物である。

社会には補完が行なわれているにかかわらず、補完は各自が意識することなしに行なわれている。しかし一歩退いて考えてみると、補完には重要な意義がある。我々は同胞に対して一般愛を持つ。同胞が同じく人格性の主体であることからくる尊敬、人格の成長をなしつつあることの同情、この尊敬と同情とから愛が湧き、同胞の運命を自分の運命と二にして一なるがごとくに感ずる。同胞の運命への関心は、同胞をして最高価値たる人格の実現をなさしむるにある。しかし人格の実現は当事者のみの為しうることであって、第三者がこれに代わることを許さない。ただ第三者のなしうることは、まず同胞をして最高価値の何たるかを自覚せしめるにある、ここに教育――真正の教育――の意義がある。次に人格成長の内容たる学問や芸術や道徳や宗教を供与することである。さらに同胞をして人格成長をなさしめるが為に、安全にして快適な生活条件を供与することである。かくして社会における補完が行なわれる。したがって我々が補完をなしつつある時に、我々は自ら知らざるうちに、同胞の人格成長を助けつつある。これを自ら意識しないのは、補完が始まってから、すでに伝承長きにわたっている為に、各自が意識しないほど、当然のことと思われているからである。だが伝統的に行なわれていることは、気づかない間に、不必要か有害なこともありうる。又伝統的に補完をなしつつも、一々の場合にいかに補完を行なったらよいかという疑問の起こることがある。これが「何をなすべきか」(What should I do?)という問いであり、ここに道徳の問題が始まる。読者は「道徳」の項で述べたことを想起して貰いたい。この問いに答えるには、まず行為は何の為に行なわれるかを明らかにする、それは自己の人格成長の為である、自己の利の為ではない。次に誰の為に行なうかを明らかにする、それは相手(単数のことも複数のこともある)の人格成長の為である、しかも相手は人格性の主体として、常に平等に扱わなくてはならない。これだけのことを明らかにした後に、では補完の為にはいかなる条件を供与したらよいかということになる、これが狭義における「何をなすべきか」の問いである。

これに答えるのは、哲学と科学（自然科学と社会科学）である。しかし一々の場合に科学と哲学とにまたなくとも、一応これに答えてくれるものがある、それが長い経験の結晶たる慣習、道徳的意見、法律の規定である。これを一言で社会的命令（規範）という。ところがこれらのものは経験の結晶ではあるが、その経験が過去のものであるから、事情の変化の為に時代錯誤となり、かつては条件の供与を指示して、人格成長の為に貢献したものが、今はかえって人格成長を阻止する桎梏《しっこく》となることもないではない。そこである場合にこれらの慣習、道徳的意見、法律の規定それ自体を、反省し批判することの必要が起こる。それをするには、再び哲学と科学とに戻って、その援助の下に再検討を試みるのである。

そこまで社会的命令の検討を、社会の側から客観的に説いてきたが、これを個人の側から主観的に見ると、どうなろうか。今まで漫然として社会的命令の下に育てられ、怪しむことなく疑うことなく、命令に服従してきたものが、ふと停止して「何故に」と問うものがある。彼には長い伝統で行なわれてきたというだけでは、拘束力を感じえない。彼自らが納得しうる意義と価値が見出されない限りは、もはや社会的命令は拘束力を持ちえなくなる。「何故に」という問い、これが青年の自覚の時に発せられる問いであった。この問いはある時にある人が出して答えれば、よいというものではない。いつの時にもいかなるものも、常にこの問いを出さなくてはならない。歴史はかかる問いが次々に出されて答えられたことを物語っている。個人からこの問いの出される時、社会に社会的命令の再検討が開始される。

アテネにおけるソフィストもこの発問者であった。そしてソクラテスもそうであった。プラトンの「共和国」によると、従来の社会的命令に一意専心これに従う老人がいる。これに対して従来の命令を、一括的に支配者の利益擁護の為だと片づける青年ソフィストがいる。前者は伝統を固守し、命令を一括的に肯定する。後者は伝統に反逆し、命令を一括的に否定する。この間においてソクラテスのとった態度は、いずれでもなかった。彼は命令のあるものを肯定した、この点において老人と似ている。しかし命令のあるものを否定した、この点においてソフィストと似ている。彼は一括的に命令を肯定しなかった、これが老人と異なる点である。彼は又一括的に命令を否定しなかった、これがソフィストと異なる点である。彼はある命令を固守し他の命令を改革しようとした、これはしかし卑怯な妥協苟合《こうごう》ではなかった。一定の原理を提立し、原理により肯定し否定した。その原理が「人格」であった。一面においてソフィストからは保守反動と見られる、他面において老人からは急進過激と見られる。そして後者の嫌疑で結局死刑に処せられたのであった。

しかしソクラテスのとった態度は正しかった。長い間行なわれてきた命令のすべてが否定されるはずはない。しかし命令はかつて合理的であったのが、今は不合理となって、当初の目的に矛盾することがありうる。これに対しては改革がなされねばならない。一面において従来の命令を固守し、他面において改革する、これがあらねばならぬ態度である。しかし従来の命令を固守するといっても、機械的に盲従するのではない。一度は検討の俎上《そじょう》において、原理によって是認したのであれば、それはすでに他律ではなく自律である。彼は外形において命令を守るのみでなく、命令の精神を体して、命令の及ばない部分にまでも精神を生かそうとする、だから真正の保守は別の意味ですでに一種の改革である。

一般愛から出発して、何をなさねばならないかを問い、ついに社会の保守と改革とにきた。この二面のいずれもが必要であるが、我々の力説したいのは社会改革である。保守は周囲と摩擦せずしてすむ、したがって己れの利を犠牲とすることなくしてなしうる。しかし改革は一つの戦いである。彼が改革に至るまでに、自我の成長の戦いがあって初めて、改革の段階にこられたという意味と、改革が変更を恐れる周囲との摩擦をともなうという意味と、この二つにおいて。

だがもし我々に一般愛があるならば、我々は社会の改革者とならねばならない。苦しみ悩むたくさんの同胞が、我々の周囲にある。我々が教養を努めている時に、教養の意味さえもわからず、否、生きることさえできないものがたくさんにいる。これを袖手傍観《しゅうしゅ》しているものが、自我が成長したとはいわれない。人はあるいはいうかもしれない、もし社会改革に従うならば、教養は捨てねばならないかと。私は学生時代に社会改革に従えよというのではない、ただいいたいことは教養の結果が社会改革に至らねば本当でないということである、だから私は答えよう、社会改革をなしうるがごとくに教養にいそしめよと。

私は諸君が社会改革者の伝記を繙《ひもと》くことをお勧めする。奴隷売買禁止を運動したウィルバー・フォースやザカリー・マコーレー、監獄改良を企てたジョン・ホワード、郵便制度の創始者ローランド・ヒル、労働組合の建設者ロバート・オーウェン、労働時間を十時間に短縮することに成功したシャフツベリー卿、穀物条例の廃止に奔走したコブデンとブライト。ことにジョン・ブライトは愛妻を失って憂愁に沈める時、コブデンが来訪して、君の憂愁に幾倍する苦境にある労働者をどうするかというのを聞いて、奮然として起《た》ったのである。ロンドン貧民窟で労働者教育をして、若くして倒れたオックスフォード大学の秀才アーノルド・トインビー、奴隷解放の政治家リンカーン、アンクル・トムス・キャビンの著者ストー夫人。一々数え立てればいとまがないが、諸君はこれらの伝記の中から、感激感奮を受けるだろう。そしてその持場のいずれにあるを問わず、諸君を同胞への愛に鞭打たずにはおかないだろう。

社会改革の態度が定まったからとて、具体的に何を改革すべきかはまだ定まったわけではない、しかしそれは一々の場合に定まるので、哲学と科学とにまつほかはない。人道問題と関係がないと思われていた科学が、ここに社会改革の用具としての脚光をあびて、生き生きとして諸君の前に現われよう。

最後に残された問題は、「いかに改革すべきか」という方法の問題である。かつてマルクス主義者は非合法の実践で改革をなそうとした。又近くは同じ非合法の方法で改革を企てた数回の試みがあった。この問題に対しても、我々は偉大なる師ソクラテスに聞くこととしよう。プラトンの「クリトン」や「パイドン」によると、ソクラテスが死刑の宣告を受けてから、毒杯を仰いで倒れるまでに、逃亡の機会がないではなかった、そして当局もそれを黙認するような恰好であった。彼の愛弟クリトンもパイドンも極力彼に逃亡を勧めた。しかしソクラテスの答えはただ一つであった。自分の受けた宣告は不当ではある、しかし宣言はアテネの国法によって定められた裁判官が、国法によって処断したのである。今逃亡することは、国法を蹂躙《じゅうりん》することであり、アテネに対する反逆だ、ソクラテスはそれをなすべきではないと。国法により不当の宣告を受けたソクラテスは、最後まで国法に対する最も忠実な遵守者であった。この答えを残して、従容《しょうよう》として死についたソクラテスの臨終は、まことに荘厳な落日を見るがごとき情景であった。

ソクラテスの態度を私が解釈すると、国法そのものも改められなければならないこともあり、国法を守るが為に必要な改革のなされないこともある。しかし国法に背《そむ》くことは、法律の全体系に対する尊敬と威厳とを弱め、その結果として詐欺や泥棒も盛んに行なわれることになるかもしれない。これから収拾すべからざる無政府的混乱が起こるだろう。改革の延期されるのは惜しい、しかし改革で償うことのできない害悪がもたらされるならば、改革も又延ばされなくてはならない。これがソクラテスの趣意ではなかったか。これを遵法の精神（law-abiding spirit）という。これこそ二千数百年後の今日までも、妥当する原則である。

では非合法による改革か、遵法による現状維持か、この二つよりほかにありえないかというに、そこに合法による改革がある、これがあの議会主義（parliamentarism）である。我々のすべてが自己の代表者を選挙し、彼をして議会において率直に主張をなさしめ、最後に多数決により決定する。この決定には男らしく服従する。もし改革を主張するものが多数であれば、多数決によって改革は決定されることになる。これはもとより非合法ではない、しかし現状維持でもない。法律の全体系への尊敬を持ちつつ、しかも社会の改革をなしうる、最も合理的の方法である。この場合に改革に参加するものは、あの一部の運動者ではない、国民のあらゆるもの——学者も牧師も芸術家も官吏も会社員も、八百屋も靴屋も酒屋も——が改革に参加する。ただにそれのみか、あらゆる国民は代表者の選挙にあたり、自己の職場を越えて国民全体の問題に関心を持たざるをえなくなり、「聞くこと」「読むこと」「考えること」をなさざるをえない。各自の狭隘な専門、職業を超克して、全国民的の問題に関心を抱くこと、これこそまさに教養である。人を教養の道におくこと、これが議会主義の精神である。

二六　職業

学生の卒業期が近づくと、就職が大きな問題となる。ちょうど試験に対すると同じく、これにも三つの態度がある。寝ても起きても就職のことばかり考えて、学生生活をあげて就職を本位にするのが一つ。就職などはどうでもよいことだ、我々はそんな事に超然とするのだと、就職を眼下に睥《へい》睨《げい》するのが第二。あるべき学生生活を送りながら、否、送りつつあるがゆえに、職業は大切なことだとして、これに関心を払うものが第三である。この各々に対する私の批判は、すでに「試験」の所で書いた。もちろん第三の態度が望ましい。職業は諸君が食う為に必要であるのみでなく、諸君の生涯に決定的に影響を与えるし、これが同胞への奉仕の道である。これほどの重大な問題を無視するのは、いささかピントがはずれている。

欧州の中世では職業は、一般には許されなかった、ただ僧侶の職のみが、神に仕える唯一の神聖な職として認められ、他の職業たとえばパンを焼くこと、家を建てること等々は、止むをえざるものとして黙認するというにすぎなかった。ところが僧侶だけが神に仕えるのではない、いかなる職にあるものも、神に仕えているのだとして、あらゆる職業を神聖なものとして解放したのは、宗教改革の時代で、ルター、カルヴィンの仕事であった。それから職業は「神に呼ばれた」ものとして

Beruf, callingといわれている。

職業の意義と価値は何であるかというに、これを二つの方面から考えることができる。第一は対自的で自己に対する意義と価値である。まず職業の種類によっては、我々の自我の成長自体と直接関係し、自己が成長を図りつつあることを、そのまま他人に与えて職業となり、職業に懸命になることが、そのままに自己の成長になるのがある。たとえば教育家、宗教家、学者、芸術家の職業などがそれである。これに反して官公吏、会社員、技師等の職業は、他人の成長の為に必要な物質的条件を供与することを内容とするので、それが直接に自己の自我の成長と関係してはいないが、他人の為に図ろうとする自己の道徳欲求から、他人に条件を供与するのであるから、決して自己の自我の成長と無関係ではない。

次に職業に精励することが、我々を成長せしめる。先に引用したミルの言葉を繰り返すと、我々を成長せしめるのは、学校の訓導ではない、人生における苦戦悪闘である。人生の戦いから我々は熟慮、判断、決定、工夫、貫徹等の訓練を受けるので、もしかかる訓練を与える契機がなければ、我々の能力は発達しない。そしてかかる能力は我々の自我の成長の仕方について、大いに必要である。裕福な家庭に育った青年が、何をなすでもなく徒食しているのは、ただに罪悪であるのみでなく、彼には人間成長の訓練が与えられないことになる。あの『友情論』の著者ヒュー・ブラック氏の「仕事論」（Work, 2nd ed., 1903.）はいろいろの観点から職業を観察していて、得るところが多い。

最後に職業は、我々に一定の反対給付を与えて、我々の生きるが為の物質的条件を満たす。この反対給付が月給とか収入とか賃銀とか呼ばれるが、これなくしては我々は生きることができないし、生きる条件なくしては我々は人格の成長をなしえない。反対給付を重大視してそれのみを眼中におくのは、最高価値の転倒《てんとう》をなすことになるが、正しき価値を把握した後において、それへの条件として価値づけるならば、反対給付は決して無視さるべきものではない。

転じて対他的方面を見ると、我々は他の人々の職業から、自己の成長に必要な条件を供与されているので、教育家から教育、宗教家から宗教、学者から学問、芸術家から芸術を与えられ、それで自我を豊富に充実することができるのであり、又建築家に家を建てて貰い、呉服屋から衣類を買い、肉屋、八百屋からそれぞれの食料品を買えるので、初めて生活の条件を満たすことができる。だから職業は同胞の成長に貢献するといえる。実に職業によって我々は互いに補完をなしつつあるのである。

ところが我々の人格の成長は、最高の価値であるにかかわらず、これを職業とすることができないのは、注意すべきことである。ある人が成長をしていても、誰も彼に対して反対給付を与えてはくれない。成長の結果の一片をさいて本でも書いた時は、収入が得られるかもしれないが、それは成長自体ではない。成長自体が何故に職業にならないかというに、職業は各人の特殊性の現われで、特殊の性格能力で、他人に補完ができるから職業となる。しかし成長自体は何人もなさねばならない任務であって、ある人の特殊的任務ではない。だから職業にならないのである。この事が又各人が成長を怠《おこた》ることの理由にもなる。この点は反面から見ると、職業とは各自の自我の断片を切り売りしていることになるので、職業において人は全自我の全活動をあげて没頭しているのではなく、その限りにおいて、職業人とは一局部に偏した人間的欠格者だということになる。学者や芸術家、教育家や宗教家についても、そういえないことはない。人は職業について偏狭になり、偏狭になって収入を獲得し、それで全人の成長をするということになるのだが、全人の成長はなくて、偏狭になるだけで終わってしまうのが無数にある。アダム・スミスの「国富論」は分業の利を説いた最初の書として有名であるが、それによると朝から晩まで年がら年中、針の先を磨いているもの、針の袋をこしらえているもの、針を袋に入れるものがある。これで能率があがるわけではあるが、能率と反対に人はいよいよもって偏狭になる。ジョン・ラスキンやウィリアム・モリスの影響を受けた英国のギルド社会主義者*は、全生産工程の一小部分しか担当しない労働者は、創造的衝動(creative impulse)を満足させることができないからというので、生産組織の改造を提唱したが、工場の労働者のみではない、全社会の全職業が、全人の創造的衝動を抑止しているので、ここに我々の警戒すべき点がある。

それでは諸君はいかに職業を決定したらよいか。諸君の職業はある程度までは、学校の選択の際に決定されている。高等学校の文科か理科か、大学のどの学部か、どの専門学校かは、すでに決定されて今そこに学びつつある。したがってこれからの選択は、それ以上の細かい問題で、官公吏になるか会社員になるか、学問を勉強するか等々であり、あるいは官吏とすればどの官庁か、会社員とすればどの会社か、等々である。しかしこれらのことは、諸君の能力、興味、性癖、境遇(たとえば多数の家族を養うかどうか等)、及び自分が選択しても先方が許すかどうか等で決定されるので、ここで一々具体的に書くことのできないことである。自己の反省、友人先輩の意見を参酌して決定すべきである。

ただやや原則的のことはいえる、すなわち以上にあげた事情が同一であるとして、何が最も好ましい職業か、何が好ましくない、したがって避けねばならないか、これだけのことはいえる。最も好ましい職業は、前に述べたように、自己の成長に直接関係し、したがって他人の成長に直接関係している職業である。最も好ましくない職業は自己及び他人の成長に害悪となる職業である、たとえば婦女の誘拐業、淫売業、高利貸業、阿片密売業等々がこれで、これらの中には法律で禁止しているものもあるが、これに従事することは、他人を傷つけ自己を堕落させることである。以上二つの中間に大部分の職業がある、官公吏、会社員、技師、医師等々である。一旦決定して職業についた者は、容易に転業しない方がよい。いたずらに職業を変えるものは、いたずらに妻を変えるのと同じで、腰の落ちつかないものは、永久に安住の地を見出しえまい。もちろん絶対的に転業に反対するのではない。しかしすべて進路の変更は厳格的であるべきで、変更が絶対的に必要だという証明がない限りは、変更は思いとどまった方がよいと思う。

職業についたものは、社会に一つの職場を与えられ、自己及び他人に対して、神聖な任務をなしつつあるという自覚と自重とがいる。自己の職業を軽侮するのは自己を軽侮することである。たとえその仕事が取るに足らないものであろうと、全力を傾注してこれにあたるべきで、獅子はいかに弱い獲物に向かう場合でも、周到の用意を払い全力を傾けるという。托された任務を果たすことのできなかった場合には、腹を切って申し訳する古武士の覚悟が懐しい。こういう点で武士道の精神が、職業の中に生かさるべきだと思う。関東大震災の時に、多くの官吏が自宅を構《かま》って官庁の重要書類を顧みなかったと、故山川健次郎氏は慨嘆されたそうだが、会津武士として白虎隊に参加した山川氏から見れば、歯痒《はがゆ》く感じられたに違いない。命を賭しても職場を守ることは、あえて軍人に限られたことではない。

職業に従うものは、上司や同僚と意見を異にすることがあろう。この時に注意すべきことは、自己が正しいと信じることはいいが正しいという己れに対する自負心が潜《ひそ》んではいないかと、反省することがある。大きなことで争いうる為には、小さいことに囚われてはならない。あれは奇人だ変人だと思われた人間は、大きなことで主張した場合にも、人は耳を傾けないだろう。ミルは「自叙伝」の中で、こういうことについて骨《こつ》を覚えたといっているが、大いに伸びんとするものは、縮むこともあることを忘れてはならない。しかし縮むのは伸びんとするが為である。もしもある事でそれに屈従することが、自分の良心に反すると思うならば、職を賭しても主張を撤してはならない。良心をまげることは、自己に忠実を欠くことであり、職を辱かしめることである。生きることは死ぬことであり、就《つ》くことは去ることである。職に就《つ》く時に辞表を出す場合を考えておくだけの用意が必要である。もちろん職を捨てることは、自己及び家族を路頭に迷わしめることで、不利益であることは当然だが、ここでも利が最高価値かどうかの根本問題に立ち返るのである。それでも自己の周囲に対する顧慮は、自分の進退を鈍らすだろう。だから人は平生に勤倹質素にして万一の場合に備えなければならないし、進退を賭する場合に親や妻子と疎隔しない為に、平常から啓蒙教育が必要であろう。古《いにしえ》の武士の妻は、戦場に旅立つ夫を送って、家事を構わずに君国の為に死んでくれといったろう、武士の子供は勇ましく正義に倒れた父を偲《しの》んでは、父をよく死んでくれたと感謝したろう。妻や子にこう思われないような男は、どこかに足りないものがあるに違いない。

職に忠なることは望ましいが、職を後生大事と心得て他を顧みないのは、はしたなき業《わざ》である。職業は人を狭隘の天地に跼蹐《きよくせき》させて、人を偏狭にする。我々は偏狭から脱《ぬ》けて全人に返らなくてはならない。これには二つの方法が考えられる。一つは職業に徹して「ある事についてあらゆる事」(everything about something)を知る方法である。たとえば銀行業に働くものは、まず銀行について読書し、次いで資本主義経済について、やがて経済と政治との関係について、経済学から一般科学哲学に及ぶという具合に行くことである、これが特殊に生きて普遍に徹することである。他はこれでは過程があまりまだるいから、職業のかたわら「読むこと」「聞くこと」「考えること」をあわせ行なうのである。なるほど現代の労働時間は長過ぎる、長くとも午前九時から午後五時で切り上げなくてならないと思うが、その改革は改革として、時間がないからということは、口実にはならない。毎日一、二時間の読書のできないことはない。再び繰り返せば、東インド商会の事務員であったミルは、あれだけの学問と著述をした。同商会の簿記台にすわりながら、チャールス・ラムはEssay of Eliaを書くことができた。忙しくて余暇がないとは、自己詭弁の口実でなければ幸いである。「読むこと」や「聞くこと」の味は、学窓を出ていろいろの経験が積まれた時に、本当にわかるものである。これを学生時代だけで切り上げてしまう人は、人生の味のわからない人である。

最後に忘れてならないことは、議会主義による社会改革に志すことである。あらゆるものに政治的関心を持たせること、国民の問題に全国民を参加させること、自己により自己の問題を決定させること、すなわち政治を自律ならしめること、これが議会主義の精神であった。自己の職業を越えて、同胞の運命に影響すること、この社会を住みよい美しい社会とすること、これは職業にあるものの看過してならないことであり、やがて職業を超克することである。

二七　卒業

就職の問題が定まると、やがて卒業の時がくる。時はあたかも陽春三月の末、早い桜の咲き始める頃である。

学生諸君は入学の時に卒業はくるものと予期していたであろうから、卒業は改まった感じを起こさせないかもしれない。しかし諸君の学校の期間は、思えば長いものであった。小学校以来短くも十五年、長ければ十七年、この間を通して諸君の成業を待ちわびた父母兄弟は、どんなに喜びもし安心もするであろう。父兄の多くが、貧しい中から工面して、諸君に学費を貢《みつ》ぐには、定めし人知れぬ苦労をかさねたことであろう。諸君は同年の青年が労働に従事している間に、父兄からの仕送りで、生きる為の労働から解放され、専心学事にいそしむことができた。卒業証書を手にして、父兄に長い恩恵を感謝することは、諸君の義務である。

私も今から三十余年前、小学校で卒業の歌を歌った。仰げば尊し師の恩、幾度も幾度も上級生を送る時に歌ったこの歌が、やがて自分の卒業に歌われた時、泣けて泣けて仕方がなかった。今その頃を思うと、十二歳の少年の自分が彷彿《ほうふつ》として現われてくる。あれからもう長い年月がたった。いろいろの運命が自分を見舞った。だが楽しい時であろうと悲しい時であろうと、あの頃のことを思うと、陶然として甘美に酔うような心持がする。Alma materには祖国は故郷や両親と同じように、我々を本然の我に立ち返らせるインスピレーションがある。

人はなぜ古き昔の思い出を楽しむのだろう。歴史が過去の過去でなくて、現在の眼で眺めた過去であるように、思い出の過去は実は過去ではなくて、現在の心で振り返った過去である。過去にはすべて楽しいことのみではない。骨を噛《か》むような悔恨も懺悔もあろう、それでも過去を悔む時、現在はすでに悔まれる過去を脱している。楽しかりし過去はもとより楽しい、楽しい過去の上に、現在はさらに一歩を進めているからである。過去の思い出は現在の過去への投影である、にもかかわらず、投影した過去に身を浸す時に、現在は忘れられ、没我の境地に入って、現実の超克がなされるのではないかと思う。

諸君を育ててくれた恩師が、母校にいるならば、諸君の愛着と感謝とは、常に恩師と母校との上にあろう。私が高等学校時代に読んだ『トム・ブラウンの学校時代』（Thomas Hughes: Tom Brown's School Days, 1857.）は、モーリスやキングスレーとともに社会運動に従ったあのトーマス・ヒュースの、ラグビーの学生生活を綴ったものであるが、校長トーマス・アーノルド先生は、有名な宗教家であるとともに、有名な教育家であった。この先生の下に思い出多い生活を送った著者は、ラグビーからオックスフォードに進み、やがて大学を出てから、とある地方でふと新聞で、恩師アーノルド先生の訃《ふ》を知るや、取るものも取りあえず、母校のラグビーに飛び帰り、かつて先生の教えを聞いた講堂の一角に身をおいて、ありし昔の恩師の俤《おもかげ》を偲《しの》ぶのである。この一節には師の徳化を慕う門弟の至情があふれて、惻々《そくそく》として人を動かすものがある。これだけに慕われたアーノルド先生は偉かった、しかし又これだけに慕う師を持ったヒュースは幸福であった。アーノルド先生の連想の消えない限り、ラグビーの卒業生には、母校は懐かしさ有難さの対象として、いつまでも続いたであろう。

だが諸君のすべてに、母校はこうした懐しさを持たないかもしれない。しかしたとえ恩師はなくとも、母校を中心とした学生生活は、諸君にとって懐かしいものであるに違いない。マイヤー・フェルスターの「アルト・ハイデルベルク」は、学生生活の思い出の書として、あまりにも有名である。美しい学都ハイデルベルクで、短くはあるが楽しい生活を送った公子カール・ハインリッヒは、そこで初めて人間を知り若さを知った。ユットナー博士は彼にいった「常に若々しくしてらっしゃい、私のいいたいことはこれですべてです。常に現在のままであれ。そしてもし彼らが貴方をちがった風にさせようとしたら——恐らくそうするでしょうが——敢然としてお立ちなさい。常に人間であれ、カール・ハインツ、貴方の若き心を失うことなく……」。カール・ハインリッヒを人間にし若さを与えたのは、ハイデルベルクの学生生活であった。

ああ消えはてし　青春の
愉楽《ゆらく》の行衛《ゆくえ》　今いずこ
心のままに　興《きょう》じたる
黄金《こがね》の時よ　玉の日よ
汝《いまし》帰らず　その影を

求めて我は　　　　歎《なげ》くのみ
ああ移り行く世の姿
ああ移り行く世の姿

……

されど正しき　　　若人の
心は永久《とわ》に　　　冷《さ》むるなし
勉《つと》めの日にも　　嬉戯《たわむれ》の
つどいの日にも　　輝きつ
古《ふ》りたる殼は　　消ゆるとも
実《み》こそは残れ　　我胸に
その実を犇《ひし》と護《まも》らなん
その実を犇と護らなん

その実を犇《ひし》と護った学生生活は、いつまでも懐かしい、そしてその思い出は人を若さに返らせる。
乙女は公子に歌っていった。

いざや入りませ　我が家に

されど去ります　日もあらば
忘れたもうな　若き日の
ハイデルベルクの　学校《まなびや》の
幸《さち》多き日の　思い出を

　諸君の母校には、あるいは諸君を育ててくれた恩師がなかったかもしれない、又あるいは母校を中心とした生活に、懐かしいものがなかったかもしれない、しかし諸君の学生生活が真剣に送られていたならば、学生生活には懐かしさを感じないはずはない。諸君はここにいろいろのことを学んだであろう、学生生活とは何であるか、人生をいかに生くべきか、教養とは何であるか、学問・芸術・道徳・宗教、何という涯《はて》知らぬ広い内的の世界を開拓したことであろう。「読むこと」「聞くこと」を知り、「考えること」を覚えた。特殊愛と一般愛との意義と価値とを悟った。人生の分岐点に立って自己に目覚めることのできたことは、諸君にとっていかに素晴らしいことであろう。その学生生活は、母校の門をくぐるとともに永《とこし》えに消えて、やがて新しい生活が始まる。諸君の学生生活が真剣であったならば、諸君は卒業に際して、感慨無量でないはずはない。これからの生涯を通じて、中年の時も老年の時も、さまざまの時点において、諸君の思い出は今日の卒業に戻るだろう。

　思い出は楽しい、しかし前進は勇ましい。諸君はすでに心の戦を知った、そしていかに戦うべきかの武器をつかんだ。やがて今までよりもより苦しい心の戦いがこよう。それのみか、自然との戦いと、人と人との戦いも、これに加わろう。人生は戦いだ（Leben ist Kampf!）。戦いの武器を握った諸君は、いかなる戦いに処しても、勝利に驕《おご》らず敗北に挫《くじ》けない、心の用意ができているはずである、祖国日本の未来は、まことに多事多難である。諸君はやがて三十年の後に、日本の運命を背負わなければならない。今日の非常時局に学生生活を送りえた人々は、従来の人々と明らかに一線を画されるほど、気高く強く正しくしなければならない。卒業に際して、諸君は再び剣を撫《ぶ》して、雄々しく人生の征途に就《つ》き給え。

『学生叢書』より　教師と学生

一

人を教育するものを教育者とか教師と云うが、必ずしも教師のみが人を教育するのではない。先ず第一に社会による教育を挙げることが出来る、人は生まれてすぐに家族と云う社会の一員となり、親や兄弟や僕婢などから教育されるばかりでなく、家風と称する特殊の雰囲気から教育される、更に長じて学校と云う社会の校風があり、郷土に於いては地方の特殊的性格があり、最も規模の大きいものとしては、国民と云う社会の制度や性格から教育される。吾々は自ら顧みて自己を形成した要素を分析してみると、いかに之らの社会から受けたものの多いかを感じることが出来るであろう。「性格は彼れ自身によって作られるものに非ずして、彼れ自身に対して作られるものである」と云う言葉や、「性格は環境によって決定される」と云う言葉は、性格は彼れ自身も亦作りうるものであること、環境も亦性格によって決定されるものであることを看過したものではあるが、半面の真理を持つことは疑うことは出来ない。更に人を教育するものとして文化財を挙げることが出来る、例えば書物や絵画や彫刻や楽譜の如き文化財は、吾々の採るに任せ味わうに任せて、吾々の学問的又は芸術的の教育に当たるものである。固《もと》よりここに教育するものとして教師を省くことは出来ないが、教育するものとしての教師の特徴は何れにあるのであるか。

教師は先ず教育の主体が人であること、即ち人格性の所有者であることに於いて、社会や文化財などと区別される、既に人であるから意識的に教育する、之が社会や文化財が無意識に教育するのと異なり、又人であるから発動的である、之が又社会や文化財による教育が受動的であるのと違う点である。教師による教育が、かく意識的であり発動的である結果として、社会や文化財による教育を指導したり左右したりする、人が教育するものの中で特に教師を特出する所以《ゆえん》はここにあるのである。次に教師は単に人であるばかりではなく、教育することを職業とする、人を教育する主体として親も兄弟も友人も数えられるが、之らは人であることに於いて教師と同じではあるが、教育することを以て職業とするものではない、之が教師を特徴づける第二の点であろう。職業とするとは、之を以て自己の継続的の任務とすることと、その対価として生活手段を受取ることを意味するのであるが、教師は他の任務の片手間に教育に携わるのでなくして、それを継続的の任務とし、傍《わき》目《め》を振らずに此の任務に没頭する代りに、生きるが為の資料を酬いられるのである。

教師は教育を以て職業とするものであるから、智識階級の一部である。智識階級とは筋肉の労働を以て生活資料を獲得するものでなく、精神的労働を以て生活を維持するものである、而して教師の任務とする教育は、最も精神的の労働である。又教師は医者・弁護士・著作者・芸術家、等々と共に「自由職業者」と云われる、ここでも職業の内容が精神的であることの為に、他の職業から区別されているのである。之らの自由職業者は精神的の任務に携わる為に、任務そのものから既に酬いられるものを持ち、利得を以て主たる目的としないので、たとえ生活の為の報酬を受けるにしても、之は寧ろ止むを得ざる必要から生じるので、之を目的として任務が行なわれるのでないと考えられている。之が日本の社会に於いても、之らの自由職業者に対して、特に「先生」と云う敬称を使用する理由であろう、殊に教師に対して他の自由職業者よりも、「先生」と云う敬称が最も一般的に使用されるのは、世人の教育と云う聖職に対する尊重と、此の職に携わるものに対する尊敬から由来したことと思われる、何故に教育が「聖職」であるのか、現代の教師が果して此の神聖な任務に値するかどうか、之に就いては後に触れることとしよう。

教師は必ずしも学園にのみ属するとは限らない。吾々は英国などの貴族や学者の伝記を読むと、若い貴族が学校に行く代りに或いは学校を卒《お》えた後に、師を聘して教育を受ける事例に屢々《しばしば》接することがある。ホッブスでもロックでもヒュームでも、こうした貴族の教師を努めている余暇に学問を研究して名を成したのである。アダム・スミスもグラスゴー大学の教授を止めて、バックルーフ公爵の師として大陸に旅行したことは人の知る如くである。かかる場合の教師は決して学園に属してはいなかった、所謂《いわゆる》個人教師《チューター》であったのである。日本でも昔から茶、生花、琴、三味線等の教授は「師匠」の名の下に個人的に行なわれたし、今も音楽、絵画、彫刻等の芸術は、個人的に教授されることが多く、又家庭に入って子供の教育を任される家庭教師があり、受験準備と云う一時的の目的ではあるが、個人教育を以て職業とするものも少なくない。私は将来に於いて学校教育と平行して或いは卒業後に、優れた個人教師を持つことに重きを置いて然るべきだと考えるのであるが、然し数量から云っても社会的の重要性から見ても、教師は学園に属することが多い、従って教師と学園とを分離することが出来ないほど、二つは密接な関係を持っている。

学園は物的と人的との構成要素を持つが、之を人的方面から見るならば、教師を上位とし学生を下位とする立体的関係があり、更に学生相互の平面的関係がある。学園の重要性は単に立体的関係にのみ止まるのではなくて、平面的に多数の同年輩のものが集団生活を営むことにもある。ここに家族と云う狭い、而も肉親の繋りを持つ社会とは異なる、別個の新しい社会に身を置くのであり、更に独り個人教師に就くとは異なる、多数同輩の集団に加入するのである。若《も》しここに人格的に結ばれた共同社会《ゲマインシャフト》が出来るならば、理想的であろうし、更に特殊の人と特殊の関係、即ち「友情」の関係を持ちうるならば、一層幸福であろう、然し私はここでは学園の平面的関係を割愛して、単に立体的関係即ち教師と学生との関係にだけ、問題を制限することとしよう。

二

学園をここに高等学校、専門学校以上に制限するならば、従来学園に於ける教師の任務とされていたものは、大体四種に区別することが出来る、一は研究、二は教育、三は行政、四は学園外に於ける啓蒙と実践である。

ここに研究とは、教師の特定の専門学科に於ける既存の水準を高め深めることを意味するので、前に挙げた文化財の構成に参加することである。此の場面に於いて教師は実は学者であり研究者であって、調査所とか研究所とかの一員と異なる所がない、帝大の理工医学部の教授は研究と云う場面だけから云えば、伝染病研究所、理化学研究所、地震研究所、航空研究所等の所員と類似する。若しその間に区別があるとすれば、之らの研究所の研究が特定の実際的目的を目前に置くのと異なって、教師の研究はかかる目前の目的から独立して、より多く真理の探求と云う遠大な目的を追求すると云う点にある。学園に於ける教師に対して、研究と云う任務を課しているのは、後に述べる教育の任務と研究とが関係がある為と、研究所の研究に期待しえない遠大な研究の必要を認めているからであろう。然し研究と教育とを対照すると、そこには質的の差別が見出される。教育に於いては働きかける学生と云う具体的な対象を有するが、研究に於いては人を対象とすることなく、真理と云う抽象的なものを対象とする、前者に於いては正真正銘の教師であるが、後者に於いては学者であり研究者である。従って教育と研究とは夫々異なる資格を必要とするので、一方に於いて適任であることが、当然に他方に於いても適任だと云うことにはならない、例えばある性格上の（人格上のではない）欠点を有するものは、教育者としては不適任ではあるが、研究者として必ずしも不適任だとは云えないし、優秀な学問的業績を発表するものが、必ずしも教育者として優秀だとは限らない。此の点から云って学園に於いて研究のみを任務として教育に携わらないものがあって然るべきだと思うのである。従来日本の学園に於いて研究と教育とが異なる性質のものたることが認識されないで、漫然として二者を混同していたこと、而も教師を任命する場合に、教育者としての資格よりも、研究者としての資格に重きを置いたことが、日本の教育を遺憾ならしめた重大の原因であると思う。

教師の第二の任務は教育である、そしてこれこそ教師を教師たらしめる主要なる任務である。ここに教育と云うことにも二つが区別せられる、一は特定の専門学科を教授すると云う場合の教育であり、二は学生の人格を陶冶すると云う場合の教育である。特定の専門学科を教授すると云う点に於いて、教師は専門の学科を単に研究する学者研究者と異なるのであり、又此の任務を行なう教師の研究には、単に研究のみを行なう学者研究者の研究とは、研究と云う領域に於いてさえ異なる特色が現われるのである。学生の人格を陶冶すると云う場合の教育は、凡そ教育の名に値する核心的の教育であるが、此の二種の教育は正に本文の主題であるから、次に詳述することとしよう。

教師の第三の任務は学園に於ける行政に参加することである。国民と云う共同生活に政府が必要とされる如くに、学園と云う社会にも、処理さるべき共同の事務がある。教師の任免、教師の配置、教育の方針、教育設備の充実等々、直接教師の任務たる教育とか研究とかとは異なるが、然し教育や研究を左右し、従って教師の任務に影響する所が大きい、現今に於いては政府又は市町村自治体の決定する部分が多いが、而も尚《なお》学園自体の決定しうる余地が残されていない訳ではない。此の場合でも名目上は総長とか学部長とか校長とかの任務ではあるが、それでも教授会とか職員会議とかの任務があり、単独でも首脳部に建言する余地はないことはない。若《も》し教師が自己の本来の任務に忠実であるならば、或いは任務を容易にし或いは之を阻止する行政に対して、無関心ではあり得まい。固《もと》より此の場合に俗世に処する玄人の用意は必要であろうけれども、それは巧拙の問題に任してよい、ここで云うを必要とすることは、温良柔順と云う美名は必ずしも教師の名誉ではない、行政に没頭して本来の任務を閑却することは固より排すべきではあるが、本来の任務の為に図らんとする情熱と気魄《きはく》とを失うことも亦、教師の名誉ではないと云うことである。

教師の任務の第四は啓蒙と実践である。之は学園の為にする任務ではなくて、学園外の社会の為にするのであり、従って学園の任務に妨げなき限り許されるのであり、教師が自己の希望によって拒み得る任務である。例えば全国的又は地方的の新聞雑誌に寄稿したり、或いは教化運動に参加したり、或いは政府又は自治体の嘱託、委員、顧問等となって、特定の目的の実践に参加するが如きが之である。之らの任務が教師の眼界を拡大し、社会の実情に親しむ機会ともなるならば、教師たる本来の任務にも役立つことであり、更に学園を越えた同胞の為に貢献して、教師の道徳的要求を満足せしめることにもなる。然し之は本来の任務ではないから、之によって本来の任務に支障を来たすが如きことがあってはならないし、いかなる場合にも非合法の実践には参加すべきではない、之は啻《ただ》に非合法であることの為に排斥すべきのみでなく、教師としての地位をも賭して之に没頭することは、現代の実務に影響することよりも、眼を遙かに遠い未来に注ぐべき教育の本質に矛盾するからである。

三

学園に於ける教師の本来の任務は教育にある、此の任務に於いて教師は学生を対象とし、ここに教師と学生とは立体的の関係に於いて相対する。従って私が以下に述べることは、教師に就いて語ると共に亦《また》学生に就いて語ることともなる。

教育は二つに分かれて、特定の専門学科の教授と、一般的の教育となるが、先ず前者から説き起こすこととしよう。ここに特定の専門学科と云うのは、広く云えば法文経理工農医等の諸々の区別された学問を意味し、一般に学校又は学部の名称に現われている、更に狭く云えば同一の学校又は学部の中でも、授業科目表に示されているような更に細分された諸学科を意味するのである。教師は之らの細分された諸学科の教授を担任し、その教授は普通に「講義」と云う形式に於いて行なわれている。それでは之ら特定の専門学科の意義は何か、何を目的として教師は教授し学生は学修するのであろうか。教師も学生も此の問題に逢着することなしに、当然のこととして教授し学修するであろうが、ここに一度は停止して検討すべき問題が存在するのである。若《も》しある論者の云うが如くに、吾々個人はそれ自身で充足完全な一体だとするならば、何故に専門的な教育を受ける必要があろうか、専門は各人を部分として、分業時代の労働者の如くに機械化することにならないか、専門に分化した個人は互いに他の専門の人々に依存して、ここに綜合された全体を予想する、之は正に全体主義を裏書きすることにならないか、教育は人格教育から去って職業教育に移らねばならないのではないか、こうした一聯の問題が吾々の前に続出して来るであろう。吾々は之に対して如何に答うべきであるか。吾々各個人はライプニッツの云うが如くに「単子《モナード》」(Monad) であり、全宇宙の縮図であると云う意味に於いて「小宇宙」(Micro-Cosmos) であり、「宇宙の生ける鏡」(Miroir vivant de l'univers) である。鏡として映出する全宇宙は唯一つであるから、その鏡たり縮図たる各単子は、互いに同一でなければならない。人格と云う言葉を使用するならば、各人はやがてなるべき理想即ち人格に於いて同一である。然し遺伝とか環境とか教育とかの異なった為に、現在の状態に於いては同一ではない、之れ全宇宙の鏡と云わるる単子は、その映出の仕方に於いて異なると云われる所以《ゆえん》である。かかる各人の特殊性が性格と呼ばれ個性と云われる。吾々は今ある具体性の上に、即ち性格、個性の上に立って、吾々の小宇宙を発展成長せしめねばならない。学生が選択して何々と云う専門の学校や学部に入学するのも、細分された専門学科の教授を受けるのも、更にかくして育成された専門人として、社会に一定の職業を持って活動するのも、一に性格、個性を通しての人格の発展を目指しているのであって、決して各人が部分として機械として看做されることにはならない。依然として吾々が小宇宙たることに於いて異なる所はない。専門学科の教授と学得とはかかる意義を有し、職業教育は必ずしも人格教育と矛盾対立することにはならない。唯個性、性格は人格を前提とし、特殊は一般に依拠するから、問題はかかる相互聯関が確保されるか否かに係るであろう。

専門学科に就いてのかかる一般的の説明から、今少し進んで立ち入った説明をするならば、先ず第一に専門学科は学生の個性を自覚せしめると共に、特殊専門の智識を与える。学生は自覚した個性に基づいて、社会人として職業を決定する、そして彼の特殊専門の智識は職業人としての実践に役立つのである。彼らが医学で学んだ智識は患者の治療に、工学に於いて得た智識は鉄道の敷設《ふせつ》に橋梁の建設に、農学の智識は植物の培養に家畜の飼養に、経済学に於いて教えられた物価に関する智識は物価抑制の方策に、夫々役立つことになろう。専門の学科の多くは所謂《いわゆる》因果関係を説明する学問で、ある原因からはある結果が導き出されると云うことを教えるに止まるが、之だけの因果関係からでさえ、此の結果を避けようとするならば、此の原因を除けばよいとか、此の結果を将来しようと望むならば、此の原因を齎《もたら》せばよいとかの帰結が導かれるであろう。吾々が自らかかる帰結を導く代りに、政策学とか技術学とかの名で呼ばれる学問は、進んでかかる帰結をも吾々に教えるであろう。此の点で現代の専門学科は、実践に役立つ智識を供与するに遺憾はないが、すべて実践は特定の目的を持ち、その目的は更に大なる目的から派出され、かくして終局に於いて吾々の実践の最後目的に到達する、吾々は何を終局の目的として実践するのか、之が実践の根本問題であり、実践に於いて人を教える専門学科の共通の前提でなければならない、ここに専門学科の教師も学生も道徳の問題に逢着して、行為の善とは何かと云う課題を扱わねばならなくなる。専門学科は夫々の教師と学生とに於いて異なるが、窮極に於いてここに何人《なんびと》にも共通な一般の問題に直面せねばならなくなるのである。

だが専門学科は単に職業人の実践に役立つことのみであろうか、否その智識は実践に役立つと否とを問わず、唯単に智識たることに於いて吾々に意義がある。専門学科の智識は特殊専門であることの故に、智識の体系たる学問の単なる一片たるに過ぎないではあろう。然し一斑を以て全豹を窺知することが出来ないではない、一部より垣間見た全智識の宝庫は遠く天涯の彼方にまで拡がり、ここに汲めども尽きぬ源泉が見出される。人はかかる智識が現実の実践とは無関係に、自己の智識探求の欲望を満足せしめることを感じる。全自我がここに満足するのでなかろうとも、自我の智識的部面はここに喜悦を見出し、自我の愈々《いよいよ》延び行き育ち行くを覚える。かの実践が道徳の問題に、善の価値に逢着したるに反して、ここでは学問の問題に、真理の価値に逢着する。真理は、いかなる実践に役立たなくとも、又現実の功利に矛盾しようとも、実践や功利から独立した独自の価値である。教師は専門学科を学問の一部として教授するならば、又学生は学園に於いて学問を修得すると称するならば、教師も学生も共にここに専門学科を通して、学問の殿堂の前に真理の拝殿の前に立たねばならなくなる、之が専門学科の第二の意義である（註）。

（註）此の節に述べたことは『学生と社会』の中の私の「職業の問題」及び『学生と読書』中の私の「読書の意義―学問と読書」と聯関する。

四

専門学科の教授の意義、及びその意義の窮極する課題が、以上の如くであるとすれば、此の立場に於いて現代に於ける教師は、何を為さねばならないか、学生は教師から何を期待せねばならないか。

先ず第一に教師は智識の役立つべき実践の終局目的を、明白に指示せねばならない。若《も》し彼が学者であり研究者であるならば、之を為さなくともよいかも知れない、然し彼が教師であるならば此の準備がなければならない筈である。かくして専門学科の教師は自己の専門学科を越えて、倫理学者であり社会政策学者であり、同時にその教師であらねばならない、だが現代の教師のどれほどに此の準備があろうか。学園が知識偏重であると非難されるのは、由来する所ここにある、又現代の教育が非実際的であるとの非難も、結局は実践の目的が明白でなく、実践への情熱が鼓舞されない為に、実践に必要なる知識への要求が喚起されないからである。

次に教師は専門学科の狭隘な領域に跼蹐《きょくせき》することなしに、遠く学問の体系を提示して、その中に於ける自己の専門学科の地位を明白にせねばならない。屢々《しばしば》衒学的の教師に見らるる如く、会々《たまたま》自己の研究した一小部面の業績を長々と講義して、学科全体の教授を忘れるが如きは固《もと》より排斥すべきであり、単に専門学科全体に亙るのみならず、それが自然科学ならば全自然科学に於ける地位、隣接学科との関係、更に自然科学と人文科学との関係、之を併せた全科学と哲学との関係等々、要するに学問の全体系に於ける専門学科の地位を明確に指示して、学の鳥瞰《ちょうかん》的描写を与えることが必要であろう。若し更に一定の世界観をも用意しているならば、申し分がなかろう。専門学科の教授の意義の一つが、学問に対し知識に対する自我の欲求を満足せしむることにあるならば、単に学全般に対する一斑を片鱗を示すに止まらず、可能な限りに学全般を窺知せしむるが如くに心掛けねばならない、だが現代に於ける教師の内かかる心構えを有するもの、果して多きを数えることが出来るであろうか。此の用意を必要とすればこそ、教師は学者として研究者としても、研究所の所員と異なる特色を示すこととなるのであり、若し研究者と学者とさえ区別しうるならば、学者とは学の全体系に於ける自己の専門を把握することに、その特質がなければならない。

更に教師は真理への愛を身自らに体得し、以て学生に同じく真理への愛を喚び起こさねばならない。真は学問の又知識の理想であり、学問の領域に於いては之こそ最高の価値であり、他の何ものをしても之を犯し之を紊《みだ》さしめてはならないのである。若し学生をして真理への愛を喚び起こさしめることに成功するならば、学生は倦《う》むことを知らず飽くことを知らぬ知識への欲求をかき立てられることとなる、いかなる大量の知識を学生の前に並べ立てるよりも、学生の未来永久に亙っての知識への努力の源泉となるに違いない。之が為に教師は先ず自ら孜々《しし》として倦まざる研鑽《けんさん》を努めねばなるまい、敏感なる学生は教師の努力を通して真理への憧れと、真なる価値への尊重を教えられるであろう。又学問の領域に於いて真理が最高の価値であるならば、教師は他の欲望を克服して最高価値に奉仕せねばならない。茅屋《ぼうおく》に悠々として書を読む往昔の学者先生は、真理に奉仕して傍目《わきめ》を振らないと云う感激を与えたであろう。之と同じく現代の教師は身を持するに質素清貧を以て安んじ、俗世の功名富貴に超然たらねばならない、更に真理は学に於いて最高価値なるが故に、他の何ものにも之を曲げしめてはならない筈である。自己一身の安全の為に、権力暴力の圧迫の為に、学に対する信念を屈し、思想に対する節操を曲げるならば、彼は学に於ける真の価値を忘却したものである、真の価値を忘却したものは、その学説の何れに虚偽と誤魔化しがないとは云えない。かくて教師の学問に対する不信の念を喚び起こし、真理に対する愛を冷却せしめ、学問に対する尊敬を軽くするであろう、そして之こそ教育に対する冒涜でなければならない。

最後に教師は学生に対して説き語るものであるから、舌による表現は教師としての必須の条件である。ここに舌による表現と云えばとて、私は教師が諧謔を弄したり学生を笑わせたりすることを求めるのでもなければ、又能弁雄弁を欲するのでもない。語らんとする問題を適確に把握すること、云わんとすることを短きに過ぎず冗長に亙らず簡潔に発表すること、重要性に応じて凹凸の抑揚を持つこと、殊に何よりも学生の眠れる知識欲を覚醒せしめ（wecken）ること、之らは教師としての必要不可欠の能力である。固《もと》より表現の能力は内に在るものの実力以上に出ることは出来ない、然し内容と表現とは因果関係をなすもので、表現が又内容に影響することを忘れてはならない。こうした能力は、学問の深浅とは必ずしも伴わない、之れ教師（Lehrer）は必ずしも学者（Gelehrte）たることを必要としないと云われる所以《ゆえん》である。

教師は何を為さねばならないか、教師は何であらねばならないかに就いて、以上挙げた諸項目を顧みるならば、教師は学者研究者たるとは異なる、それ以上の諸条件を必要とすることが明らかである、然るに教師としての条件を看過して、単に学者研究者としての条件のみを考慮して、従来の教師は銓衡されたのである、ここに現代日本の教育の不振の一因がある。

教育の第一、即ち専門学科の教授を論じて、学問と道徳との問題に及び、かくして真と善と云う二つの価値に触れた。ここに吾々は教育の第二、即ち教育の中の教育とも云うべき一般的教育に接続する。

五

ここに一般的教育とは、学生の人格を陶冶することを云う。陶冶とは「個人の完全な形成」を意味し、ナトルプによれば「陶冶するとは形成すること恰《あたか》も混沌から構成することである。一つの事物をその本来の完全、即ちそれがあらねばならぬ姿に持ち来たすことである。」陶冶は人間以外のものに就いても云い得るかの如くであるが、陶冶される客体は本来は唯人間のみである。従って陶冶と云うとき既に人格を予想しているのであるが、「人格の」陶冶と云うとき一層意味する所が明確さを加える。人格と云う語は様々に用いられるが、ここでは人間のあらねばならぬ姿を意味することとし、人格となりうる性質、能力を人格性と云い、人格性は知識の理想である真を産むと共に、真への知識的活動の源泉であり、芸術の理想である美を産むと共に、美への芸術的活動の源泉であり、更に道徳の理想である善を産むと共に、善への道徳的活動の源泉である。故に人格とは人格性の完全に発現したる状態であり、真と美と善との綜合調和した姿である。人格の陶冶とは現実の人間を人格にまで形成することに外ならない。

人格と云う概念を最初に把握したのは、古代希臘《ギリシア》のソクラテスであると云う、だが羅馬《ローマ》中世を通じて他の為に埋没されていた――他のものに対して低位の価値しか与えられなかった――人間――やがて人格たりうべき――を見出して、之に優位の価値を与えようとしたのは、近世当初の文芸復興であった。人之を称して「人間の発見」(Entdeckung des Menschen)と云う。然し発見された人間は、決して人間の完全なる相ではなかった、その後に於いてある時は人間の芸術的側面を、又ある時は道徳的方面を、更に知識的側面をのみ眺めて、夫々の方面を育成することが強調された。然し之らの各々が人間の部分であり、人間は夫々の部分を綜合した一体であることと、その各々の側面相互の関係と限界とを明らかにしたのはカントであった。実に近世以来の人間の発見の歴史は、一面に於いて人間以外のものに対する価値の順位を確定することに現われ、他面に於いて人間それ自体の本質を把握することに現われている。人格の陶冶とはかくして二つの意味を持つ、一は人格の陶冶とは為すべき一つのことだと云うのでなく、之が為すべき唯一最高のことだと云うことである。富、名誉、地位、更に或いは生命も、皆唯一最高の価値あるものではなくて、人格の為に必要なる条件であり、人格の陶冶の為に使用さるべき手段である。かかる価値の優位を確定すること、之が人格陶冶の第一の意味でなければならない。次には真とか美とか善とかの価値は、前に挙げた条件手段たるとも異なるそのことの故に、動《やや》もすれば価値の関係に於いて人の混迷を招き易い、あるものはそれらが夫々独立した価値であるが如くに思い、あるものは夫々の一つをのみ価値あるものとする。人格の陶冶と云う概念は、之らの夫々の価値を人格の名の下に綜合し調和し、知識的、芸術的、道徳的活動を夫々分離したものとせずに、之を人格と云う共同の主体の上に凝結せしめる。之が人格陶冶の第二の意味でなければならない。かの専門学科の教授に於いて最後に到達した真と善とは、ここに人格に於いて更に最後の落付きに達するのである。

ウィルヘルム・フォン・フンボルトは云う「人間の目的即ち漠然たる刹那の欲望に依るに非ずして、永遠不易の理性の命ずる目的は、各人の有する能力をして完全無欠の一体として、最も高度にして又最も円満なる発達を為さしむるに在る」と。此の言葉を引用したジョン・スチュアート・ミルは云う「凡そ人の作れる物の内、之を完成し美化せんが為にこそ人生が費やさるべき物の内、その重要さに於いて最初に来たるべきものは、確かに人間彼れ自身である」と。人間彼れ自身を作り、彼をして完全なる小宇宙たらしめることは、あらゆる人に許された任務であって、すべてのものを奪われた天涯の孤客も、彼れ自身を作ることのみは奪われることが出来ない、彼はそこに「憂きことのなお此の上に積もれかし」と、憂苦をさえ用いて人格の陶冶の具たらしめることが出来るであろう。

陶冶された人間は、その視野に於いて大きく、その情操に於いて豊かに、その同情に於いて広く、凡そ大きさ強さ太さはそこに聯想され、小ささ細さ弱さ貧しさとは縁もゆかりもない。更に人格を目指して進む人間は、注意を集中すべき焦点が明確であるから、全精力が一所に動員されて来る、かくて人間の強さが湧く。若《も》しその人にして愛国憂国の情を持つならば、その概念の把握は正確であり、その信念は熾烈であり、之を貫徹するに何ものをも賭するであろう。富貴も淫する能わず威武も屈する能わざる偉大なる愛国者は、唯《ただ》強固に陶冶された人間のみより見出される。

人格の陶冶に於いて、陶冶の主体は彼であり、陶冶の客体も彼であり、陶冶の目的も亦あるべき彼である。人間が行為するとき、行為の主体は彼であるが、客体は彼ではなくて彼れ以外のものである。人格の陶冶に於いてのみ、彼れ自身を繞《めぐ》る三重奏がある。従って陶冶する主体は学生自身であって教師ではない、いかなる熱心な教師と云えども、教師が学生に代わって学生の人格を陶冶することは出来ない、此のことに於いてのみは他人の代理行為を許さない。だが学生の陶冶の意欲が潜在しているとき、之に刺戟を与えて顕在たらしめることは可能である。学生をして人格性の存在を自覚せしめ、人格への陶冶が凡そ最高の価値たることを意識せしめ、動《やや》もすれば弛まんとする努力を鞭うつこと、之が教師に残された任務であり、而して教師をして教師たらしめる最も重要な任務である。世に多くの数知れぬ任務がある、だが若き学生の燃えんとする心霊に点火して、人間最高の価値に参与することこそ、最も尊まるべき任務でなければならない、教育者の任務を「聖職」と云う所以《ゆえん》は実にここに在る。彼は此の任務によって業績を現在に求めず、俗世の美果を望まない。彼により陶冶された人々は、或いは官吏となり実業家となり政治家となり技師となり、或いは学者ともなって、やがて夫々に現実の世に美果を齎《もたら》すでもあろう、だが教師の求めるのはそれではない、唯人格の陶冶であって、之を「永遠の相下に」求めるのである。二度シシリーの遠征に失敗したプラトーが、郷土のアカデモスの森にアカデミーを建てた心事は、正に教師の念とする所でなければならない。

　人格を陶冶すとは学園の規則に明記されているが、教師も学生も之に注意を払わない。幾人の教師が「人格」の概念を把握し、陶冶に関心を向けるであろうか。人は或いは云うかも知れない、かの諸学校に於ける修身科は、即ち人格の陶冶に相当するではないかと。然し修身科で教える「諸徳」(Virtues)は道徳的行為に対する命令であって、道徳的行為の主体たる人格に触れるには相去ること遙かに遠い。倫理学も亦単に道徳に関する学であって、道徳も智識も芸術も包含された人生観が要求されているのであって、倫理学は之に代わり得るものではない。又人は云うかも知れない、高等の学園に於いては、人格の陶冶の如きは、既に為されたものと前提されるので、今更に人格の陶冶でもあるまいと。だが人間の本能的欲求を理論化する利己主義や物質主義は、常に生涯に亙って人に纏《まつ》わるものであって、高等の学園に於いて既に克服を完成されたと云い得る筈がない。更に高等の程度に進めば進むほど、人間は因果必然関係に支配されると教える自然主義の思想や、吾々の為し得ることは唯《ただ》現象と現象との因果関係を説明することのみに在ると云う実証主義や、又或いは人間は環境によって必然に決定されると云う環境説が、踵《きびす》を接して学生に殺到し、何れもが自由を否定して必然を、当為を否定して存在を、主張するものでないものはない。かくして学生を包囲する思想は人格の陶冶をして存在の余地なきに終わらしめる。かかる雰囲気に於いてこそ、矛盾し対立する反対思想を批判し克服して、人格の陶冶に路を開かねばならないのである。

　学園に於ける教師は自ら一定の人生観を所有せねばならない、而して学生の向かう所を知らしめねばならない。之は諸々の専門学科と併立して、あらゆる学生に対して説かるべきである。之が為には学園の中に於いて、人格の陶冶を阻止するが如き思想を批判し反駁すると共に、進んで人格の陶冶に就いて語る「講義」が設けられる必要がある。講義は多数の学生を相手とするものであるから、一層目的を達する為に、少人数の学生を集めた「演習」に於いて試みられ、更に特志の学生を待つ「面会日」が定められるならば、ここで学生の質疑に対して答えると共に、自己の体験と信念とを披瀝することが出来るし、更に特定の個人の要求があるならば、いつにても迎えて「個人的対談」をする必要がある。要するに教師は一般的教育を不断に考慮して、学生の敲《たた》くや直ちに門を開く用意を為すの義務がある（註）。

（註）私は従来用いていた「人格の成長」「人格の実現」の代りに、ここでは教育学上に用いられる「人格の陶冶」と云う語を用いた、尚本項の内容は『学生と先哲』の中の私の「個人成長の問題」と密接な関係がある。

六

以上私は専門学科の教授と人格の陶冶に就いて述べたが、此の二つは云わば教師の果たすべき任務であって、此の任務を果たす教師の心構えが別になければならない、之あって初めて教師は書物の為し得ざることを果たし得るので、教師と云う生きた人間の必要は、一に心構えの如何に係ると云って差支えないのである。

先ず教師は学生に対して愛を持たねばならない、ここに愛とは学生の成長が教師自身にとっての喜びであり、学生を無為に放任することが、教師として耐ゆべからざる苦痛となるほど、学生と教師とが二にして一なるが如き関係を云うのである。教師は学生の成長に対して無関心であってならないのみならず、又学生に対して義務として参与するのでもない、為さずにいられない自然の感情から動くのである、之が愛の特質であろう。だが教師の学生に対する愛は、対等のものの間に於ける愛ではない。教師は権威を以て学生に臨むことが必要である。ここに権威とは権力とは異なるから、叱責や刑罰を以て維持されるのでもなければ、又落第点や就職妨害で維持されるのでもない。自《おの》ずからなる価値の故に、その陶冶された人柄の故に、維持されるのが権威であって、権威の依って立つ基礎は、相手方の心から湧く敬慕と信頼である。同時に教師は誤れる自由平等思想の為に、学生と対等の地位に自らを置いたり、甚だしきは学生の歓心を求めたり阿諛追従《あゆついしょう》をする幇間《ほうかん》であってはならない、之が権威を以て臨むと云う必要のある所以《ゆえん》である。さればとて学生に対して傲慢であれと云うのではない、教師は人格へ真理へと憧れ努めるならば、その努力の故に自信が湧くと共に、その標的の高きだけ謙遜にならざるを得ない、自信と傲慢とは却って矛盾し、自信と謙遜とは却って調和する。教師にして権威を持つならば、同一の内容の言葉も一々学生に深い感銘を与えずには措かない、学生が教師に対して疑惑と不信とを持つならば、一々小首を傾けて考え直すこととなろう。煩瑣な説明の尽し得ないことを果たすのは、教師の権威である、之こそ教育に於いて最も根本的の要件でなければならない。

次に教師は学生の個性を洞察する明を持たなければならない。学生は小宇宙たらんとするものではあるが、個性と性格とを持つものであり、教育は各人の特殊性に応じて、その路に沿って為されねばならないから、学生各人の個性、性格を洞察する聡明は、教師の資格条件である。之が為には経験に依る訓練が必要であり、かくして人間知（Menschenkenntnis）を把握するに至る、然しここでも愛が容易に相手を観破せしめる、何故なれば愛ほど吾々の眼を鋭くするものはないからである。更に教師は専門学科の教授に就いても人格の陶冶に於ても、その結果に対するよりもその径路に重きを置くべきである。ある分量の知識を詰め込むよりも、知識に対する欲望を喚び起こし、いかに知識を消化し摂取するかを教えることが、より重要である。人格の陶冶に就いても、ある状態の眼前に現われることよりも、人格への憧憬を刺戟し、日を睨んで起ち上がる鷲の如き勇猛心を鼓舞することが必要である。記憶よりも反省と批判とに、外より与えるよりも自発的能力の開発が、重きを置かるべきである。ここに教師の範疇《はんちゅう》が二つに分かれ、教育の方針が対立する、然し若し教育の核心が人格の陶冶にあるならば、教育の方針は何れであるべきかは、自明に決定されるに違いない。最後に教師は独断偏狭であってはならない。自己の一定の立場を学生に強制したり、異なる思想や学説を抑圧したりすることは、学生の自発的能力の開発に矛盾することとなる。自由なる批判を認めることは、啻《ただ》に学生に対して必要であるばかりでなく、教師自身にとっても歓迎さるべきである、何故なればかくして初めて教えることは教えられることになるからである。自信なき教師は動《やや》もすれば批判を鎖さんとする、之れ自らの弱さを隠さんが為である。批判を恐れず批判を通して学生を指導すること、之が教師の任務である、此の意味に於てリベラルであると云うことは、教育と密接不可分である。

以上私が教師に就いて書いたこと、専門学科の教授に就いても、一般的教育に就いても、教師が何であらねばならないかは、反面に於いて学生に就いてそのまま妥当する、学生が何を学園から教師から求めねばならないかを、私は頭に置いて書いていたのであった。従って今改めて学生だけを対象として書くべきことは殆んど残されてはいない。今日の学生は進まねばならない当然の階段として、高等の学校に進むので、何を学園から期待すべきかを反省してはいないと思う。然し之は恵まれて高等の教育を受け得る学生の、運命に酬ゆる所以ではない。学生は先ず学園に於いて何を享受すべきかを反省せねばならない、そして之は教師の果たすべき任務の反面に外ならない。人生観を確立して人格の陶冶を努むべきこと、専門学科の教授を受けて、一面職業人としての実践に資すると共に、他面学問を通して真理を求めて、智識的側面より人格を陶冶することでなければならない。だが吾々の周囲を思うても見よ、之だけの覚悟を持して学園に生くる学生が、幾何を数え得るであろうか。

若《も》し学生にして学園に於ける自己の任務を自覚するならば、彼は餓えたるもの渇けるものの如くに、教師を探し求めるであろう。而してその教師は師事するに足る師でなければならない。陶冶された人柄、真理に忠誠なるもの、諸君の成育を愛を以て見守るもの、諸君の信頼と敬慕とに値するものでなければならない。諸君が何を師から求めるかを明白に意識するならば、教師と称して諸君の前に立つものを識別することが出来るに違いない。諸君の人気を博そうとし諸君に秋波を送るもの、諸君に撥《ばち》を合わせるもの、之らはやがて諸君を裏切るだろう。又諸君は特殊の好き嫌いの趣味から、真の師を見失ってはならない、吾々の社会にある人間の好き嫌いほど、根拠に乏しいものはなく、不生産的のものはないのである。又学生は教師に対して謙虚でなければならない、自ら求むるものを高く持すれば持するほど、生意気とか傲慢とかから遠ざかるに違いない、然るに現代の学生に於いて「批判的」の名に於いて、之らの好ましからざる傾向の絶えないのは、一見自らを持するが如くであって、その実は求めるもの憧れるものを持たないからである。教師に対する学生の態度に関して、云うべきことは尚多いが、一言にして云えば、学生が真正の学生であるならば、自ら態度は直きに近いであろう。

教師はすべての学生に対して愛を持たねばならないが、特に一人又は数人の学生に対して特殊の愛を感じ、学生も亦その教師に対して愛を感ずることがある、之が学生に対する一般愛と区別される特殊愛であり、師弟愛の名を以て呼ばれる。師弟愛は一般愛と対立し反撥するものではない、又単に学生として学園にある間のみ存在するものでなくて、卒業後にも否《いな》生涯を通じても継続するものである。師弟愛は利益の為や事業の為や遊楽の為に結ばれるのでなく、又単に学問を研究すると云うことのみで結ばれるのでもない、全自我を提げて人格的に結合される愛である。此の点で親子の愛や友情や恋愛と類似する、然し師弟は対等の関係に立つのでない点が、友情や恋愛と異なり親子の愛に似ているが、親子は自然的に血縁を以て結ばれるが、師弟は自由なる意志を以て選択した結合だと云う点で、親子の愛とも区別される。師弟愛の特徴は、年輩に於いて地位に於いて人間成長の階段に於いて、上位にあるものと下位にあるものとの関係であること、両者の結合が他の特殊愛の場合よりも一層鮮明に、人格の陶冶と云うことを契機とすることであり、一方が之に就いて指導の立場にあり、他方が享受の立場に立つことである。然し門弟の成長が師の全自我の要求であり、之なくして自我空虚を感ぜずにいられず、門弟に於いて師の指導が自己の成長に欠くべからざる要件であり、信頼と感謝とを以て全自我を傾倒すると云うことは、凡そ一切の特殊愛と共通である。

師弟愛は特殊愛の一種相であるから、特殊愛に伴い勝ちな主我と没我との交錯を経験せずにはいられまい、然し師弟愛はプラトーが「饗宴」に云うが如く「愛するものの精神に真への認識、善への堪能を喚び覚まそうと求める」師のエロスであるから、師の側に他の特殊愛に於けるよりも、更に以上に愛の勤めを必要とする、即ち門弟の個性と思想と学説とに対して、寛容でなければならないことである、それと同時に云うべきに云い責むべきに責むる厳格さを必要とすることである。一方に寛容であり他方に厳格であることは、一見矛盾するが如くであるが、師にして門弟の成長を希求する愛に於いて純一であるならば、此の矛盾は決して矛盾として終わることなしに、為し遂げられよう、之が愛の微妙不可思議な魔力の然らしめる所である。門弟の成長を祈る師の賜物によって、門弟はすくすくと成長して、やがて師自らを凌駕することとなるかも知れない。此の時師は門弟の成長を喜ぶと共に、自らの限界を寂しく感ずるに違いない、だが真の師は愛する門弟に出藍の誉れを期しなければならない。偉大なる師は己れを超克する門弟を持つ、而して門弟の刃に仆れることを誇りとする。だが激しいイデオロギーの対立する現代の世界に於いては、師弟は屢々《しばしば》その思想と学説と行径とを異にして、別れた路を歩まねばなるまい、之が彼《か》の特殊愛に往々にして見られる別離の悲劇である。然し師弟の繋がりが、現実の自我に於いてに非ずして真理と人格とへの精進に於いてであるならば、別離は真実の永久の別離ではない、遠靄《えんあい》の彼方に於いて依然として結ばれていなければならない筈である。

それでは師弟愛に於ける門弟の勤めは何か。師の指導を享受する門弟は、別けても誠実と感謝とを持たねばならない。師の叱責と鞭撻の中に閃く愛を見出し、師の指頭に従う従順さを持つと共に、毅然として正しきを守る独立さを失ってはなるまい。今まで師に従って成長した門弟は、たとえ師から離れようとも、離れるまでに育てられた師の恩を忘れてはならない、之を忘れた門弟は啻《ただ》に門弟の道に反するのみではない、恐らく自らの路に於いてさえ健全な歩みを失ったものであろう。

師弟の道頽れて地に堕した今日、よき師を持つ門弟とよき門弟を持つ師は、共に運命によって恵まれている。之こそ人の世を楽しく美しくするものであり、之を思う時人をして人生の尚捨て難きを思わしめる（註）。

（註）師弟愛に就いては『学生と生活』の中の私の「友情」を参照されたい。

私は学園に於ける教師と学生に就いて、既に多くを書きもし語りもした。だが之は要請であり理想でなくて何であろう。之を現実の学園に照らしてみる時、いかに多くの距離がそこに見出されよう。学生は教育の意義を反省することなく、漫然として学園を出入する、而して断えず受験に追われている。師を求めんか、教師は専門技師であり職人であるとすれば、志ある学生は何れに師を求めたらよいか、生きた人間に求められないとすれば古《いにしえ》に遠くに求めるの外はない、それが偉大なる古典である。だが師を古典に求めざるを得ない学園は、いつまで続いてよいものであろうか。学園は内より自らを改革するか、然らずんば学園の外にアカデミーが建てられねばならない。その何れもが為されないとすれば、社会に危機が来るの外はない。

参考書目

私は教育学の素人であるから、教育学の文献を語る資格がない。私が読んだ書物の中で得る所の多かったのは教育史としてはJohn Adams: The Evolution of Educational Theory, 1922. と長田新氏の『近世西洋教育史』とである。J. J. Findlay: The School, 1911.（Home University Library）とRichard Müller-Freifels: Bildungs-und Erziehungsideale, 1921.（Wissenschaft und Bildung）は共に有益であったし、篠原助市氏の『教育学』（岩波全書）は最近に一読して感銘を受けた、此の本は教師も学生も一読すべきであると思う。グリーン、ケヤード以下の英国理想主義者は、何れも「偉大な教師」であった、之らの人々の伝記が私に与えた所は大きく、之を通して希臘思想家に紹介されたが、最近続々として訳出されるプラトーの「対話篇」は、教育に関心を持つものの忘れてならない文献であると思う。

（『学生と学園』より）

河合栄治郎著作選集「学生に与う」解説

湯浅　博

❖左右の全体主義と闘う

左右の全体主義と闘った河合栄治郎は、その生涯を「自由の気概」をもって生きた唯一の知識人であった。身を削って自由を擁護するその姿勢により、戦前の論壇に不朽の金字塔を打ち立てた。『河合栄治郎選集』第一巻の本書に所収の「学生に与う」は、その河合自由主義が凝縮された不朽の名作である。戦後も多くの学生、社会人に読み継がれ、戦後復興の精神的な道しるべとなった。そしていま、戦後世界を形成してきた自由、民主主義、法の支配、人権などの普遍的価値が揺らぎ始め、再び、日本の指針として、河合の自由への気概が見直されつつあることは意義深い。

河合栄治郎はいまの日本に欠落している教養の提唱者としても知られている。彼のいう教養は、決して文人的なそれではない。個人の尊厳、人格主義を基礎としながら自由主義を実践する政治思想的な教養であり、かつ自由擁護の殉教者であった。

昭和初期に左の全体主義であるマルキシズムが大学や論壇を席巻すると、自由主義の立場から果敢に闘いを挑んだ。マルキシズムの矛盾点とその危険性を批判し、たとえ左派から「御用学者」と罵倒されても怯むことがなかった。マルキシズムは個人の自由、言論の自由を徹底的に阻害する以上、決して受け入れられなかったのだ。上智大学教授だった渡部昇一は、河合について「情念の言葉によらず、西欧的な知性の言葉で論陣を張りうる数少ない知識人の一人であった」と、その思想と行動を評価した。

やがて、日中戦争が勃発するころからマルキシズムが低迷し、代わって軍部を中心とする右の全体主義であるファシズムが台頭してくる。河合は身の危険を覚悟で、専断的な軍部に抵抗した。評論家の扇谷正造は、「河合先生の思想や体系はいつも不動だった。しかし、日本の思想界が左旋回すると、それは反動にみえ、また右旋回すると今度は、その同じ思想が赤くみえる。それは逆にいえば、思想のしたたかさを示すものである」と的確にとらえていた（『河合栄治郎全集』の「月報八」所収）。

それは、昭和十一年二月二十六日、首都を揺るがす軍部クーデター「二・二六事件」が発生したときの河合の言論活動に表れている。ファシズムの危険が迫ったとき、思想的には河合よりも先鋭的なマルクス主義者たちは沈黙した。しかし、河合はたとえ不利な状況に置かれても、自由な精神が蹂躙されることに我慢がならなかった。このとき、河合は『帝国大学新聞』（三月九日）に「二・二六事件に就て」を寄稿し、「ファシストの何よりも非なるは、一部少数のものが暴力を行使して、国民多数の意志を蹂躙するに在る」と痛烈に批判した。

軍部の台頭に口を閉じた左派の教授たちは、それまでの河合に「保守反動」のレッテルを貼ってきたのだ。当日の『帝国大学新聞』を手にした彼らをして、「軍部に対し、いいたくていい得ないでいることを、勇敢に主張された」と言わしめた。河合はこれ以外にも滝川事件、五・一五事件などで軍部を厳しく糾弾し、「もういつ死んでもいい」との不退転の覚悟を固めていた。河合は衆を頼まず、テロリズムに対してただ一人、公然と身をさらしていく。

このときの河合の思想と行動に感銘を受けた一人に、戦後の進歩的文化人を代表する若き丸山眞男（のちの東大教授）がいた。丸山は戦前の旧制第一高等学校時代から「ムード左翼」を自認し、自由主義の知識人を「左翼の敵」と見なしていた。それでも、東京帝大で河合の特別講義「ドイツ社会民主党史論」を聞いて感激し、二つの講義をとることになる。とくに二年生のときに起きた二・二六事件に際し、河合が軍部相手に敢然と追及する姿に、その評価を一八〇度変えることになった。だが、丸山の不幸は、内面に染み付いた自身の「ムード左翼」の政治信条まで変えるには至らなかったことである（苅部直『丸山眞男』）。

❖『学生に与う』を不退転の出版

河合はやがて、著書の『ファシズム批判』や『時局と自由主義』など四冊が「世を乱すもの」として発禁処分になり、東京帝大教授の座から追放される。この頃から、河合は身辺に不気味な影を感じるようになっていた。それでも、「臆せず躊躇わず純理を貫徹して往こう。それで仆れたら運命だ」（「日記Ⅱ」『河合栄治郎全集第二十三巻』）と、日記に覚悟をつづった。

大学追放の直後、検事局は四著書が「安寧秩序ヲ紊ルモノ」にあたるとして河合を起訴した。彼は初公判までの間に、理想主義に基づく自らの人生観や世界観を若い学徒に遺しておきたいとの衝動に駆られていた。学者、思想家であるより前に、天性の教師だったのではあるまいか。

本書で取り上げる『学生に与う』は、弟子の猪木正道に言わせると、「もはや教師であることを許されなくなった先生の特殊の感慨がこもっている」という。河合は当初、公判までの間に、J・S・ミルの『自由論』を翻訳しようと考えていた。しかし、とてもその気になれない。後に彼は、この時の気持ちを「何か、胸中に渦巻く感慨をもらしてみたくなったのだ」と吐露している。

日本評論社の編集者、美作太郎は翌年一月、大森にある自宅に河合を訪ねた。大正末年に河合ゼミ生として師に接して以来、三方を書棚に囲まれた書斎は見慣れた風景だった。初公判を前にした河合は、「いよいよ『学生に与う』を書くつもりだが、いったい書くということがこの際いいことかどうか」と述べて美作の反応を待った。

あの四著書の発禁処分から一年二カ月がたち、公判の開始は目の前だ。著者の河合にはもちろんだが、出版社としてもよほどの覚悟がなければ新たな出版はできない。ときの政権にとって、河合栄治郎はあくまでも「危険な思想家」である。いっさいの言論・出版活動も事実上、禁止されていた。

一月末に東京帝大から休職処分を受け、二月には出版法違反で起訴、五月から予審に回され、そして、まもなく公判が始まる。河合の発禁書籍を発行した日本評論社にも、検閲当局から河合の著書の発売中止が「勧告」されていた。美作は河合の不退転の決意がグイグイ迫ってくるのを感じ、ハラを固めた。美作は新著に伴う危険を、著者だけでなく出版社にもリスクを分散する方法を提案した。

「先生、編集者の私が、執筆をたってお願いした、無理を承知ですすめたということにしたらどうでしょう」（美作『戦前戦中を歩む―編集者として』）

河合の顔に明るさが蘇り、「ありがとう美作くん」と応じていた。河合はまもなく、執筆のため、箱根・仙石原の老舗旅館「俵石閣」に向かった。出版差し止めの迫害を受けながら、新たな本を強行出版するというのだから剛毅なものだ。河合は昭和十五（一九四〇）年二月半ばから一ヵ月間をこの定宿に籠もって、胸中に渦巻く感慨を一気にはき出した。

「学生諸君、我々の祖国日本は今、非常な難局に立っている」

書き出しは悲壮に満ちた呼びかけで始まった。昭和十二年冬に華北戦線を視察して以来、河合は中国大陸で戦争を続けていけば、米英両国との戦争は不可避だと考えていた。日米の国力は雲泥の差があり、日本軍がいくら奮闘しても日本の完敗は明らかだった。

❖教養は人生の闘いである

河合はこの難局を打破するために、自らの思想、思索のすべてを捧げて、若い学徒に将来の日本を託そうとしていた。その基軸となるのは、「究極の目標としての人格」であり、「何事にも屈しない自我」であった。定宿での執筆は、項目別に「学生の地位」「教育」「学校」と進んで、最大の〝難所〟である「教養」に差し掛かって筆が進まなくなった。一時は途中で投げ出したくなるほどの〝急勾配〟だった。遅いときは午前四時に至るなど身を削りながらの執筆になった。

こうして、有名な「かくて教養は人生における戦いである」という一説が生まれる。彼はフランスの作家ビクトル・ユーゴーの名言を引きながら、人間の自然に対する戦い、人と人との戦い、人の内心の戦いをあげ、「人はともすれば心の中の戦いを忘却しがちである」と、原稿用紙の向こうにいる学生にクギを刺した。

三月十五日午後十時、文字通り「卒業」の項を書き上げてようやく筆を置いた。実質二十日間という短期間のうちに、二百字詰め原稿用紙で九百二十枚を一気に書き上げた。常人を超えたすさまじい筆さばきである。出稿してしまうと、「自分はこれ以上でもなければ以下でもない」と、持てる力を出し切ったとの感慨を述べている。

帰京して最終段階の見直し中に、頭痛と下痢に見舞われていた。翌日の四月十八日、公判準備の手続きで東京地方裁判所の法廷にモーニング姿で現れた河合は、おそろしくやつれて見えたのだろう。同日の夕刊各紙には、河合の憔悴があたかも事件への心痛からくるものと受けとられた。だが、憔悴は公判に対する心労よりも、無理な思索と文筆活動からくるものであった。精魂込めた原稿を短期間で書き上げる仕事は、頑健な体力がなければ到底できるものではない。東京帝大に見捨てられ、テロの恐怖に耐え、かつ裁判に敢然と立ち向かいつつあった。

すぐに今後の目標について、「この内容を深めて学問的体系として〝理想主義体系〟として続刊する」と定めていた。彼はその四年後に急逝しているため、目標とする「理想主義体系」の悲願を達することはできなかった。したがって猪木正道は、同書が恩師の思想体系をもっとも集約的に表現した代表作になったと位置づける（猪木「解説」『全集第十四巻』）。

その先を見通して、理想主義体系を築こうという情熱をたぎらす思想家の姿があった。河合は刑事被告人として法廷に立った。出版が危ぶまれた『学生に与う』は、公判中にもかかわらず奇跡的に発刊が可能になった。日本評論社は十五年六月十五日、発売から異常な売れ行きを示した。評論家の粕谷一希にいわせると、この本はすさまじい衝撃力と感化力を秘めていた。知識と教養を渇望した当時の学生の心を激しく揺さぶり、たちまちベストセラーに踊り出た。発売二カ月で二万二千部、現在の感覚ではその十倍ぐらいに該当するという。

❖自由に死す

裁判所の行き帰りには、土屋清ら門下生がスクラムを組んで、暴漢に襲われないようエスコートした。当時、新聞記者として取材していた扇谷正造が驚嘆したのは、河合がそうして係争中の裁判と戦いながらも、他方において平然と研究を続ける思想家の克己心である（「月報八」『全集』）。

河合は自由主義に生きた思想家であり、英米に通じる国際派であるからこそ愛国者であった。いわば「天皇を戴く自由主義」である。河合の天皇観は、『学生に与う』の「同胞」の項で、「日本の国家の元首は天皇である。天皇は二千六百年連綿たる万世一系の皇統を継承され給う」と立場を鮮明にしていた。さらに、幻の著書となった次作の『国民に愬う』では、天皇の役割を明示して時代を読む先見性をも見せていた。

「我々の祖国は天皇に象徴せられる。日本の歴史を通じて、祖国の危難が迫った時に、国民の眼は常に京都の朝廷を仰視した。我々が之からの荊棘の道を歩むにつれて、我々の眼は幾度か天皇を仰視することがあろう。そしてそこに国民の結成が強められ、国民の前進が早められるであろう」

この味わい深い文章から、その洞察の鋭さが分かる。彼はすでに敗戦後の危機に際して、天皇の役割を見通していたかのようであった。敗戦への天皇の決断、連合国総司令官マッカーサーとの会見、そして国民の窮乏と復興に向けて国民と共に歩むことになる「人間天皇」の姿である。敗戦後、連合国軍総司令部（ＧＨＱ）が推進する非武装化・民主化政策に乗って、共産主義勢力が天皇制打倒を掲げて急速に台頭したことを思えば、河合は近い将来を予見していた。

河合は一審で無罪を勝ち取った。しかし、検察は東京控訴院に舞台を移して追及の手を緩めなかった。河合の頑健な体も変調をきたし、病魔に侵さていった。控訴院判決は逆転有罪であった。昭和十八年六月、大陪審は上告を棄却して有罪が確定した。この間、河合は裁判だけでも負担なのに、思想体系の研究にのめりこんでいた。先輩の鶴見祐輔が「攻学」と形容するほど、研究に没頭していた。そして最後の秋は突然に訪れた。十九年二月十五日午後九時十五分、五十三歳の若さでこの世に別れを告げた。

戦後まもなく、連合国軍総司令部（ＧＨＱ）から一人の米国人が、大井庚塚町の河合邸を訪れた。河合が前年に死去したことを知らされたＧＨＱの使者は、その場に立ちすくみ、悄然として辞去している。河合夫人、国子の妹と結婚していた梶村敏樹（元東京高裁判事）は、「上陸前に米軍がそんなに河合さんを研究していたことを私は今更のように思った」と、この出来事を回想している（梶村「河合さんの思い出」『月報一二』）。

ＧＨＱによる「初期の対日占領政策」は、非軍事化と民主化を推進するため、財閥解体、公職追放、そして憲法改正へと矢継ぎ早に手を打っていた。しかし彼らは、自由、民主主義、法の支配など価値観を共有する優れた人材を必要としていた。

日本の軍事政権に言論戦を挑んだこの自由主義思想家に、ＧＨＱは何らかの役割を期待していたのであろう。かつて東京帝大を追放された直後、河合はボストンのハーバード大学で社会思想の講義をする話が進んだことがあった。自由主義者として名高い河合に、ＧＨＱが少なくとも戦後日本の行く末を聞こうとしたことは間違いない。

❖知的成熟が三十年遅れた

河合は『学生に与う』『国民に与う』を世に送り出したあとに、『知識人に与う』を加えて三部作とすることを考えていた。理想主義体系の上に知識人論が完成していれば、左傾化する戦後の時代思潮に痛烈なインパクトを与えていたに違いない。日本の戦後精神史に一本の太い背骨を通し、揺るぎない思想の土台をなしたであろう。

古巣の東大経済学部は三派鼎立が続いたが、戦後はマルキシズムの「一派独裁」状態が表面化した。自由主義の河合栄治郎は死に、国家主義の土方成美は追われ、残ったのは左派マルキストの大内兵衛であった。かくして、戦後論壇は大内系の天下になっていく。渡部昇一は、河合が戦後に生きていたら「日本のインテリは、三十年も早くマルキシズムの幻想から自由になっていたであろう。つまり河合の死は、日本の知的成熟をざっと三十年遅らせたのである」と感慨を述べている（渡部

「河合栄治郎の意味」『文化会議第一二七号』)

河合は執着を見せた思想体系は遺せなかったが、代わりに、門下の人々が社会思想研究会を結成して河合思想の普及に努めた。彼らは政界、官界、経済界、そして学会へとそれぞれの分野で戦後日本の復興に貢献し、いまにつないでいく。戦後七十余年を経て、戦後世界を率いてきたアメリカの相対的衰退によって中国やロシアなど権威主義勢力が台頭し、価値の混乱が世界を覆いはじめた。その先行き不透明の時代に、「河合栄治郎選集」が刊行されたことは、自由、民主主義、法の支配を立て直す羅針盤となるのではないかと思う。


〈解説者略歴〉

湯浅　博（ゆあさ　ひろし）

産経新聞客員論説委員、国家基本問題研究所主任研究員。

一九四八年、東京都生まれ。

中央大学法学部卒、プリントン大学公共政策大学院 Mid-Career Fellow program 修了。

産経新聞入社後に政治部、経済部を経てワシントン特派員、外信部次長、ワシントン支局長、シンガポール支局長、特別記者・論説委員を歴任。二〇一八年六月から現職。

著書に『全体主義と闘った男　河合榮治郎』（産経新聞出版）、『覇権国家の正体』（海竜社）、『吉田茂の軍事顧問・辰巳栄一』（産経新聞出版）、『中国が支配する世界―パスク・シニカへの未来年表』（飛鳥新社）、『アメリカに未来はあるか』（講談社）ほか多数。

解説『学生叢書』の役割と位置づけ

渡辺かよ子

「教師と学生」は、河合栄治郎編『学生叢書』第六巻『学生と学園』（日本評論社1939年）の第一部「学園の生活」に収録されている論稿である。師弟愛を中心に、河合の教育思想が端的且つ具体的に記されている。周知のように河合の業績は、①社会哲学の理論的研究、②理論的研究の高等教育への応用、③理論的研究の時事問題への適用、に分類される。②に含まれる『学生叢書』（全十二巻）には、河合を中心に当時の代表的知識人150人が288編の論稿を執筆している。以下、『学生叢書』の役割と位置づけについて、概説したい。

①『学生と教養』、②『学生と生活』、③『学生と先哲』、④『学生と社会』、⑤『学生と読書』、⑥『学生と学園』、⑦『学生と科学』、⑧『学生と歴史』、⑨『学生と日本』、⑩『学生と芸術』、⑪『学生と西洋』、⑫『学生と哲学』から構成される『学生叢書』は、1936年末から1941年にかけて出版された。二・二六事件から日中全面戦争、対米英開戦に至るこの時期に、「非転向」、

「転向」ないしは「偽装転向」を余儀なくされた知識人が、自らの良心を賭けて後輩世代の学生に向けていかに生きるかを語りかけたのが『学生叢書』を中核とする当時の教養論であった。

河合は『学生と教養』の「序」において当時の青年学生の気風沈滞を転換期に現出する異常傾向とし、以下のように述べている。「曽て青年を支配した思想は、自己に直面する客観的現象の解剖と分析に急であった。…客観より主観へ、此こそ闇を手探っていた青年を識らざる裡に導いていた視点の転化であった。主観彼れ自身はいかにあるべきか、此の問題が漸く青年の関心になりかけて来た。」久しく忘れられていた主観（＝自我）こそ人間の最も根本的な課題であり、客観の分析や変革の前提となっているという。『学生叢書』は、学生が戦時状況と言論弾圧という客観の変化に動じず自己形成に勤しむよう、先行世代が援助激励しようとした企画であった。

『学生叢書』は当初から全巻の構成が想定されていたわけではないが、第一巻『学生と教養』の拡大深化として後続の各巻が位置付けられ、各巻においては各分野の専門研究者や実務家等が当該テーマを多面的に論じている。こうした各巻での拡大深化は、原理的探究とその生活実践への示唆という二つの方向からなされ、河合の「遠方の理想主義」と「手近の理想主義」に対応している。

『学生叢書』第六巻『学生と学園』（全６１２頁）には、本書所収の河合による「教師と学生」を含む28編の論稿が収められ、学生に向けた温かく思慮深い助言が溢れている。執筆者は30～58歳の男性で平均45歳、19人（68％）が留学経験者であった。内容構成は以下のとおりである。河合の「序文」に続き、緒言として「教育の意義」を安倍能成、「日本の教育制度」を海後宗臣が執筆している。第一部「学園の生活」では、河合の他に恒藤恭、長田新、滝澤克己、木村健康、佐藤得二、中島重、土屋清が学園生活を多面的に論じ、第二部「諸学科の意義」では風巻景次郎、竹田復、阿部次郎、斎藤勇、木村謹治、太宰施門、平野次郎、小泉丹がそれぞれの専門分野の意義と学習の仕方を具体的に論じている。第三部「外国の学生生活」では、山田五郎、鮎澤巌、小塚新一郎、渡辺一夫が英米独仏夫々の国の学生生活を活写している。第四部「現存教育制度の批判」では、天野貞祐、城戸幡太郎、戸田武雄、三木清、山田文雄、蠟山政道が現行の教育に対して縦横無尽の批判を展開している。

『学生叢書』が出版された1936年末から1941年は、河合の人生が順境から逆境に急変する転換期にあった。「二・二六事件の批判」を発表し、東京帝国大学経済学部長となった1936年の12月に『学生叢書』第一巻の『学生と教養』が出版された。日中全面戦争の開始後の1938年には貴族院で右翼による攻撃を受け、四著書が発禁処分となった。翌1939年1月の「平賀粛学」による休職以後、裁判闘争の中にあった河合が編集執筆した大学教育論が「教師と学生」を含む『学生叢書』第六巻『学生と学園』であった。当時の河合を物質的にも精神的にも支えたのが『学生叢書』であった。

師に従い共に逆境を歩んだ木村健康は戦後、『学生叢書』について次のように記している。「…学生叢書の編輯にあたって河合教授の…意図は、準戦時体制下の過酷な思想弾圧のもとに、ややもすれば自暴自棄となり頽廃に身を委ねようとする愛すべき若い世代に、激励をあたえ好学の心を養い道徳的剛毅を培うことにあった。…学生叢書は、河合教授の所謂理想主義的個人主義を共通の地盤としていた点において、滔々たる全体主義の潮流に抗し、暴力と非合理とのかわりに、真理と正義との愛を復位せしめようとする目的を併せ有していた。学生叢書は河合教授のファッシズムに対する悲壮な反抗の戦いにおける重要な一翼を担っていたのである。」木村のこの言葉は本書収録の「教師と学生」で河合が表明した師弟愛が、弟子のみならず早逝を余儀なくされた師の人生そのものをいかに豊かに意義あらしめるかを語っている。

〈解説者略歴〉

渡辺　かよ子（わたなべ　かよこ）
一九五七年に兵庫県に生まれる。
神戸大学教育学部卒業、名古屋大学大学院教育学研究科博士前期課程修了、同博士後期課程単位取得。（米国）イリノイ大学アーバナ・シャンペン校大学院教育学研究科博士課程修了。Ph. D. in Education. 名古屋大学教育学部助手を経て、現在、愛知淑徳大学文学部教授。
主著は『近現代日本の教養論：一九三〇年代を中心に』（行路社）、『メンタリング・プログラム：地域・企業・学校の連携による次世代育成』（川島書店）。

河合栄治郎著作選集　第1巻　　教育・教養論

2018年11月17日　初版第1刷発行

著　者　河合栄治郎
編　者　河合栄治郎研究会
発行者　川西　重忠
発　行　一般財団法人アジア・ユーラシア総合研究所
〒151-0051　東京都渋谷区千駄ヶ谷 1-1-12
桜美林大学千駄ヶ谷キャンパス 3 階
Tel・Fax：03-5413-8912
http：//www.asia-eu.net/
E-mail : n-e-a@obirin.ac.jp
印刷所　藤原印刷株式会社

ISBN978-4-909663-11-5